suhrkamp taschenbuch 37

Erich Fromm ist Professor für Psychoanalyse an der Nationalen Universität von Mexico City. Veröffentlichungen: *Psychoanalyse und Religion, Der moderne Mensch und seine Zukunft, Jenseits der Illusionen, Das Menschenbild bei Marx, Psychoanalyse und Ethik, Sigmund Freuds Sendung, Sozialpsychologie und Gesellschaftstheorie, Das Menschliche in uns, Die Furcht vor der Freiheit, Die Herausforderung Gottes und der Menschen.*

Daisetz Teitaro Suzuki lehrte an der amerikanischen Yale Universität und galt als einer der herausragenden westlichen Vertreter des Zen-Buddhismus. Veröffentlichungen: *Die große Befreiung, Zen und die Kultur Japans, Leben aus Zen, Der westliche und der östliche Weg, Die Zen-Lehre vom Nicht-Bewußtsein.*

Richard de Martino ist Professor für Philosophie und Religionswissenschaft an der japanischen Universität Kyoto.

Dieses Buch verdankt seine Entstehung einer Arbeitstagung über Zen-Buddhismus und Psychoanalyse, die unter der Leitung des Instituts für Psychoanalyse an der medizinischen Fakultät der autonomen Staatsuniversität von Mexiko in Cuernavaca abgehalten wurde. Hier fand eine erste eingehende Erörterung der Berührungspunkte zwischen beiden Lehren statt. Grundlage der Diskussion war eine Vortragsreihe von Dr. Suzuki, dem bedeutendsten Vertreter des Zen-Buddhismus im Westen. In seinem Referat, das den Hauptteil des vorliegenden Bandes bildet, gibt er eine zusammenfassende Darstellung der Wesenszüge des Zen-Buddhismus. Demgegenüber unternehmen Erich Fromm, einer der bekanntesten amerikanischen Psychoanalytiker und Richard de Martino, Professor für Philosophie und Religionswissenschaft an der japanischen Universität Kyoto, den Versuch, die Brücke zwischen östlicher Religiosität und westlicher Wissenschaft zu schlagen und die Frage zu beantworten, welchen Wert die Begegnung von Zen-Buddhismus und Psychoanalyse haben könnte. Die Beiträge der drei Autoren enthalten eine Fülle von Gedanken zur Situation des Menschen in unserer Zeit, die im Lichte der besonderen Fragestellung des Buches überraschende Perspektiven für seine zukünftige seelische, geistige und religiöse Entwicklung eröffnen.

Zen-Buddhismus und Psychoanalyse

Erich Fromm
Daisetz Teitaro Suzuki
Richard de Martino

Suhrkamp

*Die amerikanische Originalausgabe erschien bei Harper & Brothers,
New York, unter dem Titel »Zen Buddhism and Psychoanalysis«.
Die Übersetzung besorgte Marion Steipe.*

suhrkamp taschenbuch 37
Sechste Auflage, 62.–69. Tausend 1977
© »Zen Buddhism and Psychoanalysis« 1960
by Erich Fromm.
© »The Human Situation and Zen-Buddhism«
1960 by The Zen Studios Society, Inc.
© 1963 Szczesny Verlag, München.
Alle deutschsprachigen Rechte beim
Suhrkamp Verlag Frankfurt am Main
Suhrkamp Taschenbuch Verlag
Alle Rechte vorbehalten, insbesondere das des öffentlichen
Vortrags, der Übertragung durch Rundfunk oder Fernsehen
und der Übersetzung auch einzelner Teile.
Satz: Georg Wagner, Nördlingen
Druck: Ebner, Ulm · Printed in Germany
Umschlag nach Entwürfen
von Willy Fleckhaus und Rolf Staudt

Inhalt

Vorwort

Dieses Buch verdankt seine Entstehung einer Arbeitstagung über Zen-Buddhismus und Psychoanalyse, die unter der Leitung des Instituts für Psychoanalyse an der medizinischen Fakultät der autonomen Staatsuniversität von Mexiko in der ersten Augustwoche des Jahres 1957 in Cuernavaca, Mexiko, abgehalten wurde [1].

Noch vor zwanzig Jahren wäre jeder Psychologe höchst erstaunt, ja sogar befremdet gewesen, wenn sich seine Kollegen für ein »mystisches« religiöses System wie den Zen-Buddhismus interessiert hätten. Er wäre noch erstaunter darüber gewesen, daß sich die meisten Anwesenden nicht nur dafür »interessierten«, sondern zutiefst daran Anteil nahmen und feststellten, die Woche mit Dr. Suzuki und seinen Ideen habe auf sie zumindest überaus anregend und erfrischend gewirkt.

Dieser Wandel ist durch Faktoren bedingt, die an anderer Stelle dieses Buches, insbesondere in meinem Beitrag, diskutiert werden. Will man sie kurz zusammenfassen, so sind es die Fortschritte in der Theorie der Psychoanalyse, der Wandel des intellektuellen und geistigen Klimas in der westlichen Welt und das Werk Dr. Suzukis, der durch seine Bücher, seine Vorträge und seine Persönlichkeit die westliche Welt mit dem Zen-Buddhismus bekanntgemacht hat.

Es wurde vorausgesetzt, daß jeder Teilnehmer an der Konferenz mit Dr. Suzukis Veröffentlichungen einigermaßen vertraut war, wie vielleicht auch mancher Leser dieses Buches. Seine hier veröffentlichten Vorträge unterscheiden sich von seinen anderen Veröffentlichungen darin, daß sie speziell psychologische Probleme wie das Unbewußte und das Ich behandeln, und ferner, daß sie an eine kleine Gruppe von Psychoanalytikern und Psychologen gerichtet waren, deren Fragen und Anliegen Dr. Suzuki während einer ganzen, gemeinsam verbrachten Woche in den Diskussionen und Gesprächen vorgelegt wurden. Infolgedessen werden diese Vorträge, wie ich glaube, besonders für Psychiater und Psychologen wertvoll sein, und für viele andere, die sich mit dem Problem Mensch beschäftigen: sie machen den Leser mit dem Zen-Buddhismus so weit vertraut, daß er imstande sein wird, selbständig weiter einzudringen. Sie stellen allerdings keine »leichte Lektüre« dar.

Die beiden anderen Teile des Buches bedürfen kaum eines Kommentars. Es wäre nur zu erwähnen, daß die Beiträge Dr. Suzukis und Herrn de Martinos fast wortgetreue Wiedergaben ihrer Vorträge sind (in Dr. Suzukis Arbeit wurde nur die direkte Anrede des Vortrags in die einer Veröffentlichung umgeändert), wogegen meine eigene Arbeit sowohl hinsichtlich der Länge als auch des Inhalts vollkommen überarbeitet wurde. Der Hauptgrund dafür ist die Tagung selbst, denn wenn ich auch mit der Literatur über den Zen-Buddhismus vertraut war, so bewirkten doch die Anregungen der Tagung und die darauffolgende Gedankenarbeit, daß ich meine Ideen beträchtlich erweiterte und revidierte. Dies gilt nicht nur für mein Verständnis des Zen, sondern auch für gewisse psychoanalytische Auffassungen, wie beispielsweise die Probleme, woraus das Unbewußte besteht, wie das Unbewußte ins Bewußtsein transformiert wird und was das Ziel der psychoanalytischen Therapie ist.

Erich Fromm

Daisetz Teitaro Suzuki
Über Zen-Buddhismus

I Ost und West

Viele Denker des Westens haben, jeder von seinem besonderen Gesichtspunkt aus, das abgenutzte Thema »Ost und West« behandelt, aber soviel ich weiß, gab es nur verhältnismäßig wenige Schriftsteller des Fernen Ostens, die als Vertreter des Ostens ihre Ansichten zum Ausdruck gebracht haben. Deshalb habe ich dieses Thema als eine Art Einleitung zu dem Folgenden gewählt.

Basho (1644–1694), ein großer japanischer Dichter des siebzehnten Jahrhunderts, schuf einst ein Gedicht aus siebzehn Silben, wie es als »Haiku« oder »Hokku« bekannt ist.

>   »Yoku mireba   »Wenn ich aufmerksam schaue,
>   Nazuna hana saku   Seh' ich die *Nazuna*
>   Kakine kana.«   An der Hecke blühen!«

Wahrscheinlich ging Basho eine Landstraße entlang, als er etwas bemerkte, das unscheinbar an der Hecke stand. Er näherte sich, sah genau hin und fand, daß es nichts als eine wilde Pflanze war, die recht unbedeutend ist und für gewöhnlich von Vorübergehenden nicht beachtet wird. Es ist eine einfache Tatsache, die in dem Gedicht beschrieben wird, ohne daß dabei ein besonders poetisches Gefühl zum Ausdruck kommt, außer vielleicht in den beiden letzten Silben, die auf japanisch »kana« lauten. Diese Partikel, die häufig an ein Hauptwort, ein Adjektiv oder ein Adverb angehängt wird, drückt ein gewisses Gefühl der Bewunderung, des Lobes, des Leidens oder der Freude aus und kann manchmal in der Übersetzung ziemlich treffend durch ein Ausrufungszeichen wiedergegeben werden. Im vorliegenden Haiku endet der ganze Vers mit einem solchen Ausrufungszeichen. Es ist nicht leicht, dem, der mit der japanischen Sprache nicht vertraut ist, das Gefühl zu vermitteln, das die siebzehn oder vielmehr fünfzehn Silben mit einem Ausrufungszeichen durchdringt. Ich will versuchen, so gut ich kann, es zu erklären. Der Dichter selbst wäre vielleicht mit meiner Interpretation nicht einverstanden; aber das macht nicht viel aus, wenn wir nur wissen, daß es überhaupt jemand gibt, der es so versteht wie ich.

Zunächst war Basho, wie die meisten Dichter des Ostens, ein Naturdichter. Sie lieben die Natur so sehr, daß sie sich mit ihr eins fühlen, daß sie jeden Pulsschlag in den Adern der Natur spüren. Die meisten Menschen des Westens neigen dazu, sich der Natur zu entfremden. Sie glauben, der Mensch und die Natur hätten außer in einigen wünschenswerten Punkten nichts gemeinsam, und die Natur sei nur dazu da, um vom Menschen ausgenützt zu werden. Den Menschen des Ostens jedoch ist die Natur sehr nahe. Dieses Gefühl für die Natur wurde angesprochen, als Basho eine unauffällige und fast unbedeutende Pflanze entdeckte, die an der alten, schäbigen Hecke entlang der abgelegenen Landstraße so unschuldig und anspruchslos blühte und keineswegs begehrte, von jemandem bemerkt zu werden. Und doch, wenn man sie betrachtet, wie zart ist sie, wie voll göttlicher Pracht und Herrlichkeit, die die Salomos weit übertrifft! Ihre Demut, ihre schlichte Schönheit erwecken Bewunderung. Der Dichter kann aus jedem Blütenblatt das Geheimnis des Lebens oder Seins lesen. Vielleicht war sich Basho selbst dessen gar nicht bewußt, aber ich bin sicher, daß sich damals in seinem Herzen ein Gefühl regte, in etwa mit dem verwandt, das die Christen göttliche Liebe nennen und das bis in die Tiefen des kosmischen Lebens reicht.

Die Gebirgszüge des Himalaya erregen in uns vielleicht das Gefühl von Ehrfurcht gegen ihre Erhabenheit; die Wogen des Stillen Ozeans lassen uns an die Unendlichkeit denken. Aber wenn der Geist eines Menschen poetisch, mystisch oder religiös aufgeschlossen ist, fühlt er wie Basho, daß selbst in jedem Grashalm etwas liegt, das über alle gemeinen, niedrigen menschlichen Gefühle hinausreicht und in einen Bereich erhebt, der an Glanz dem Land der Reinheit gleichkommt. Größe hat in solchen Fällen nichts zu bedeuten. In dieser Hinsicht hat der japanische Dichter eine besondere Begabung, in kleinen Dingen etwas zu entdecken, das alle quantitativen Ausmaße übertrifft.

Das ist der Osten. Sehen wir nun, was uns der Westen in einer ähnlichen Situation zu bieten hat. Ich wähle Tennyson, der zwar vielleicht kein so typischer Dichter des Westens ist, um ihn zum Vergleich mit dem Dichter des Fernen Ostens heranzuziehen. Aber sein kurzes Gedicht, das ich hier zitiere, ist dem Bashos nahe verwandt. Es lautet:

>Blume in der geborstenen Mauer,
Ich pflücke dich aus den Mauerritzen,
Mitsamt den Wurzeln halte ich dich in der Hand,
Kleine Blume – doch wenn ich verstehen könnte,
Was du mitsamt den Wurzeln und alles in allem bist,
Wüßte ich, was Gott und Mensch ist.<

In diesen Zeilen ist zweierlei bemerkenswert:

1. Tennyson pflückt die Blume, hält sie >mitsamt den Wurzeln< in der Hand und betrachtet sie wohl mit Aufmerksamkeit. Höchstwahrscheinlich hatte er ein ähnliches Gefühl wie Basho, als er die Nazuna-Blume an der Hecke am Wegrand entdeckte. Aber der Unterschied zwischen den beiden Dichtern besteht darin: Basho pflückt die Blume nicht, er betrachtet sie nur. Er ist in Gedanken versunken. Er fühlt etwas in seinem Innern, aber er spricht es nicht aus. Er läßt ein Ausrufungszeichen alles sagen, was er sagen will; denn er hat keine Worte; sein Gefühl ist zu voll, zu tief, und er hat nicht den Wunsch, es in Begriffe zu fassen.

Tennyson hingegen ist aktiv und analytisch. Als erstes pflückt er die Blume von der Stelle, wo sie wächst. Er reißt sie aus ihrem Nährboden. Ganz anders als der östliche Dichter läßt er die Blume nicht in Frieden. Er muß sie >mitsamt den Wurzeln< aus der geborstenen Mauer reißen, was bedeutet, daß die Pflanze sterben muß. Offenbar ist ihm ihr Schicksal gleichgültig; seine Neugier muß befriedigt werden. Wie gewisse Mediziner viviseziert er die Blume. Basho berührt die Nazuna nicht einmal, er betrachtet sie nur, er schaut sie »aufmerksam« an, weiter nichts. Er ist vollkommen passiv, ein guter Kontrast zu Tennysons Aktivismus.

Ich möchte diesen Punkt besonders betonen und komme später nochmals darauf zurück. Der Osten schweigt, der Westen ist beredt. Aber das Schweigen des Ostens bedeutet nicht, einfach stumm zu sein und wortlos oder sprachlos zu bleiben. Oft ist das Schweigen ebenso beredt wie ein Wortschwall. Der Westen liebt es, alles in Worte zu fassen. Und nicht nur das, er verwandelt das Wort in Materie und läßt diese Materialität manchmal überdeutlich oder vielmehr allzu grob und sinnlich in seiner Kunst und Religion zum Ausdruck kommen.

2. Was tut Tennyson als nächstes? Er betrachtet die gepflückte Blume, die aller Wahrscheinlichkeit nach zu welken beginnt, und fragt sich: »Verstehe ich dich?« Basho fragt überhaupt nicht. Er fühlt das ganze Geheimnis, das seine bescheidene Nazuna offenbart – das Geheimnis, das bis zum Ursprung aller Existenz reicht. Er ist von diesem Gefühl berauscht und äußert sich in einem unaussprechbaren, unhörbaren Schrei.

Im Gegensatz dazu fährt Tennyson mit seiner Gedankenarbeit fort: » *Wenn* ich dich verstehen könnte« (ich betone das Wenn), »wüßte ich, was Gott und Mensch ist.« Sein Appell an das Verstehen ist typisch für den Westen. Basho nimmt hin, Tennyson widersteht. Tennysons Individualität distanziert ihn von der Blume, von »Gott und Mensch«. Er identifiziert sich weder mit Gott noch mit der Natur. Er ist stets von ihnen abgesondert. Sein Verstehen ist »wissenschaftlich objektiv«, wie es heutzutage genannt wird. Basho ist durch und durch »subjektiv«. (Das ist kein gutes Wort; denn das Subjekt wird immer einem Objekt gegenübergestellt. Mein »Subjekt« ist etwas, was ich »absolute Subjektivität« nennen möchte.) Basho beharrt auf dieser »absoluten Subjektivität«, mit der er die Nazuna und die Nazuna ihn sieht. Hier gibt es weder Einfühlung noch Mitgefühl und auch keine Identifizierung.

Basho sagt: »Wenn ich aufmerksam schaue.« Das Wort »aufmerksam« deutet an, daß Basho hier nicht mehr Zuschauer ist, sondern daß sich die Blume ihrer selbst bewußt wurde und sich schweigend, beredt ausdrückt. Und diese schweigende Beredsamkeit, dieses beredte Schweigen der Blume wird in menschlicher Ausdrucksweise durch Bashos siebzehn Silben wiedergegeben. Welche Gefühlstiefe, welches Geheimnis des Ausdrucks, ja sogar welche Philosophie der »absoluten Subjektivität« darin liegt, ist nur denen verständlich, die das alles selbst schon erlebt haben.

Bei Tennyson gibt es, soviel ich sehen kann, zunächst keine Gefühlstiefe; typisch für die westliche Mentalität, ist er ganz Intellekt. Er ist ein Verfechter des Logos. Er muß etwas sagen, er muß sein konkretes Erlebnis abstrahieren oder gedanklich verarbeiten. Er muß aus dem Bereich des Gefühls in das des Intellekts treten und das Leben und das Gefühl einer Reihe von Analysen unterwerfen, um die Neugier des westlichen Menschen zu befriedigen.

Ich habe diese zwei Dichter, Basho und Tennyson, gewählt, weil sie zwei charakteristische Arten zeigen, die Wirklichkeit zu betrachten. Basho kommt aus dem Osten und Tennyson aus dem Westen. Wenn wir sie vergleichen, sehen wir, daß jeder die Traditionen seiner Umwelt offenbart. Demnach ist der westliche Geist analytisch, unterscheidend, differenzierend, induktiv, individualistisch, intellektuell, objektiv, wissenschaftlich, verallgemeinernd, begrifflich, schematisch, unpersönlich, am Recht hängend, organisierend, Macht ausübend, selbstbewußt, geneigt, anderen seinen Willen aufzuzwingen, usw. Die Wesenszüge des Ostens können dagegen folgendermaßen charakterisiert werden: synthetisch, zusammenfassend, integrierend, nicht unterscheidend, deduktiv, unsystematisch, dogmatisch, intuitiv (bzw. affektiv), nicht diskursiv, subjektiv, geistig individualistisch und sozial kollektivistisch usw. [2].

Sollen diese charakteristischen Eigenschaften von Ost und West durch Personen symbolisiert werden, muß ich auf Laotse (viertes Jahrhundert v. Chr.), einen großen Denker im alten China, zurückgehen. Ich lasse ihn den Osten vertreten, und das, was er »die Vielen« nennt, den Westen. Wenn ich »die Vielen« sage, will ich meinerseits jedoch nicht dem Westen in irgendeinem abfälligen Sinne die Rolle jener Masse zuteilen, die der alte Philosoph beschreibt.

Laotse ähnelt nach seiner eigenen Beschreibung einem Idioten. Er sieht aus, als wisse er nichts, als berühre ihn nichts. In dieser utilitaristischen Welt ist er praktisch unnütz. Er ist fast ausdruckslos. Und doch ist etwas in ihm, das ihn von einem unwissenden Einfältigen unterscheidet; er gleicht diesem nur äußerlich.

Im Gegensatz dazu besitzt der Westen ein Paar scharfe, durchdringende Augen, die tief in den Höhlen liegen und die Außenwelt überblicken wie die Augen eines Adlers, der hoch in den Lüften schwebt. (Tatsächlich ist der Adler das nationale Symbol einer gewissen westlichen Macht.) Seine scharfgeschnittene Nase, seine dünnen Lippen und die gesamten Gesichtszüge – sie alle deuten auf eine hochentwickelte Intelligenz und eine Bereitschaft zum Handeln hin. Diese Bereitschaft ist mit der eines Löwen vergleichbar. Und in der Tat sind Löwen und Adler die Symbole des Westens.

Tschuangtse im dritten Jahrhundert v. Chr. erzählt die Geschichte von Konton (hun-tun), dem Chaos. Die Freunde des Chaos verdankten ihm vieles von dem, was sie erreicht hatten, und wollten sich erkenntlich zeigen. Sie beobachteten, daß das Chaos keine Sinnesorgane hatte, um die Außenwelt zu unterscheiden. So gaben sie ihm an einem Tag Augen, am nächsten eine Nase, und innerhalb einer Woche vollendeten sie das Werk, es in eine fühlende Person wie sie selbst zu verwandeln. Während sie einander zu ihrem Erfolg gratulierten, starb das Chaos.

Der Osten ist das Chaos, der Westen die Schar jener dankbaren und wohlmeinenden, aber unkritischen Freunde.

Zweifellos erscheint der Osten in vieler Hinsicht dumm und stupide, da die Menschen des Ostens nicht so viele sichtbare und greifbare Zeichen von Intelligenz erkennen lassen. Sie sind chaotisch und scheinbar gleichgültig. Aber sie wissen, daß ihre angeborene Intelligenz ohne diesen chaotischen Zug dem menschlichen Zusammenleben nicht viel nützen würde. Die fragmentarischen Einzelglieder können ohne Bezug auf das Unendliche selbst, das tatsächlich jedem einzelnen der endlichen Glieder zugrundeliegt, nicht harmonisch und friedlich zusammenwirken. Die Intelligenz gehört dem Kopf an; und ihr Wirken ist auffallender und leistet viel, wogegen das Chaos still und stumm hinter aller oberflächlichen Betriebsamkeit verharrt. Seine wahre Bedeutung tritt niemals so stark hervor, daß sie für Beobachter erkennbar würde.

Der wissenschaftlich eingestellte Westen gebraucht seine Intelligenz, um alle möglichen Einrichtungen zu erfinden, um den Lebensstandard zu erhöhen und sich seiner Meinung nach unnötige Arbeit und Plackerei zu ersparen. Er gibt sich daher alle Mühe, die ihm zugänglichen natürlichen Hilfsquellen zu »entwickeln«. Dem Osten hingegen macht es nichts aus, alle möglichen niedrigen und manuellen Arbeiten zu verrichten; er ist offenbar mit dem »unentwickelten« Stand seiner Zivilisation zufrieden. Er möchte nicht dem Maschinendenken verfallen; sich zu einem Sklaven der Maschine machen. Diese Liebe zur Arbeit darf man wohl charakteristisch für den Osten nennen. Die Geschichte eines Bauern, die Tschuangtse erzählt, ist in vieler Hinsicht bezeichnend und vielsagend, obwohl sie sich vor über zweitausend Jahren in China abgespielt haben soll.

Tschuangtse war einer der größten Philosophen des alten China. Man sollte ihn viel mehr studieren, als dies zur Zeit geschieht. Die Chinesen sind nicht so spekulativ wie die Inder und vernachlässigen leicht ihre eigenen Denker. Obwohl die Kenner der chinesischen Literatur Tschuangtse als den größten Stilisten sehr gut kennen, werden seine Gedanken nicht so gewürdigt, wie sie es verdienten. Er war ein hervorragender

Sammler von Geschichten, die zu seiner Zeit in Umlauf waren. Wahrscheinlich hat er jedoch auch viele Geschichten selbst erdacht, um seine eigenen Lebensansichten zu illustrieren. Hier ist eine Geschichte, die seine Philosophie der Arbeit prächtig veranschaulicht, die Geschichte eines Bauern, der es ablehnte, ein Ziehgestänge zu benutzen, um Wasser aus seinem Brunnen zu heben.

Ein Bauer grub einen Brunnen, um sein Land zu bewässern. Das Wasser trug er in einem Eimer mühsam aus dem Brunnen herauf. Als das ein Vorübergehender sah, fragte er den Bauern, warum er dazu nicht einen Ziehbrunnen verwende; er spare Arbeit und leiste mehr als die primitive Methode. Der Bauer sagte: „Ich weiß, daß er Arbeit spart, und gerade das ist der Grund, warum ich ihn nicht verwende. Ich fürchte, daß man dem Maschinendenken verfällt, wenn man eine solche Einrichtung verwendet, und das führt zu Indolenz und Faulheit.«

Die Menschen des Westens fragen oft, warum die Chinesen nicht mehr Wissenschaften und mechanische Vorrichtungen entwickelt haben. Das ist eigenartig, sagen sie, da doch die Chinesen für ihre Entdeckungen und Erfindungen wie den Magneten, das Schießpulver, das Rad, das Papier und andere Dinge bekannt sind. Der Hauptgrund ist der, daß die Chinesen und andere asiatische Völker das Leben so lieben, wie es ist, und es nicht in ein Mittel verwandeln wollen, etwas zu erreichen, was den Lauf des Lebens in eine völlig andere Bahn lenken würde. Sie lieben die Arbeit um ihrer selbst willen, wenn auch, objektiv gesehen, arbeiten etwas vollbringen heißt. Aber bei der Arbeit freuen sie sich an der Arbeit und beeilen sich nicht, sie zu beenden. Mechanische Vorrichtungen sind wohl wirksamer, sie leisten mehr, aber die Maschine ist unpersönlich und unschöpferisch und hat keinen Sinn.

Mechanisierung bedeutet Verstandesarbeit, und da der Verstand in erster Linie zweckmäßig denkt, hat die Maschine keine geistige Ästhetik und keinen ethischen Geist. Hierin liegt der

Grund, der Tschuangtses Bauern veranlaßte, sich nicht der Maschine auszuliefern. Die Maschine drängt uns, die Arbeit zu beenden und das Ziel zu erreichen, für das sie geschaffen wurde. Die Arbeit an sich ist wertlos, außer als Mittel zum Zweck. Das heißt, das Leben verliert hier seine schöpferische Kraft und wird zu einem Instrument, und der Mensch ist nunmehr ein Mechanismus, der Güter produziert. Die Philosophen sprechen von der Bedeutung der Person; wie wir jetzt sehen, ist in unserem hochindustrialisierten und mechanisierten Zeitalter die Maschine alles und der Mensch fast völlig zur Knechtschaft verdammt. Das ist es, glaube ich, was Tschuangtse fürchtete. Natürlich können wir das Rad der Industrialisierung nicht bis zum Zeitalter der primitiven Handarbeit zurückdrehen. Aber es wird gut sein, wenn wir der Bedeutung der Hände eingedenk sind und auch der Übel, die mit der Mechanisierung des modernen Lebens einhergehen, das den Intellekt auf Kosten des Lebensganzen zu sehr betont.

Soviel für den Osten. Nun einige Worte über den Westen. Denis de Rougemont sagt in seinem *Man's Western Quest,* daß »der Mensch und die Maschine« die beiden hervorstechendsten Merkmale der westlichen Kultur seien. Das ist bezeichnend, weil der Mensch und die Maschine einander widersprechende Erscheinungen sind und der Westen schwer darum kämpft, sie miteinander in Einklang zu bringen. Ich weiß nicht, ob die Menschen des Westens dies bewußt oder unbewußt tun. Ich möchte nur auf die Art und Weise hinweisen, wie diese beiden heterogenen Ideen gegenwärtig die Gedanken des Westens beeinflussen. Es muß beachtet werden, daß die Maschine zu Tschuangtses Philosophie der Arbeit in Widerspruch steht und daß die westlichen Auffassungen von individueller Freiheit und persönlicher Verantwortung den östlichen Auffassungen von absoluter Freiheit widersprechen. Ich will hier keine Einzelheiten anführen, sondern will nur versuchen, die Widersprüche zusammenzufassen, denen der Westen gegenwärtig gegenübersteht und unter denen er leidet:

1. Mensch und Maschine bilden einen Widerspruch, und wegen dieses Widerspruches steht der Westen unter großer psychologischer Spannung, die sich in verschiedenen Bereichen seines modernen Lebens äußert.

2. Zum Begriff des Menschen gehören Individualität und persönliche Verantwortung, wogegen die Maschine das Produkt von Gedankenarbeit, Abstraktion, Verallgemeinerung, Totalisierung und Kollektivdasein ist.

3. Objektiv, intellektuell oder vom Maschinendenken aus gesehen, hat persönliche Verantwortung keinen Sinn. Die Verantwortung hängt logisch mit der Freiheit zusammen, und in der Logik gibt es keine Freiheit, denn alles wird durch starre syllogistische Regeln beherrscht.

4. Überdies wird der Mensch als biologisches Produkt von biologischen Gesetzen beherrscht. Die Vererbung ist eine Tatsache, die keine Persönlichkeit ändern kann. Ich werde nicht durch meinen eigenen freien Willen geboren. Die Eltern bringen mich nicht durch ihren freien Willen zur Welt. Geburtenplanung hat in Wirklichkeit keinen Sinn.

5. Freiheit ist ebenfalls eine unsinnige Idee. Ich lebe sozial, in einer Gemeinschaft, wodurch ich in all meinen Bewegungen eingeschränkt werde, und zwar sowohl in geistiger als auch physischer Hinsicht. Selbst wenn ich allein bin, bin ich keineswegs frei. Ich habe alle möglichen Impulse, die ich nicht immer beherrsche. Einige Impulse gehen ohne meinen Willen mit mir durch. Solange wir in dieser begrenzten Welt leben, können wir niemals behaupten, wir seien frei oder handelten, wie wir wollten. Selbst dieser Wunsch ist etwas, das uns nicht gehört.

6. Der Mensch kann von Freiheit sprechen, soviel er mag; die Maschine schränkt seine Freiheit doch so sehr ein, daß sie leeres Gerede bleibt. Der Mensch des Westens ist von Anfang an genötigt, beschränkt, gehemmt. Seine Spontaneität ist keineswegs seine eigene, sondern die der Maschine. Die Maschine hat keine schöpferische Kraft; sie arbeitet nur soweit oder soviel, wie es das, was in sie hineingesteckt wird, ermöglicht. Sie handelt nie als »Person«.

7. Der Mensch ist nur frei, wenn er unpersönlich ist. Er ist frei, wenn er sich verleugnet und im Ganzen aufgeht. Genauer gesprochen, er ist frei, wenn er er selbst und doch nicht er selbst ist. Solange er diesen scheinbaren Widerspruch nicht voll und ganz versteht, steht es ihm nicht zu, von Freiheit, Verantwortung oder Spontaneität zu sprechen. So ist zum Beispiel die Spontaneität, von der die Menschen des Westens, vor allem einige Psychoanalytiker, sprechen, nicht mehr und nicht weniger als kindliche oder tierische Spontaneität und nicht die Spontaneität der voll ausgereiften Persönlichkeit.

8. Maschine, Behaviorismus, bedingte Reflexe, Kommunismus, künstliche Besamung, Automation allgemein, Vivisektion, Wasserstoffbombe – sie alle stehen in innigster Beziehung zueinander und bilden zusammengeschweißte feste Glieder einer logischen Kette.

9. Der Westen bemüht sich, einen Kreis in ein Quadrat zu verwandeln. Der Osten versucht, einen Kreis dem Quadrat gleichzusetzen. Für das Zen ist der Kreis ein Kreis und das Quadrat ein Quadrat, und gleichzeitig ist das Quadrat ein Kreis und der Kreis ein Quadrat.

10. Freiheit ist ein subjektiver Begriff, der sich objektiv nicht interpretieren läßt. Wenn wir es versuchen, verwickeln wir uns unentwirrbar in Widersprüche. Deshalb sage ich, es ist Unsinn, in dieser objektiven Welt der Beschränkungen um uns von Freiheit zu sprechen.

11. Im Westen ist Ja gleich Ja und Nein gleich Nein. Ja kann niemals Nein bedeuten und umgekehrt. Der Osten läßt Ja zu Nein und Nein zu Ja hinübergleiten; zwischen Ja und Nein gibt es keine starre Grenze. Es liegt in der Natur des Lebens, daß dies so ist. Nur in der Logik ist die Grenze unverwischbar. Die Logik wurde vom Menschen als Hilfsmittel für nützliche Zwecke geschaffen.

12. Wenn dem Westen diese Tatsache bewußt wird und er gewisse physikalische Phänomene nicht durch Erklärungen aus der Welt schaffen kann, erfindet er Begriffe, wie sie in der Physik als Komplementarität oder als Unschärferelation

bekannt sind. Wie gut es ihm aber auch gelingen mag, einen Begriff nach dem anderen zu erfinden, er kann bestehende Tatsachen nicht überlisten.

13. Wir befassen uns hier nicht mit der Religion, aber es ist vielleicht nicht uninteressant, folgendes festzustellen: Das Christentum, die Religion des Westens, spricht von Logos, Wort, Fleisch, Inkarnation und leidenschaftlicher Weltlichkeit. Die Religionen des Ostens streben nach Exkarnation, Stille, Absorption, ewigem Frieden. Für Zen ist Inkarnation gleich Exkarnation, die Stille dröhnt wie Donner, das Wort ist wortlos, das Fleisch fleischlos, Hier-jetzt ist gleich Leere (sunyata) und Unendlichkeit.

II Das Unbewußte im Zen-Buddhismus

Es ist vielleicht nicht dasselbe, was ich unter dem »Unbewußten« verstehe und was Psychoanalytiker damit meinen, und ich muß daher meine Auffassung erklären. Vor allem, wie ich an die Frage des Unbewußten herangehe. Wenn ich einen solchen Ausdruck gebrauchen soll, würde ich sagen, mein »Unbewußtes« ist »metawissenschaftlich« (überwissenschaftlich) oder »antewissenschaftlich« (vorwissenschaftlich). Sie alle sind Wissenschaftler, und ich bin ein Anhänger des Zen, und meine Auffassung ist »antewissenschaftlich« – manchmal sogar »antiwissenschaftlich«, fürchte ich. »Antewissenschaftlich« ist vielleicht kein passender Ausdruck, aber er scheint das auszudrücken, was ich damit sagen möchte. Auch »metawissenschaftlich« ist vielleicht nicht schlecht, denn die Auffassung des Zen kommt zur Entfaltung, nachdem die Wissenschaft oder die Intellektualisierung seit geraumer Zeit das gesamte Gebiet menschlicher Forschung eingenommen hat; und das Zen verlangt, daß wir, bevor wir uns bedingungslos der Herrschaft der Wissenschaft über den gesamten Bereich menschlicher Tätigkeit unterwerfen, innehalten und nachdenken, ob die Dinge, so wie sie sind, in Ordnung sind.

Die wissenschaftliche Methode, die Wirklichkeit zu untersuchen, besteht darin, einen Gegenstand vom sogenannten objektiven Standpunkt aus zu betrachten. Nehmen wir beispielsweise an, eine Blume hier auf dem Tisch sei Gegenstand wissenschaftlicher Untersuchung. Die Wissenschaftler werden sie allen möglichen botanischen, chemischen und physikalischen Analysen unterziehen und uns mitteilen, was sie von diesen verschiedenen Blickwinkeln aus über die Blume gefunden haben, und sie werden sagen, daß die Untersuchung der Blume abgeschlossen und nichts weiter über sie zu sagen sei, wenn nicht zufällig im Verlauf anderer Untersuchungen etwas Neues entdeckt werde.

Das Hauptmerkmal, das die Einstellung der Wissenschaft zur Wirklichkeit auszeichnet, besteht darin, daß sie einen Gegenstand beschreibt, *über* ihn spricht, *um* ihn *herum*geht, alles festhält, was unsere Sinne und unseren Verstand erregt, und es vom Gegenstand selbst fortabstrahiert, und wenn sie glaubt, fertig zu sein, diese analytisch gebildeten Abstraktionen synthetisiert und das Ergebnis für den Gegenstand selbst hält.

Aber es bleibt immer noch die Frage offen: »Ist wirklich der ganze Gegenstand im Netz gefangen?« Ich möchte sagen: »Keineswegs!« Denn der Gegenstand, den wir glauben gefangen zu haben, ist bloß eine Summe von Abstraktionen und nicht der Gegenstand selbst. Für praktische utilitaristische Zwecke scheinen all diese sogenannten wissenschaftlichen Formeln mehr als ausreichend zu sein, aber der sogenannte Gegenstand ist nicht ganz da. Wenn wir das Netz eingeholt haben, finden wir, daß etwas durch die feineren Maschen geschlüpft ist.

Es gibt jedoch noch einen anderen Weg, der Wirklichkeit gegenüberzutreten, der vor oder nach den Wissenschaften kommt. Ich nenne ihn Zen.

1

Die Methode des Zen besteht darin, in den Gegenstand selbst einzudringen und ihn sozusagen von innen zu sehen. Die Blume kennen heißt, zur Blume werden, die Blume sein, als Blume blühen und sich an Sonne und Regen erfreuen. Wenn ich das tue, so spricht die Blume zu mir, und ich kenne all ihre Geheimnisse, all ihre Freuden, all ihre Leiden, das heißt, das ganze Leben, das in ihr pulst. Und nicht nur das: Gleichzeitig mit meiner »Kenntnis« der Blume kenne ich alle Geheimnisse des Universums einschließlich aller Geheimnisse meines eigenen Ich, das mir bisher mein Leben lang ausgewichen war, weil ich mich in eine Dualität, in Verfolger und Verfolgten, in den Gegenstand und in seinen Schatten, geteilt hatte. Kein Wunder, daß es mir niemals gelang, mein Ich zu erfassen. Und wie anstrengend dieses Spiel war!

Jetzt kenne ich jedoch mein Ich, indem ich die Blume kenne. Das heißt, indem ich mich in der Blume verliere, kenne ich mein Ich ebenso wie die Blume.

Diese Art, der Wirklichkeit gegenüberzutreten, nenne ich die Methode des Zen, die vor- oder über- oder sogar antiwissenschaftliche Methode.

Diese Art, die Wirklichkeit zu erkennen oder zu sehen, kann man auch triebhaft oder schöpferisch nennen. Während die wissenschaftliche Methode darin besteht, den Gegenstand zu töten, den Leichnam zu sezieren, die Teile wieder zusammenzusetzen und so zu versuchen, den ursprünglichen, lebendigen Leib wiederherzustellen, was in Wirklichkeit unmöglich ist, nimmt das Zen das Leben so, wie es gelebt wird, anstatt es in Stücke zu zerhacken und zu versuchen, es mit Hilfe des Verstandes wieder zum Leben zu erwecken oder in Gedanken die zerbrochenen Stücke zusammenzuleimen. Die Methode des Zen erhält das Leben als solches; es wird von keinem chirurgischen Messer berührt. Der Zen-Dichter singt:

> „Alles bleibt ihrer natürlichen Schönheit überlassen,
> Ihre Haut ist unversehrt,

Ihre Knochen sind so, wie sie sind:
Sie braucht weder Schminke noch Puder irgendeiner Farbe.
Wie wunderbar!«

Die Wissenschaften befassen sich mit Abstraktionen und besitzen keine Aktivität. Das Zen stürzt sich in die Quelle der Schöpfungskraft und trinkt aus ihr alles Leben, das sie enthält. Diese Quelle ist das Unbewußte des Zen. Die Blume ist sich jedoch ihrer selbst nicht bewußt. Ich bin es, der sie aus dem Unbewußten erweckt. Tennyson verfehlt sie, wenn er sie von der geborstenen Mauer pflückt. Basho hat sie, wenn er die Nazuna betrachtet, die bescheiden an der wilden Hecke blüht. Ich kann nicht sagen, wo genau das Unbewußte ist. Ist es in mir? Oder in der Blume? Frage ich: »Wo?«, ist es vielleicht nirgendwo. Wenn das so ist, so möge ich in ihm sein und schweigen.

Während der Wissenschaftler tötet, versucht der Künstler, etwas Neues zu schaffen. Er weiß, daß sich die Wirklichkeit nicht durch eine Sektion erfassen läßt, daher nimmt er Pinsel, Leinwand und Farben und versucht, aus seinem Unbewußten heraus zu schaffen. Wenn sich dieses Unbewußte wahrhaft und aufrichtig mit dem »kosmischen Unbewußten« identifiziert, sind die Werke des Künstlers echt. Er hat wirklich etwas erschaffen; sein Werk ist nicht die Kopie von irgend etwas, sondern hat seine eigene Berechtigung. Er malt eine Blume, die, wenn sie aus seinem Unbewußten erblüht, eine neue Blume ist und keine Imitation der Natur.

Der Abt eines gewissen Zen-Klosters wollte die Decke der Dharma-Halle mit einem Drachen schmücken lassen. Ein berühmter Maler wurde mit der Arbeit betraut. Er nahm den Auftrag an, klagte aber, er habe noch niemals einen wirklichen Drachen gesehen, wenn es überhaupt welche gab. Der Abt sagte: »Kümmere dich nicht darum, daß du das Wesen nicht gesehen hast. Werde zu einem, verwandle dich in einen lebendigen Drachen und male ihn. Versuche nicht, der üblichen Schablone zu folgen.«

Der Künstler fragte: »Wie kann ich ein Drache werden?« Der

Abt antwortete: »Zieh dich in dein Privatgemach zurück und konzentriere deinen Geist darauf. Die Zeit wird kommen, wo du fühlst, daß du einen Drachen malen mußt. Das ist der Augenblick, wo du zum Drachen geworden bist und der Drache dich drängt, ihm Gestalt zu verleihen.«

Der Künstler folgte dem Rat des Abtes, und nach monatelangem angestrengtem Bemühen wurde er zuversichtlich, weil er sich aus seinem Unbewußten heraus im Drachen sah. Das Ergebnis ist der Drache, den wir heute an der Decke der Dharma-Halle im Myoshinji in Kyoto sehen.

Ich möchte noch eine andere Geschichte von der Begegnung eines Drachens mit einem chinesischen Maler erzählen. Dieser Maler wollte einen Drachen malen, aber da er noch keinen lebendigen Drachen gesehen hatte, sehnte er sich nach einer guten Gelegenheit dazu. Eines Tages schaute ein wirklicher Drache zum Fenster herein und sagte: »Hier bin ich, male mich!« Der Maler war von dem unerwarteten Besucher so überwältigt, daß er in Ohnmacht fiel, anstatt ihn genau zu betrachten. Er hat kein Bild eines lebendigen Drachen geschaffen.

Es genügt nicht zu sehen. Der Künstler muß in das Ding eindringen, es von innen erfühlen und sein Leben leben. Thoreau soll ein viel besserer Naturkenner gewesen sein als die berufsmäßigen. Ebenso Goethe. Sie kannten die Natur, weil sie imstande waren, sie zu leben. Die Wissenschaftler behandeln sie objektiv, das heißt oberflächlich. Ich und Du mag angehen, aber in Wirklichkeit können wir es nicht sagen; denn sobald wir es sagen, bin ich Du, und du bist Ich. Der Dualismus kann sich nur dann halten, wenn er von etwas, das nicht dualistisch ist, getragen wird.

Die Wissenschaft lebt vom Dualismus; deshalb versuchen die Wissenschaftler, alles auf quantitative Messungen zurückzuführen. Zu diesem Zweck erfinden sie alle möglichen mechanischen Geräte, Technologie ist der Grundton der modernen Kultur. Alles, dessen Quantität sich nicht bestimmen läßt, lehnen sie als unwissenschaftlich oder vorwissenschaftlich ab.

Sie stellen eine bestimmte Reihe von Regeln auf, und was sich damit nicht erfassen läßt, wird ganz natürlich mit der Begründung, daß es nicht zu ihrem Forschungsgebiet gehöre, beiseitegeschoben. Wie fein die Maschen auch sein mögen, solange es Maschen sind, werden immer einige Dinge hindurchschlüpfen und sich daher auf keine Weise messen lassen. Quantitäten sind ihrer Bestimmung nach unendlich, und die Wissenschaften müssen eines Tages zugeben, daß sie nicht imstande sind, die Wirklichkeit restlos auf ihre Mühlen zu leiten. Das Unbewußte liegt außerhalb des Gebietes wissenschaftlicher Untersuchung. Alles, was die Wissenschaftler daher tun können, besteht darin, auf das Vorhandensein eines solchen Gebietes hinzuweisen. Und das ist für die Wissenschaft genug.

Das Unbewußte ist etwas, das man fühlt, und zwar nicht im gewöhnlichen Sinne, sondern in einem, den ich den elementarsten oder fundamentalsten Sinn nennen möchte. Das bedarf vielleicht einer Erklärung. Wenn wir sagen: »Ich fühle den harten Tisch«, oder: »ich friere«, so gehört diese Art von Gefühl zum Bereich der Sinne und läßt sich vom Gehörs- und Gesichtssinn und dergleichen unterscheiden. Wenn wir sagen: »Ich fühle mich einsam«, oder: »ich bin begeistert«, so ist das allgemeiner, ganzheitlicher, innerlicher, gehört jedoch noch immer in das Gebiet des relativen Bewußtseins. Aber das Gefühl des Unbewußten ist viel grundlegender und elementarer und weist auf das Alter der »Unschuld« hin, in dem das Erwachen des Bewußtseins aus der sogenannten chaotischen Natur noch nicht stattgefunden hat. Die Natur ist jedoch nicht chaotisch, denn etwas Chaotisches kann nicht für sich allein existieren. Chaos ist nur ein Name für den Bereich, der sich nicht mit den gewöhnlichen Regeln der Vernunft messen läßt. Die Natur ist in dem Sinne chaotisch, daß sie ein Reservoir unendlicher Möglichkeiten ist. Das Bewußtsein, das sich aus diesem Chaos entwickelt hat, ist etwas Oberflächliches, das die Wirklichkeit nur am Rande berührt. Unser Bewußtsein ist nichts weiter als eine unbedeutende schwimmende Insel in einem Ozean, der die Erde umgibt. Aber durch dieses kleine

Stückchen Land können wir auf die unendliche Weite des Unbewußten selbst hinausblicken; ein Gefühl davon ist alles, was wir haben können, aber dieses Gefühl ist nichts Kleines; denn mit seiner Hilfe vermögen wir zu erkennen, daß unsere fragmentarische Existenz ihre volle Bedeutung erlangt und daß wir daher sicher sein können, nicht umsonst zu leben. Die Wissenschaft kann uns schon ihrer Definition nach niemals das Gefühl vollkommener Sicherheit und Furchtlosigkeit geben, das die Frucht unseres Erfühlens des Unbewußten ist.

Man kann nicht erwarten, daß wir alle Wissenschaftler sind, aber wir sind von Natur aus so beschaffen, daß wir alle Künstler sein können — natürlich nicht bestimmte Künstler wie Maler, Bildhauer, Musiker, Dichter usw., sondern Künstler des Lebens. Dieser Beruf, »Künstler des Lebens«, mag neu und ziemlich seltsam erscheinen, aber tatsächlich sind wir alle als Künstler des Lebens geboren. Aus Unwissenheit jedoch üben die meisten von uns diese Kunst nicht aus, und das Ergebnis ist, daß wir unser Leben verpfuschen, indem wir fragen: »Was ist der Sinn des Lebens?« »Stehen wir nicht vor dem puren Nichts?« »Wohin gehen wir, wenn wir achtundsiebzig oder sogar neunzig Jahre alt geworden sind? Niemand weiß es«, usw. Wie ich höre, ist dies der Grund für die Neurosen, an denen die meisten modernen Männer und Frauen leiden. Aber der Anhänger des Zen kann ihnen sagen: sie haben alle vergessen, daß sie als Künstler, als schöpferische Künstler des Lebens geboren wurden und daß sie von Neurosen, Psychosen, oder wie sie ihre Leiden auch nennen mögen, geheilt sein werden, sobald sie diese Tatsache und Wahrheit erkannt haben.

2

Was versteht man nun unter einem Künstler des Lebens? Soviel wir wissen, müssen alle Arten von Künstlern irgendein

Instrument benutzen, um sich auszudrücken und ihre Schöpferkraft in irgendeiner Form zu demonstrieren. Der Bildhauer benötigt Stein, Holz oder Ton sowie Meißel oder irgendwelche anderen Werkzeuge, um seine Ideen auf das Material zu übertragen. Aber ein Künstler des Lebens braucht nicht aus sich herauszugehen. Alles Material, alles Werkzeug, alle technische Handfertigkeit, die normalerweise erforderlich sind, trägt er vom Augenblick seiner Geburt, ja vielleicht schon bevor ihn seine Eltern geboren haben, in sich. Das ist ungewöhnlich und außerordentlich, sagen Sie vielleicht, aber wenn Sie ein wenig darüber nachdenken, werden Sie sicherlich verstehen, was ich meine. Wenn nicht, will ich es Ihnen noch genauer erklären: Der Körper, der physische Körper, den wir alle besitzen, ist das Material und entspricht der Leinwand des Malers, dem Holz, Stein oder Ton des Bildhauers, der Geige oder Flöte des Musikers, den Stimmbändern des Sängers. Und alles, was zum Körper gehört, wie Hände, Füße, Rumpf, Kopf, Eingeweide, Nerven, Zellen, Gedanken, Gefühle, Sinne – kurz alles, was die gesamte Persönlichkeit ausmacht –, ist gleichzeitig das Material und das Werkzeug, mit dem der Mensch seine schöpferische Begabung in Verhalten, Benehmen, in alle Formen von Handlungen, kurz in das Leben selbst umformt. Das Leben eines Künstlers des Lebens spiegelt jedes Bild wider, das er aus der unerschöpflichen Quelle seines Unbewußten erschafft. Jede seiner Taten ist Ausdruck seiner Originalität, Schöpferkraft und lebendigen Persönlichkeit. In ihm gibt es keine Konventionalität, keine Konformität, keine hemmende Motivierung. Er bewegt sich so, wie es ihm gefällt. Sein Verhalten ist wie das des Windes, der bläst, wie er mag. Sein Ich ist nicht in seiner fragmentarischen, begrenzten, gehemmten egozentrischen Existenz eingekerkert; er hat sein Gefängnis verlassen. Einer der großen Zen-Meister der T'ang-Dynastie sagt: »Ein Mensch, der allüberall Herr seiner selbst ist, ist stets sich selbst treu.« Diesen Menschen nenne ich den wahren Künstler des Lebens.

Sein Ich hat das Unbewußte, die Quelle unendlicher Mög-

27

lichkeiten berührt. Er ist »Nicht-Geist«. Der hl. Augustinus sagt: »Liebe Gott und tu, was du willst.« Dies entspricht einem Gedicht von Bunan, einem Zen-Meister des siebzehnten Jahrhunderts:

> »Sei tot,
> Während du lebst,
> Völlig erstorben;
> Und handle, wie du willst,
> Und alles ist gut.«

Gott zu lieben bedeutet, kein Ich zu haben, ohne Geist zu sein, ein »Toter« zu werden, von den beengenden Motivierungen des Bewußtseins frei zu sein. Der Gruß dieses Menschen enthält keinerlei menschliches Element althergebrachter Interessen. Er wird angesprochen und antwortet. Er ist hungrig und ißt. Oberflächlich betrachtet, ist er ein natürlicher Mensch, der ohne die komplizierten Ideologien moderner zivilisierter Menschen geradewegs aus der Natur kommt. Aber wie reich ist sein Innenleben! Es steht in direkter Verbindung mit dem großen Unbewußten.

Ich weiß nicht, ob man ein solches Unbewußtes als das kosmische Unbewußte bezeichnen darf. Ich möchte es deshalb so nennen, weil das, was wir allgemein den relativen Bewußtseinsbereich nennen, irgendwohin ins Unbekannte entschwindet und dieses Unbekannte, wenn es erst erfaßt wurde, in das normale Bewußtsein eintritt, wo es alle Verwicklungen ordnet, die uns mehr oder weniger stark gequält haben. Das Unbekannte tritt so in Beziehung zu unserem Geist, und insofern müssen das Unbekannte und der Geist irgendwie von der gleichen Art sein und miteinander in Verbindung stehen. Wir können daher feststellen, daß unser begrenztes Bewußtsein, soweit wir seine Grenzen kennen, uns alle möglichen Sorgen, Ängste und Unsicherheiten verschafft. Sobald wir jedoch erkennen, daß unser Bewußtsein aus etwas entspringt, das zu uns in inniger Beziehung steht, wenn wir es auch nicht so kennen, wie man relative Dinge kennt, sind wir von jeglicher Spannung befreit und vollkommen ruhig und mit uns und der

Welt im allgemeinen in Einklang. Warum sollen wir dieses Unbekannte also nicht das kosmische Unbewußte oder die Quelle unendlicher Schöpferkraft nennen, aus der nicht nur Künstler aller Art ihre Inspirationen nehmen, sondern die selbst uns gewöhnliche Wesen, jeden seinen natürlichen Gaben gemäß, dazu befähigt, sein Leben in ein wahres Kunstwerk zu verwandeln?

Die folgende Geschichte verdeutlicht vielleicht, was ich unter Verwandlung unseres täglichen Lebens in ein Kunstwerk verstehe. Im achten Jahrhundert lebte Dogo, ein großer Zen-Meister der T'ang-Dynastie. Er hatte einen jungen Schüler, der Unterweisung im Zen suchte. Der Schüler blieb einige Zeit bei dem Meister, aber es gab keinen speziellen Unterricht. Eines Tages trat er zum Meister und sprach: »Ich bin schon längere Zeit bei Euch, habe jedoch keinen Unterricht bekommen. Warum? Bitte gebt mir Bescheid.« Der Meister sagte: »Wie! Seit du gekommen bist, unterrichte ich dich fortwährend im Zen.« Der Schüler protestierte: »Bitte sagt mir, worin die Unterweisung bestand.« »Wenn du mich morgens siehst, grüßt du mich, und ich erwidere den Gruß. Wenn die Morgenmahlzeit gebracht wird, nehme ich sie dankbar an. Wo weise ich nicht auf das Wesentliche des Geistes hin?« Der Schüler senkte darauf den Kopf und schien darin vertieft zu sein, die Bedeutung der Worte des Meisters zu enträtseln. Hierauf sagte der Meister zu ihm: »Sobald du beginnst, darüber nachzudenken, ist es nicht mehr da. Du mußt es unmittelbar, ohne Vernunftgründe und ohne Zögern sehen.« Dies soll den Schüler für die Wahrheit des Zen erweckt haben.

Nur ein klein wenig von der Wahrheit des Zen vermag unser eintöniges Leben, ein Leben monotoner, nicht begeisternder Gewöhnlichkeit, in ein Leben zu verwandeln, das erfüllt ist von Kunst, von echter, innerer Schöpferkraft.

In all diesem liegt etwas, das älter ist als die wissenschaftliche Erforschung der Wirklichkeit, etwas, das durch die Maschen des wissenschaftlich konstruierten Apparates schlüpft.

Das Unbewußte im Sinne des Zen ist zweifellos das Geheimnisvolle, das Unbekannte, und deshalb unwissenschaftlich oder ante-wissenschaftlich. Das heißt jedoch nicht, daß es außerhalb der Reichweite unseres Bewußtseins liege und etwas sei, mit dem wir nichts zu tun hätten. Vielmehr ist es im Gegenteil das uns Vertrauteste, und gerade wegen dieser Vertrautheit läßt es sich schwer greifen, wie auch das Auge sich selbst nicht sehen kann. Um sich daher des Unbewußten bewußt zu werden, muß das Bewußtsein besonders geübt werden.

Entwicklungsgeschichtlich wurde das Bewußtsein irgendwann im Laufe der Menschwerdung aus dem Unbewußten erweckt. Die Natur wirkt auf ihre Art, ihrer selbst nicht bewußt, und aus ihr entsteht der Mensch mit Bewußtsein. Das Bewußtsein ist ein Sprung, aber nicht ein Bruch, denn das Bewußtsein steht mit dem Unbewußten in konstanter, ununterbrochener Verbindung. Ja, ohne das letztere könnte das erstere gar nicht funktionieren; es würde seine Funktionsgrundlage verlieren. Das ist der Grund, weshalb das Zen erklärt, Tao sei »der Alltagsgeist« des Menschen. Unter Tao versteht das Zen natürlich das Unbewußte, das fortwährend in unserem Bewußtsein wirkt. Das folgende »Mondo« (Frage und Antwort) hilft uns vielleicht, etwas vom Unbewußten im Sinne des Zen zu verstehen: Als ein Mönch einen Meister fragte, was unter »Alltagsgeist« zu verstehen sei, antwortete dieser: »Wenn ich hungrig bin, esse ich; wenn ich müde bin, schlafe ich.«

Sie werden sicherlich entgegnen: »Wenn dies das Unbewußte sein soll, das ihr Zen-Anhänger als etwas überaus Geheimnisvolles und für das menschliche Leben höchst Wertvolles bezeichnet, da es die Ursache der Verwandlung darstellt, so müssen wir es leider bezweifeln. Alle diese ›unbewußten‹ Handlungen sind schon seit langem gemäß dem Prinzip geistiger Ökonomie dem Bereich instinktiver Reflexe zugeordnet worden. Wir sähen das Unbewußte gern mit einer viel höheren Funktion des Geistes in Zusammenhang gebracht, vor allem wenn diese, wie bei einem Schwertkämpfer, nur nach vielen Jahren anstrengenden Trainings erworben wird. Was die reflexbedingten Handlungen wie Essen, Trinken, Schlafen usw. betrifft, so haben wir sie mit den niedrigeren Tieren ebenso wie mit Kleinkindern gemeinsam. Das Zen kann sie sicherlich nicht so hoch einschätzen, daß der voll ausgereifte Mensch darin nach einem Sinn suchen sollte.«

Sehen wir einmal, ob es zwischen dem »instinktiven« Unbewußten und dem »hochtrainierten« Unbewußten einen wesentlichen Unterschied gibt.

Bankei, einer der großen modernen japanischen Zen-Meister, lehrte die Doktrin vom »Ungeborenen«. Um seine Idee anschaulich zu machen, wies er auf Tatsachen unserer täglichen Erfahrung hin, wie einen Vogel singen hören, eine Blume blühen sehen usw., und sagte, daß sie alle auf das Vorhandensein des »Ungeborenen« in uns zurückzuführen seien. Jedem Satori [3], das es geben mag, muß diese Erfahrung und keine andere zugrunde liegen, schloß er.

Das scheint auf den ersten Blick eine Identifizierung des Bereichs der Sinne mit dem höchst metaphysischen Ungeborenen zu bedeuten. In gewissem Sinne ist es richtig, es damit zu identifizieren, aber ansonsten ist es falsch, denn Bankeis »Ungeborenes« ist die Wurzel aller Dinge und umfaßt nicht nur den Sinnesbereich unserer täglichen Erfahrung, sondern auch die Gesamtheit aller vergangenen, gegenwärtigen und zukünftigen Wirklichkeiten, die den Kosmos bis an die Grenzen der zehn Himmelsrichtungen ausfüllen. Unser »Alltagsgeist«, unsere tägliche Erfahrung oder unsere instinktiven Handlungen sind als solche ohne besonderen Wert und ohne besondere Bedeutung. Sie erlangen sie nur in Bezug auf das »Ungeborene« oder was ich das »kosmische Unbewußte« genannt habe, denn das »Ungeborene« ist der Urquell aller schöpferischen Möglichkeiten. So kommt es, daß, wenn wir essen, nicht wir, sondern das »Ungeborene« ißt; wenn wir schlafen, schlafen nicht wir, sondern das »Ungeborene«.

Solange das Unbewußte instinktiv ist, geht es über das von

Tieren oder kleinen Kindern nicht hinaus. Es kann nicht das Unbewußte des reifen Menschen sein. Dieser hat ein trainiertes Unbewußtes, in das alle bewußten Erfahrungen, die er seit seiner Kindheit gemacht hat, aufgenommen sind, weil sie insgesamt sein ganzes Wesen ausmachen. Sobald daher der Schwertkämpfer das Schwert ergreift, treten sein technisches Können und sein Bewußtsein der Situation in den Hintergrund, und das trainierte Unbewußte beginnt, seine Rolle in vollem Umfange zu spielen. Das Schwert wird geschwungen, als hätte es selbst eine Seele.

Vielleicht können wir folgendes sagen: Das Unbewußte, soweit es sich auf den Bereich der Sinne bezieht, ist das Ergebnis einer langen Entwicklung in der Geschichte des Lebens, und wir haben es mit Tieren und Kindern gemeinsam. Aber wenn wir aufwachsen, ergreift der Verstand vom Bereich der Sinne Besitz, und die Naivität der Sinneserfahrung geht verloren. Wenn wir lächeln, ist es nicht ein reines Lächeln; es kommt mehr dazu. Wir essen nicht so wie in unserer Kindheit; das Essen wird mit Verstandesarbeit vermischt. Und da wir alle dieses Eindringen des Intellekts oder die Vermengung mit dem Intellekt erkennen, werden einfache biologische Handlungen durch egozentrische Interessen verseucht. Das heißt, daß es jetzt einen Herrn über das Unbewußte gibt, das nicht mehr unmittelbar in den Bereich des Bewußtseins gelangen kann. Alle Handlungen, die biologisch instinktiv funktionieren, spielen nun die Rolle bewußt und intellektuell gesteuerter Handlungen.

Im biblischen Mythos ist diese Wandlung als Verlust der »Unschuld« oder Erlangung von »Wissen« bekannt. Im Zen und im Buddhismus im allgemeinen nennt man sie »affektive Verseuchung« (klesha) oder »das Dazwischentreten des vom Verstande beherrschten Bewußtseins« (vijnana).

Das Zen verlangt nun vom reifen Menschen, sich von dieser affektiven Verseuchung zu reinigen und sich vom Dazwischentreten des Verstandes und des Bewußtseins zu befreien, wenn er aufrichtig wünscht, ein Leben der Freiheit und Spontaneität zu führen, in dem ihn solche beunruhigenden Gefühle wie Furcht, Angst oder Unsicherheit nicht überfallen können. Wenn diese Befreiung stattfindet, wirkt das »trainierte« Unbewußtsein im Bereich des Bewußtseins. Und wir wissen, was Bankeis »Ungeborenes« oder der »Alltagsgeist« des chinesischen Zen-Meisters ist.

3

Wir sind nun bereit, Takuans Rat für seinen Schüler im Schwertkampf, Yagyu Tajima-no-kami, zu hören.

Im wesentlichen lautet Takuans Rat, den Geist stets im Zustand des »Fließens« zu erhalten, denn er sagt, wenn er irgendwo anhalte, bedeute dies, daß der Fluß unterbrochen werde, und diese Unterbrechung sei dem geistigen Wohlbefinden abträglich. Bei einem Schwertkämpfer bedeute sie den Tod. Die Gefühle trübten den Spiegel des elementaren Prajna des Menschen, und die intellektuelle Überlegung behindere seine natürliche Tätigkeit. »Prajna«, das Takuan »unbewegliches Prajna« nennt, sei die treibende Kraft für all unsere Handlungen, und zwar sowohl die inneren als auch die äußeren. Wenn es aufgehalten werde, könne der bewußte Geist nicht fließen. Das Schwert mißachte das natürliche, freie, spontane, richtunggebende Wirken des »unbeweglichen Prajna« (das unserem Unbewußten entspricht) und beginne, der bewußt erworbenen technischen Geschicklichkeit zu gehorchen. »Prajna« sei der unbewegliche Beweger, der unbewußt im Bereich des Bewußtseins wirke.

Wenn der Schwertkämpfer seinem Feind gegenübersteht, soll er weder an den Gegner noch an sich selbst, noch an die Bewegungen des Schwertes seines Feindes denken. Er steht einfach mit seinem Schwert da und soll alle Technik vergessen und das Schwert wirklich nur dem Befehl des Unbewußten folgen lassen. Der Mann als Führer des Schwertes existiert nicht mehr. Wenn er zuschlägt, ist es nicht der Mann, sondern das Schwert in den Händen des Unbewußten, das zuschlägt. Es gibt Berichte, daß sich die Männer nicht einmal der Tatsache bewußt wurden, daß sie den Gegner niedergeschlagen hatten. Das Wirken des Unbewußten ist in vielen Fällen geradezu wunderbar.

Lassen Sie mich Ihnen ein Beispiel geben. Es gibt einen japanischen Film »Die sieben Samurai«, der vor einiger Zeit dem amerikanischen Publikum vorgestellt wurde. Er zeigt eine Szene, in der die unbeschäftigten Samurai eine Probe ihrer Fechtkunst ablegen. Sie ist erfunden, gründet sich aber ohne Zweifel auf historische Tatsachen. Der Anführer der Unternehmung dachte sich eine Methode aus, um jeden Schwertkämpfer zu prüfen. Er stellte einen jungen Mann aus dem Dorf hinter den Eingang, durch den jeder kommen mußte, der das Gebäude betreten wollte. Sobald ein Samurai über die Schwelle trat, sollte ihm der junge Mann einen Stockhieb versetzen und sehen, wie sich der Neuankömmling verhielt.

Der erste wurde überrumpelt und empfing den Hieb mit voller Wucht. Er bestand die Probe nicht. Der zweite wich dem Hieb aus und schlug zurück. Er wurde nicht für gut genug befunden. Der dritte blieb am Eingang stehen und sagte zu dem Mann hinter der Tür, er solle bei einem erfahrenen Krieger keinen faulen Trick versuchen. Er fühlte also die Gegenwart des verborgenen Feindes, bevor er ihn, der gut versteckt war, wirklich sah. Dies verdankte er einer langen Erfahrung, die er in turbulenten Tagen erworben hatte. Er bewies damit, daß er ein erfolgreicher Kandidat für die Aufgabe war, die in diesem Dorfe ausgeführt werden sollte.

In den feudalen Zeiten, als der Samurai in jeder Situation, die sich in seinem täglichen Leben ergeben konnte, wachsam sein mußte, scheint dieses Fühlen eines unsichtbaren Feindes bei den Schwertkämpfern zu einer bemerkenswerten Leistungsfähigkeit entwickelt worden zu sein. Selbst im Schlaf war er bereit, einer feindlichen Situation zu begegnen.

Ich weiß nicht, ob man dies einen sechsten Sinn oder eine Art von Telepathie und somit einen Gegenstand für die sogenannte Parapsychologie nennen könnte. Ich möchte aber wenigstens erwähnen, daß die Philosophen der Fechtkunst diesen von den Schwertkämpfern erworbenen Sinn dem Wirken des Unbewußten zuschreiben, das erweckt wird, wenn der Kämpfer einen Zustand der Ichlosigkeit, der Geistlosigkeit erreicht. Sie sagen, wenn der Mann die höchste Meisterschaft in der Kunst erreicht hat, ist in ihm nichts mehr von dem gewöhnlichen, relativen Bewußtsein vorhanden, in dem er erkennt, daß er sich in einem Kampf auf Leben und Tod befindet; wenn die Ausbildung vollendet ist, ist sein Geist wie ein Spiegel, in dem sich jeder Gedanke widerspiegelt, der sich im Geiste des Gegners regt, und er weiß sofort, wie und wo er den Gegner schlagen muß. (Genauer gesagt, ist das kein Wissen, sondern Intuition, die im Unbewußten stattfindet.) Sein Schwert bewegt sich förmlich mechanisch und ganz von selbst gegen einen Gegner, dem es unmöglich ist, sich zu verteidigen, weil das Schwert seine ungeschützte Stelle trifft. Das Unbewußte des Schwertkämpfers soll daher das Ergebnis von Ichlosigkeit sein, die im Einklang mit dem »Grund von Himmel und Erde« steht und daher alles niederschlägt, was sich diesem Grund entgegenstellt. Den Sieg im Fechten erringt nicht der Schnellste, der Stärkste oder der Geschickteste, sondern derjenige, dessen Geist rein und ichlos ist.

Ob wir diese Auslegung akzeptieren oder nicht, ist eine andere Frage. Tatsache ist, daß der Meister im Schwertkampf etwas besitzt, das wir das Unbewußte nennen können, und daß dieser Zustand erreicht wird, wenn er sich seiner Handlungen nicht mehr bewußt ist und alles einem Etwas überläßt, das nicht seinem relativen Bewußtsein angehört. Wir nennen es »Etwas« oder »Jemand«; da es außerhalb des gewöhnlichen Bereichs des Bewußtseins liegt, haben wir dafür keinen Namen außer einen negativen, »X« oder »das Unbewußte«. Da es auf eine Art und Weise mit dem Bewußtsein in Verbindung tritt, daß es sich alle technische Fertigkeit, die bewußt erworben wurde, zunutze macht, kann man es nicht unzutreffend »das Unbewußte« nennen.

4

Was ist das Wesen dieses Unbewußten? Gehört es noch zum Bereich der Psychologie, wenn auch im weitesten Sinn des Wortes? Ist es irgendwie verwandt mit dem Urquell aller Dinge wie beispielsweise dem »Grund für Himmel und Erde« oder mit etwas anderem, das in der Ontologie östlicher Denker auftritt? Oder sollen wir es den »großen, perfekten Spiegel des Wissens« (adarsanajnana) nennen, wie es manchmal von Zen-Meistern genannt wird?

Die folgende Begebenheit, die von Yagyu Tajima-no-kami Munenori, einem Schüler des Zen-Meisters Takuan, erzählt wird, steht nicht in direktem Zusammenhang mit dem Unbewußten, wie es im vorhergehenden Teil dieses Vortrages beschrieben wurde, weil er nicht wirklich einem Feind gegenüberstand. Aber für den Psychologen ist es vielleicht nicht uninteressant festzustellen, daß sich eine Fähigkeit, die man fast parapsychisch nennen könnte, durch ein bestimmtes Training entwickeln läßt. Ich muß noch hinzufügen, daß der Fall von Yagyu Tajima-no-kami natürlich nicht wissenschaftlich überprüft wurde. Aber in den Annalen der japanischen Fechtkunst ist eine Reihe solcher Fälle verzeichnet, und selbst nach unseren modernen Erfahrungen haben wir Grund, an die Wahrscheinlichkeit einer solchen »telepathischen« Intuition zu glauben. Doch muß ich nochmals sagen, daß diese Art von psychologischen Erscheinungen wahrscheinlich mit dem Unbewußten, von dem ich gesprochen habe, nichts zu tun hat.

Eines Frühlingstages bewunderte Yagyu Tajima-no-kami die blühenden Kirschbäume in seinem Garten. Allem Anschein nach war er tief in die Betrachtung versunken. Plötzlich fühlte er, wie ihn von hinten ein Sakki [4] bedrohte. Yagyu wandte sich um, sah aber keinen Menschen außer dem Knaben, der gewöhnlich seinem Herrn das Schwert nachträgt. Yagyu konnte den Ursprung des Sakki nicht feststellen. Dies verwirrte ihn ungemein, denn er hatte nach einem langen Training in der Fechtkunst eine Art sechsten Sinn erworben, der ihn sofort das Vorhandensein eines Sakki entdecken ließ.

Er zog sich bald darauf in sein Zimmer zurück und versuchte, das Problem, das ihn sehr beunruhigte, zu lösen. Bisher war es ihm nämlich stets gelungen, ein Sakki zu entdecken und seinen Ursprung genau festzustellen, wenn er sein Vorhandensein fühlte. Er war über sich so verärgert, daß alle seine Diener Angst hatten, sich ihm zu nähern und ihn nach dem Grund zu fragen.

Schließlich trat einer der älteren Diener vor ihn hin und fragte ihn, ob er sich nicht wohlfühle und irgendeine Hilfe brauche. Der Herr sprach: »Nein, ich bin nicht krank. Aber ich habe im Garten draußen etwas Seltsames erlebt, das ich nicht verstehen kann, und ich denke darüber nach.« Und er erzählte den ganzen Vorfall.

Als es sich unter den Dienern herumgesprochen hatte, trat der Knabe, der dem Herrn gefolgt war, zitternd hervor und bekannte folgendes: »Als ich euch so in der Bewunderung der Kirschblüten versunken sah, hatte ich den Gedanken: Wie geschickt unser Herr mit dem Schwert auch ist, er könnte sich aller Wahrscheinlichkeit nach doch nicht verteidigen, wenn ich ihn in diesem Augenblick plötzlich von hinten niederschlüge. Möglicherweise hat der Herr diesen geheimen Gedanken von mir gefühlt.« Nach diesem Bekenntnis war der Knabe bereit, von dem Herrn für diesen unziemlichen Gedanken eine Strafe anzunehmen.

Damit war das Geheimnis aufgeklärt, das Yagyu so sehr beunruhigt hatte, und er war nicht in der Stimmung, dem unschuldigen jungen Sünder etwas zu tun. Er war zufrieden damit, daß sein Gefühl nicht getrogen hatte.

III Die Auffassung des Ich im Zen-Buddhismus

Die Einstellung des Zen zur Wirklichkeit, die man als vorwissenschaftlich definieren könnte, ist manchmal antiwissenschaftlich in dem Sinne, daß sich das Zen direkt entgegengesetzt zur Richtung der Wissenschaft bewegt. Das bedeutet nicht unbedingt, daß das Zen der Wissenschaft feindlich gegenübersteht, sondern nur, daß man, um das Zen zu verstehen, einen Standpunkt einnehmen muß, der bisher von Wissenschaftlern vernachlässigt oder vielmehr als »unwissenschaftlich« übergangen wurde.

Die Wissenschaften sind alle gleichermaßen zentrifugal und extrovertiert und betrachten das Ding, das sie zur Untersuchung ausgewählt haben, »objektiv«. Ihre Einstellung besteht darin, das Ding von sich fernzuhalten und niemals danach zu streben, sich mit dem Gegenstand ihrer Untersuchung zu identifizieren. Selbst wenn sie sich selbst untersuchen und in ihr Inneres blicken, sind sie bemüht, das, was innen ist, nach außen zu projizieren, und sie entfremden sich so sich selbst, als ob ihr Inneres nicht zu ihnen gehörte. Sie haben größte Angst davor, »subjektiv« zu sein. Wir müssen jedoch bedenken, daß wir Außenseiter sind, solange wir draußen stehen, und daß wir aus eben diesem Grunde niemals das Ding selbst begreifen, sondern höchstens etwas *darüber* wissen − das heißt, daß wir niemals erfahren, was unser wahres Ich ist. Die Wissenschaftler können daher niemals hoffen, bis zum Ich vorzudringen, wie sehr sie es auch wünschen. Sie sind zweifellos imstande, eine Menge *darüber* zu sagen, aber das ist alles. Das Zen rät uns daher, die entgegengesetzte Richtung zur Wissenschaft einzuschlagen, wenn wir unser Ich wirklich kennenlernen wollen. Es heißt, das geeignetste Studienobjekt für die Menschheit sei der Mensch, und in diesem Fall ist es der Mensch im Sinne von »Ich«, denn es ist die Menschheit und nicht das Tierreich, das sich des Ichs bewußt werden kann. Männer oder Frauen, die nicht nach Kenntnis des Ichs streben, müssen leider einen weiteren Zyklus von Geburt und Tod durchlaufen. »Dich selbst zu kennen« bedeutet, dein Ich zu kennen.

Was die Wissenschaft vom Ich weiß, ist kein wirkliches Wissen, solange sie das Ich objektiviert. Die Richtung der wissenschaftlichen Untersuchungen muß umgekehrt und das Ich von innen und nicht von außen erfaßt werden. Das bedeutet, daß das Ich sich selbst erkennen soll, ohne aus sich herauszugehen. Manche fragen vielleicht: »Wie kann das möglich sein? Wissen enthält immer eine Trennung von Wissendem und gewußtem Objekt.« Ich antworte darauf: Selbstkenntnis ist nur möglich, wenn Subjekt und Objekt identifiziert werden; das heißt, wenn wissenschaftliches Forschen aufgegeben, wenn auf alle Experimente verzichtet wird und wenn die Wissenschaftler einsehen, daß sie ihre Untersuchungen nicht anders fortführen können als durch einen übernatürlichen Sprung in ein Reich absoluter Subjektivität.

Im Reich absoluter Subjektivität also befindet sich das Ich. »Sich befinden« stimmt hier nicht ganz, weil es nur auf den statischen Aspekt des Ich hindeutet. Aber das Ich ist ständig in Bewegung oder im Werden. Es ist Null, das heißt statisch, und gleichzeitig unendlich, was darauf hindeutet, daß es die ganze Zeit in Bewegung ist. Das Ich ist dynamisch.

Das Ich ist einem Kreis vergleichbar, der keinen Umfang hat; es ist somit »sunyata«, Leere. Es ist der Mittelpunkt eines solchen Kreises, befindet sich aber auch an jeder Stelle dieses Kreises. Das Ich ist der Punkt absoluter Subjektivität, der das Gefühl der Unbeweglichkeit oder Ruhe vermitteln kann. Aber da sich dieser Punkt überallhin, an beliebig viele Stellen verschieben läßt, ist er in Wahrheit kein Punkt. Der Punkt ist der Kreis, und der Kreis ist der Punkt. Diese scheinbare Unmöglichkeit geschieht, wenn man die entgegengesetzte Richtung zur Wissenschaft einschlägt und sich dem Zen zuwendet. Und das Zen vollbringt wirklich ein Wunder.

Da sich das Ich von Null nach Unendlich und von Unendlich nach Null bewegt, ist es kein Gegenstand für wissenschaftliche Untersuchungen. Da es absolute Subjektivität ist, weicht es allen unseren Anstrengungen aus, es an irgendeiner objektiv definierbaren Stelle zu finden. Da es ausweicht und sich nicht greifen läßt, können wir mit ihm in keiner wissenschaftlichen Weise experimentieren. Wir können es nicht mit objektiv konstruierten Mitteln einfangen. An dieses Ich kann keine Wissenschaft herankommen, weil es nicht zu der Art von Dingen gehört, die in ihren Wirkungsbereich fallen. Wenn das Ich richtig eingestellt ist, ist es imstande, sich selbst zu entdecken, ohne den Prozeß der Objektivierung durchzumachen.

Ich habe vorhin de Rougemonts kürzlich erschienenes Buch, *Man's Western Quest* [4a], erwähnt, in dem er »Person« und »Maschine« als zwei Merkmale nennt, die das Wesen der Suche des Westens nach der Wirklichkeit charakterisieren. Nach ihm war »Person« zuerst ein juristischer Ausdruck im alten Rom. Als das Christentum die Frage der Dreieinigkeit aufnahm, begannen seine Gelehrten, ihn theologisch zu verwenden, beispielsweise in Ausdrücken wie »göttliche Person« und »menschliche Person«, die in Christus miteinander in Einklang gebracht wurden. In unserem jetzigen Sprachgebrauch hat das Wort eine moralisch-psychologische Bedeutung mit allen historischen Nebenbedeutungen. Das Problem der Person läßt sich letztlich auf das des Ich reduzieren.

Die Person de Rougemonts ist ihrer Natur nach dualistisch, und in ihrem Inneren besteht immer irgendein Konflikt. Dieser Konflikt, diese Spannung, dieser Widerspruch ist es, was das Wesen der Person ausmacht, und natürlich folgt daraus, daß ein Gefühl von Angst und Ungewißheit insgeheim jede Art von Aktivität begleitet, die sie zum Ausdruck bringt. Ja, wir können sagen, daß es gerade dieses Gefühl ist, das die Person dazu treibt, unbeherrschte Taten voll Leidenschaft und Gewalt zu vollbringen. Die Quelle aller menschlichen Handlungen sind Gefühle und nicht dialektische Schwierigkeiten. Zuerst kommt die Psychologie, dann erst die Logik und die Analyse, und nicht umgekehrt.

Nach de Rougemont ist es daher für Menschen des Westens unmöglich, den Dualismus zu überwinden, der in der Natur der Person liegt, solange sie an ihrer historisch-theologischen Überlieferung von Gott-Mensch oder Mensch-Gott festhalten. Infolge dieses dualistischen Konflikts im Unbewußten und dem sich daraus ergebenden Gefühl des Unbehagens wagen sie sich sowohl in die Zeit als auch in den Raum hinaus. Sie sind durch und durch extrovertiert und nicht introvertiert. Anstatt von innen die Natur der Person zu betrachten und zu erfassen, bemühen sie sich, die dualistischen Konflikte objektiv miteinander in Einklang zu bringen, die sie auf der Ebene der verstandesmäßigen Erfassung entdecken. Was die Person selbst betrifft, lassen Sie mich de Rougemont zitieren:

»Die Person ist Ruf und Antwort; sie ist Handlung und nicht Tatsache oder Objekt, und die vollständige Analyse von Tatsachen und Objekten wird niemals einen unwiderlegbaren Beweis für sie liefern.« (S. 50)

»Die Person ist niemals hier oder dort, sondern in einer Handlung, einer Spannung, einer ungestümen Eile begriffen – seltener als Ursache einer glücklichen Ausgeglichenheit, wie sie ein Werk Bachs verspüren läßt.« (S. 55)

Das klingt gut. Die Person ist wirklich das, was de Rougemont beschreibt, und entspricht dem, was die Buddhisten über »atman« sagen würden: »ist aufgelöst« (visankara). Aber die Mahayanisten hätten gute Lust, den Autor der obigen Zitate folgendes zu fragen: Wer bist *du*, daß du all diese schönen Dinge vom begrifflichen Standpunkt aus sagst? Wir würden gerne *dich* persönlich, konkret oder existentiell, befragen. Wenn *du* sagst: »Solange ich lebe, lebe ich im Widerspruch«, wer ist dieses »Ich«? Wenn du uns sagst, das fundamentale Paradoxon der Person solle vom Glauben übernommen werden, wer ist dann dieser *jemand*, der diesen Glauben annimmt? Wer ist dieser *jemand*, der diesen Glauben an sich erfährt? Hinter Glauben, Erfahrung, Konflikt und der begrifflichen Erfassung muß ein lebendiger *Mensch* stehen, der dies alles tut.

Hier ist die Geschichte eines Zen-Mönches, der genau und konkret auf den Menschen wies und dem Frager zeigte, wie er beschaffen war. Der Mönch wurde später unter dem Namen Obaku Ki-un (gest. 850) bekannt und war einer der großen Zen-Meister der T'ang-Zeit. Der Gouverneur eines Distrikts besuchte einst ein Kloster, das seiner Gerichtsbarkeit unterstand. Der Abt führte ihn umher und zeigte ihm die verschiedenen Teile des Klosters. Als sie in einen Raum kamen, in dem die Porträts der aufeinanderfolgenden Äbte ausgestellt waren, zeigte der Gouverneur auf eines davon und fragte den Abt: »Wer ist das?« Der Abt antwortete: »Der verstorbene Abt.« Die zweite Frage des Gouverneurs lautete: »Hier ist sein Porträt, und wo ist der Mensch?« Das war mehr, als der Abt beantworten konnte. Der Gouverneur bestand jedoch darauf, daß seine Frage beantwortet würde. Der Abt war verzweifelt, denn er fand unter seinem Gefolge keinen, der den Gouverneur zufriedenstellen konnte. Schließlich entsann er sich eines fremden Mönches, der vor kurzem in das Kloster gekommen war, um hier zu wohnen, und der den größten Teil seiner freien Zeit damit verbrachte, die Höfe zu fegen und in Ordnung zu halten. Er dachte, dieser Fremde, der wie ein Zen-Mönch aussah, sei vielleicht imstande, dem Gouverneur zu antworten. Der Mönch wurde hereingerufen und dem Gouverneur vorgestellt. Dieser sprach ehrerbietig zu dem Mönch:

»Ehrwürden, diese Herren hier wollen mir leider meine Frage nicht beantworten. Wollen Sie bitte die Güte haben, mir die Antwort zu geben?«

Der Mönch sagte: »Wie lautet Eure Frage?«

Der Gouverneur erzählte ihm alles, was bisher geschehen war, und wiederholte die Frage: »Hier ist das Porträt des früheren Abtes, und wo ist der Mensch?«

Der Mönch rief sofort aus: »O, Gouverneur!«

Der Gouverneur antwortete: »Ja, Ehrwürden!«

»Wo ist er?« Das war die Lösung des Mönchs.

Wissenschaftler, einschließlich Theologen und Philosophen, sind gern objektiv und vermeiden es, subjektiv zu sein, was das auch immer heißen mag. Denn sie sind fest der Ansicht, daß eine Feststellung nur dann wahr ist, wenn sie objektiv ausgewertet oder für gültig erklärt und nicht nur subjektiv oder persönlich erlebt wurde. Sie vergessen die Tatsache, daß ein Mensch unweigerlich ein persönliches Leben und nicht ein begrifflich oder wissenschaftlich definiertes Leben *lebt*. Wie genau oder objektiv oder philosophisch die Definition auch immer formuliert wurde, der Mensch lebt nicht die Definition, sondern das Leben selbst, und gerade dieses Leben ist Gegenstand menschlicher Untersuchungen. Es geht hier nicht um Objektivität oder Subjektivität. Es ist für uns von größter Wichtigkeit, von uns aus und persönlich herauszufinden, wo dieses Leben ist und wie es gelebt wird. Der Mensch, der sich selbst kennt, theoretisiert niemals, schreibt keine Bücher und freut sich nicht daran, andere zu unterrichten; er lebt stets sein einzigartiges, sein freies, schöpferisches Leben. Was ist es? Wo ist es? Das Ich kennt sich von innen und niemals von außen.

Wie wir an dieser Geschichte von Obaku und dem Gouverneur sehen, begnügen wir uns gewöhnlich mit dem Porträt oder Abbild, und da wir uns den *Menschen* tot denken, stellen wir nicht die Frage des Gouverneurs: »Hier ist das Porträt, und wo ist der Mensch?« Will man die Tendenz dieser Geschichte in unsere moderne Art, die Dinge auszudrücken, übersetzen, so wird »die Existenz (mit Einschluß der Person) durch die ständige Erfindung relativer Lösungen und nützlicher Kompromisse erhalten.« Die Idee von Geburt und Tod ist eine relative Lösung, und die Herstellung von Porträts ist eine Art sentimentaler und nützlicher Kompromiß. Aber eine wirkliche, lebendige Persönlichkeit gibt es dabei nicht, daher die Frage des Gouverneurs: »Wo ist der Mensch?« Obaku war ein Zen-Mönch und zögerte keinen Augenblick, ihn aus einer Traumwelt von Begriffen mit dem Ruf zu erwecken: »O, Gouverneur!« Sofort kam die Antwort: »Ja, Ehrwürden!« Wir sehen hier, wie die ganze Persönlichkeit aus der Kammer der Analyse, Abstraktion und begrifflichen Erfassung herausspringt. Wenn wir das verstehen, wissen wir, wer der Mensch ist, wo er ist und wer das Ich ist. Wenn der Mensch bloß mit einer Handlung und nichts weiter identifiziert wird, ist er kein lebendiger, sondern ein verstandesmäßig geschaffener Mensch, ist er weder *mein* noch dein Ich.

Joshu Jushin (778-897) wurde einst von einem Mönch gefragt: »Was ist mein Ich?« Joshu sagte: »Hast du deine Frühstücksgrütze gegessen?« »Ja, ich bin fertig.« Joshu sagte ihm: »Dann wasch deine Schüssel.« Das Essen ist eine Handlung, das Waschen ist eine Handlung, aber was im Zen gebraucht wird, ist der Handelnde selbst, der Essende und der Waschende, der die Handlungen des Essens und Waschens vollbringt; und wenn dieser Mensch nicht existentiell oder experimentell erfaßt wird, kann man nicht von Handeln sprechen. Wer ist derjenige, der sich des Handelns bewußt ist? Und wer ist derjenige, der dir dieses Bewußtsein mitteilt? Und wer bist du, der du all dies nicht nur dir selbst, sondern auch allen anderen mitteilst? Ich, Du, Sie oder Es: alles Fürwörter, die für etwas stehen, das dahinter ist. Wer ist dieses Etwas?

Ein anderer Mönch fragte Joshu: »Was ist mein Ich?« Joshu sagte: »Siehst du die Zypresse im Hof?« Nicht das Sehen, sondern den Sehenden will Joshu, der Meister, haben. Wenn das Ich die Achse der Spiralwindungen ist und niemals objektiviert oder zur Tatsache gemacht wird, ist es dennoch da, und das Zen befiehlt uns, es mit bloßen Händen zu ergreifen und dem Meister das zu zeigen, was ungreifbar, nicht objektivierbar und unerreichbar ist (japanisch »fukatoku«, chinesisch »pu-ko-te«, sanskrit »anupalabdha«). Hier liegt, wie wir sehen können, die Diskrepanz zwischen der Wissenschaft und dem Zen. Wir dürfen jedoch nicht vergessen, daß das Zen gegen die wissenschaftliche Erfassung der Wirklichkeit nichts einzuwenden hat; das Zen will nur den Wissenschaftlern sagen, daß ihre Methode nicht die einzige ist, sondern daß es noch eine andere gibt, von der das Zen sagt, sie sei direkter, innerlicher, wirklicher und persönlicher, eine Methode, die sie subjektiv nennen können, was sie aber dem Sinne ihrer Definitionen nach nicht ist.

Mensch, Individuum, Ich und Ego – diese Begriffe verwende ich in diesem Vortrag als Synonyme. Der Begriff Mensch ist in moralischer oder triebpsychologischer Bedeutung verwendet, Individuum als Gegensatz zu irgendeiner Gruppe, Ego psychologisch und Ich sowohl moralisch als auch psychologisch mit einer religiösen Nebenbedeutung.

Vom Standpunkt des Zen zeichnet sich die Erfahrung des Ich, psychologisch gesehen, in einzigartiger Weise dadurch aus, daß sie von dem Gefühl der Autonomie, der Freiheit, der Selbstbestimmung und endlich der Schöpferkraft durchdrungen ist. Hokoji fragte Baso Do-ichi (gest. 788): »Wer ist der Mensch, der ganz allein ohne Gefährten inmitten der zehntausend Dinge steht (dharma)?« Baso antwortete: »Ich werde es dir sagen, wenn du den Si Kiang mit einem Schluck austrinkst.« Diese Art von Leistung vollbringt das Ich oder der Mensch. Die Psychologen oder Theologen, die über das Bündel aufeinanderfolgender Perzeptionen oder Eindrücke, über die Idee, das Prinzip der Einheit, die dynamische Totalität subjektiver Erfahrung oder über die imaginäre Achse der krummlinigen menschlichen Handlungen sprechen, schlagen eine Richtung ein, die der des Zen entgegengesetzt ist. Je rascher sie vorankommen, um so weiter entfernen sie sich vom Zen. Deshalb sage ich, die Wissenschaft oder Logik sei objektiv und zentrifugal, das Zen dagegen subjektiv und zentripetal.

Irgend jemand hat bemerkt: »Alles Äußere sagt dem Individuum, daß es nichts ist, während alles Innere es davon überzeugt, daß es alles ist.« Das ist ein bemerkenswerter Ausspruch, denn jeder von uns hat dieses Gefühl, wenn er still sitzt und tief in die innerste Kammer seines Wesens blickt. In ihr regt sich etwas und flüstert ihm mit einer winzigen Stimme zu, daß er nicht vergebens geboren wurde. Irgendwo habe ich auch gelesen: »Du wirst allein geprüft, allein gehst du in die Wüste, allein wirst du von der Welt gesiebt.« Aber wenn ein Mensch in aller Aufrichtigkeit in sein Inneres blickt, wird er erkennen, daß er nicht einsam, hilflos und verlassen ist; in seinem Innern hat er das Gefühl einer herrlich prachtvollen Einsamkeit, das Gefühl, daß er ganz allein steht und doch von der übrigen Existenz nicht abgetrennt ist. Diese einzigartige Situation, die ein scheinbarer oder objektiver Widerspruch ist, entsteht, wenn er sich der Wirklichkeit auf die Art des Zen nähert. Dieses Gefühl stammt daher, daß er persönlich schöpferische Kraft oder Originalität erfährt, die er besitzt, wenn er über den Bereich der verstandesmäßigen Erfassung und Abstraktion hinaustritt. Die Schöpferkraft unterscheidet sich vom bloßen Dynamismus. Sie ist das Kennzeichen der sich selbst bestimmenden Ursache, die Ich genannt wird.

Die Individualität ist auch wichtig, um das Ich abzugrenzen, aber sie ist mehr politischer und ethischer Art und eng mit der Idee der Verantwortung verknüpft. Sie gehört zum Gebiet der Relativitäten. Sie kann mit dem Selbstbewußtsein in enge Verbindung treten. Sie ist sich immer anderer bewußt und wird in gleichem Ausmaß von diesen bestimmt. Wo der Individualismus betont wird, herrscht das gegenseitig hemmende Gefühl der Spannung vor. Es gibt hier keine Freiheit und Spontaneität, sondern eine lastende Atmosphäre, oder man wird von Hemmungen, Verdrängung und Bedrückung überwältigt, und das Ergebnis sind psychologische Störungen in vielen Varianten.

Individualisierung ist ein objektiver Ausdruck, der den einen vom anderen unterscheidet. Wenn die Unterscheidung exklusiv wird, erhebt das Machtstreben sein Haupt und wird häufig unkontrollierbar. Wenn es nicht zu heftig ist oder wenn es mehr oder weniger negativ ist, wird man sich des Vorhandenseins von Kommentaren oder von Kritik sehr stark bewußt. Dieses Bewußtsein stößt uns manchmal in den Rachen elender Knechtschaft, die an Carlyles *Sartor Resartus* erinnert. »Die Philosophie der Kleider« ist eine Philosophie der Welt des Scheins, in der sich jeder für die anderen anzieht, um anders zu erscheinen, als er ist. Das ist interessant. Wenn es aber zu weit geht, verliert man seine Originalität, macht sich lächerlich und wird zu einem Affen.

Wenn diese Seite des Ichs sich so stark entwickelt, daß sie zu sehr hervortritt und überwiegt, wird das wahre Ich zurückgedrängt und häufig zu einem Nichts reduziert, was bedeutet, daß es verdrängt wird. Wir alle wissen, was diese Verdrängung bedeutet. Denn das schöpferische Unbewußte kann niemals unterdrückt werden; es wird sich auf die eine oder andere Weise behaupten. Wenn es sich nicht auf die ihm natürliche Weise behaupten kann, wird es alle Schranken zerbrechen, und zwar in manchen Fällen mit Gewalt und in anderen pathologisch. In jedem Fall ist das wahre Ich hoffnungslos ruiniert.

Buddha, der sich über dieses Problem Gedanken machte, verkündete die Lehre von Annatta oder Niratma (Nicht-Ich), um uns aus dem Traum der Erscheinungen zu erwecken. Der Zen-Buddhismus war jedoch mit Buddhas etwas negativistischer Art, die Lehre darzustellen, nicht zufrieden und stellte sie seinerseits in möglichst bejahender und direkter Art dar, so daß die Anhänger des Buddhismus in ihrer Einstellung zur Wirklichkeit keinen Fehler zu machen brauchten. Nehmen wir ein Beispiel von Rinzai Gigen (gest. 867):

Eines Tages predigte er: »Da ist der wahre Mensch ohne Rang in der Masse des nackten Fleisches, der durch die Tore eures Gesichtes (d. h. Sinnesorgane) aus und ein geht. Wer (diese Tatsache) noch nicht bezeugt hat, seht, seht!«

Ein Mönch trat hervor und fragte: »Wer ist dieser wahre Mensch ohne Rang?«

Rinzai stieg von seinem Stuhl herab, packte den Mönch an der Kehle und sagte: »Sprich! Sprich!«

Der Mönch zögerte.

Rinzai ließ ihn los und sagte: »Was für ein wertloser Dreckstock das ist!« [5]

»Der wahre Mensch ohne Rang« ist Rinzais Bezeichnung für das Ich. Seine Lehre befaßt sich fast ausschließlich mit diesem Menschen (nin, jen) oder dieser Person, die er manchmal Weg-Mensch (donin oder tao-jen) nennt. Man kann ihn als den ersten Zen-Meister in der Geschichte des Zen-Gedankens in China bezeichnen, der das Vorhandensein dieses Menschen in jeder Phase unseres menschlichen Handelns und

Lebens betont. Er wird niemals müde, seine Anhänger den Menschen oder das wahre Ich erkennen zu lassen. Das wahre Ich ist eine Art metaphysischen Ichs im Gegensatz zum psychologischen oder ethischen Ich, das in eine endliche, relative Welt gehört. Rinzais Mensch wird als »ohne Rang« oder »unabhängig« (mu-ye, wu-i) oder »unbekleidet« [6] bezeichnet, was uns alles an das »metaphysische« Ich denken läßt.

Nach dieser einleitenden Bemerkung wollen wir nun Rinzai sehr ausführlich hinsichtlich seiner Ansicht über den Menschen oder die Person oder das Ich zitieren, da er sich meiner Ansicht nach ziemlich gründlich über das Thema verbreitet und uns helfen wird, die Auffassung des Zen vom Ich zu verstehen.

Rinzai über das Ich oder »den Einen, der sich in diesem Augenblick einsam, leuchtend und vollbewußt direkt vor uns befindet und dieser Rede über das Dharma lauscht«. [7]

1

(Nachdem Rinzai über Buddhas Dreikörper [trikaya] gesprochen hat, fährt er fort): »Ich bin ganz sicher, daß alle diese nur Schatten sind. O ehrwürdige Herren! Ihr müßt erkennen, daß der Mensch (jen), der mit diesen Schatten spielt, die Quelle aller Buddhas und die Zuflucht aller Jünger des Weges ist, wo immer sie auch sein mögen.

Es ist weder euer physischer Leib, noch Magen, Leber oder Niere, noch die Leere des Raumes, die das Dharma erläutert und der Erläuterung zuhört. Wer ist es also, der dies alles versteht? Es ist der Eine direkt vor euch, vollbewußt, ohne teilbare Form und in einsamer Helligkeit. Dieser Eine versteht es, über das Dharma zu sprechen und zu lauschen.

Wenn ihr das sehen könnt, unterscheidet ihr euch in keiner Weise von Buddha und den Patriarchen. (Einer, der es so versteht,) wird durch alle Zeiten hindurch nicht unterbrochen. Er ist überall, wohin unsere Augen blicken können. Nur unsere gefühlsbedingten Hemmungen halten die Intuition auf; nur unsere Vorstellungen differenzieren die Wirklichkeit. Deshalb wandern wir in dieser dreifachen Welt und erdulden eine Vielfalt von Leiden. Nach meiner Ansicht ist nichts tiefer als (dieses Eine), und durch dieses kann jeder einzelne von uns seine Erlösung finden.

O Jünger des Weges! Der Geist ist gestaltlos und durchdringt die zehn Himmelsrichtungen! Mit den Augen sieht er, mit den Ohren hört er, mit der Nase nimmt er Gerüche wahr, mit dem Mund argumentiert er, mit den Händen ergreift er, mit den Beinen geht er umher.«

2

»O Jünger des Weges, der Eine, der in diesem Augenblick direkt vor uns, leuchtend, einsam und vollbewußt den Reden über das Dharma lauscht – dieser Mensch (jen) verweilt nirgends, wo immer er auch sein mag, er zieht durch die zehn Himmelsrichtungen hindurch, er ist Herr seiner selbst in der dreifachen Welt. Er dringt in alle Situationen ein, unterscheidet alles und kann nicht (von dem, was er ist,) abgewandt werden.

Er durchdringt die Dharma-Welt in einem Augenblick. Wenn er Buddha trifft, spricht er in der Art eines Buddhas; wenn er einen Patriarchen trifft, spricht er in der Art eines Patriarchen; wenn er einen Heiligen trifft, spricht er in der Art eines Heiligen; wenn er einen hungrigen Geist trifft, spricht er in der Art eines hungrigen Geistes.

Er wendet sich überallhin und pilgert durch jedes Land, lehrt alle Wesen und ist dennoch nicht außerhalb eines Augenblicks.

Überall, wohin er geht, bleibt er rein, undefiniert, sein Licht durchdringt die zehn Himmelsrichtungen, und die zehntausend Dinge sind von *einem* Sosein.«

»Was ist das wahre Verstehen?

Du bist es, der in alle (Situationen) eindringt: in die gewöhnlichen und die heiligen, die verderbten und die reinen; du bist es, der in alle Buddhareiche eintritt, in Maitreyas Turm, in die Dharma-Welt von Vairochana; und wo immer du eintrittst, offenbarst du ein Land, das den (vier Stufen des Werdens) unterliegt: Beginn des Seins, Dauer des Seins, Zerstörung des Seins und Verlöschen.

Als Buddha in der Welt erschien, drehte er das große Rad des Dharma und ging ins Nirvana ein (anstatt für immer in der Welt zu bleiben, wie wir gewöhnlichen Wesen es vielleicht erwartet hätten). Und doch gibt es von seinem Kommen und Gehen keine Zeichen. Wenn wir versuchen, seiner Geburt und seinem Tod nachzuspüren, finden wir sie nirgendwo.

Er tritt in das Dharmareich der Ungeborenen ein und pilgert durch jedes Land. Er betritt das Reich des Lotusschoßes und sieht, daß alle Dinge leer sind und keine Wirklichkeit besitzen. Das einzige Wesen, das ist, ist der Tao-Mensch (tao-jen), der von nichts abhängt und in diesem Augenblick meiner Rede über das Dharma lauscht. Und dieser Mensch ist die Mutter aller Buddhas.

So wird Buddha aus dem geboren, das von nichts abhängt. Wenn man das, was von nichts abhängt, versteht, findet man, daß auch Buddha unerreichbar ist.

Wenn jemand diese Einsicht gewinnt, sagt man von ihm, er habe das wahre Verstehen.

Lernende, die das nicht wissen, hängen an Namen und Phrasen und werden so von Namen wie ›der Gewöhnliche‹ oder ›der Weise‹ gehemmt. Wenn ihr Blick auf den Weg so behindert ist, können sie (den Weg) nicht deutlich sehen.

Selbst die zwölf Glieder der Lehre Buddhas sind nichts weiter als Worte und Ausdrücke (und keine Wirklichkeit). Lernende, die das nicht verstehen, bemühen sich, aus bloßen Worten und Phrasen einen Sinn herauszufinden. Da sie alle von etwas abhängen, finden sie sich in Ursächlichkeit verstrickt und können einem Zyklus von Geburten und Toden in der dreifachen Welt nicht entgehen.

Wenn ihr Geburt und Tod, Kommen und Gehen, entgehen und frei und ungebunden sein wollt, müßt ihr den Menschen erkennen, der in diesem Augenblick dieser Rede über das Dharma lauscht. Es ist der, der weder Gestalt noch Form, weder Wurzel noch Stamm hat und der voller Aktivität ist, weil er keine Bleibe besitzt.

Er antwortet auf alle möglichen Situationen und tut seine Handlungen kund, und dennoch kommt er von nirgendwo. Sobald ihr daher nach ihm sucht, ist er weit fort; je mehr ihr euch nähert, um so weiter wendet er sich von euch ab. Sein Name ist ›Geheimnis‹.«

4

»Da ist nur der Eine, der sich gerade in diesem Augenblick direkt vor all diesen Jüngern des Weges befindet und meiner Rede über das Dharma lauscht – er wird nicht vom Feuer verbrannt, im Wasser ertränkt, er schlendert umher wie in einem Garten, selbst wenn er die drei Pfade des Bösen oder Naraka betritt; er erleidet niemals irgendwelche karmische Folgen, selbst wenn er das Reich der hungrigen Geister oder der Tiere betritt. Warum? Weil er keine Bedingungen kennt, die es zu vermeiden gilt.

Wenn ihr das Weise liebt und das Gewöhnliche haßt, versinkt ihr im Meer von Geburt und Tod. Der Geist ist die Ursache der bösen Leidenschaften; wenn ihr keinen Geist habt, welche bösen Leidenschaften werden euch binden? Wenn euch keine Unterscheidungen und Bindungen beschweren, werdet ihr im Nu und mühelos den Weg erreichen. Solange ihr unter euren Nachbarn mit verwirrtem Geist umherlauft, müßt ihr in das Reich von Geburt und Tod zurückkehren, wenn ihr auch durch noch so viele ›unzählige Kalpas‹ versucht, den Weg zu meistern. Es ist besser, wieder in eurem Kloster zu sein und ruhig mit gekreuzten Beinen in der Meditationshalle zu sitzen.«

5

»O Jünger des Weges! Ihr, die ihr in diesem Augenblick meiner Rede über das Dharma lauscht, seid nicht die vier Elemente (die euren Leib bilden). Ihr seid das, was die vier Elemente benutzt. Wenn ihr imstande seid, (diese Wahrheit) zu sehen, könnt ihr in eurem Kommen und Gehen frei sein. Soviel ich sehen kann, gibt es nichts, das ich zurückweisen würde.«

6

(Der Meister hielt einst die folgende Predigt:)
»Von den Lernenden des Weges wird verlangt, an sich selbst zu glauben. Sucht nicht äußerlich. Wenn ihr das tut, laßt ihr euch ganz einfach durch unwesentliche Äußerlichkeiten fortreißen und werdet völlig außerstande sein, Recht und Unrecht zu unterscheiden. Es gibt Buddhas, es gibt Patriarchen, sagen sie vielleicht, aber das sind nur Wortspuren, die das wirkliche Dharma hinterlassen hat. Wenn vor euch zufällig ein Mann erscheint, der euch ein Wort oder eine Phrase mit ihren dualistischen Komplikationen vorlegt, seid ihr verwirrt und beginnt zu zweifeln. Da ihr nicht wißt, was ihr tun sollt, lauft ihr zu Nachbarn und Freunden und stellt Fragen in allen Richtungen. Ihr seid völlig in Verlegenheit. Menschen von großem Charakter sollen nicht Zeit damit vergeuden, sich mit Argumenten und müßigen Gesprächen über Wirt und Eindringling, Recht und Unrecht, Materie und Reichtum zu befassen.
So wie ich [8] hier stehe, achte ich weder Mönche noch Laien. Wer immer sich mir vorstellt, ich weiß, woher der Besu-

cher kommt. Was er auch immer versuchen mag vorzustellen, ich weiß, daß er sich ausnahmslos auf Worte, Stellungen, Buchstaben, Phrasen stützt, die alle nichts als ein Traum oder eine Vision sind. Ich sehe nur den Menschen, der herauskommt und über allen Situationen, die sich ergeben können, steht; er ist das geheimnisvolle Thema aller Buddhas.

Die Situation des Buddha kann sich nicht als solche verkünden. Es ist dieser unabhängige Mensch des Weges (tao-jen oder doin), der herauskommt und über der Situation steht.

Wenn ein Mensch zu mir kommt und sagt: ›Ich suche den Buddha‹, entspreche ich der Situation der Reinheit. Wenn ein Mensch zu mir kommt und über den Bodhisattva fragt, entspreche ich der Situation des Mitleids (maitri oder karuna). Wenn ein Mensch zu mir kommt und über Bodhi (Erleuchtung) fragt, entspreche ich der Situation unvergleichlicher Schönheit. Wenn ein Mensch zu mir kommt und über das Nirvana fragt, entspreche ich der Situation erhabener Ruhe. Die Situationen können unendlich verschieden sein, aber der Mensch verändert sich nicht. So (wird gesagt): ›(Er) [9] nimmt Gestalten an entsprechend den Umständen, wie der Mond, der sich (verschiedenartig) im Wasser spiegelt‹.«

Es werden einige Worte der Erklärung notwendig sein. Gott, solange er in sich, bei sich und für sich bleibt, ist die absolute Subjektivität (sunyata) selbst. Sobald er sich jedoch zu bewegen beginnt, ist er Schöpfer, und es entwickelt sich die Welt mit ihren unendlich verschiedenen Situationen oder Bedingungen. Der ursprüngliche Gott oder die Gottheit ist nicht in seiner Einsamkeit zurückgelassen, sondern befindet sich in der Vielheit der Dinge. Es sind der menschliche Verstand, die Zeit, die uns ihn so oft vergessen und außerhalb unserer Welt von Zeit, Raum und Kausalität setzen lassen. Die buddhistische Terminologie unterscheidet sich oberflächlich sehr von der christlichen; wenn wir jedoch tief genug eindringen, sehen wir, daß die beiden Ströme einander begegnen oder aus der gleichen Quelle entspringen.

»O Jünger des Weges, es ist dringend nötig, daß ihr das wahre Verstehen sucht, so daß ihr ungehemmt über die ganze Welt gehen könnt, ohne von all jenen unmenschlichen Geistern (das heißt, den falschen Führern des Zen) irregeführt zu werden.

Der Aristokrat ist jener, der mit nichts belastet ist und im Zustand des Nichtstuns verharrt. Nichts Außergewöhnliches kennzeichnet sein tägliches Leben.

Sobald ihr euch nach außen wendet, um eure eigenen Glieder bei euren Nachbarn zu suchen (als hättet ihr sie nicht bereits bei euch), begeht ihr einen Fehler. Ihr mögt versuchen, den Buddha zu finden, aber er ist nichts als ein Name. Kennt ihr den Einen, der so umhergeht und (irgendwo etwas) sucht?

Die Buddhas und Patriarchen erscheinen in der Vergangenheit, Zukunft und Gegenwart in den zehn Himmelsrichtungen, und ihr Ziel ist nichts Geringeres, als das Dharma zu suchen. Alle Jünger des Weges (bodhi), die sich gegenwärtig mit dem Studium des Weges beschäftigen – auch sie suchen das Dharma und nichts anderes. Wenn sie es haben, ist ihre Aufgabe beendet. Wenn sie es nicht haben, werden sie wie zuvor auf den fünf Pfaden des Seins weiterwandern.

Was ist das Dharma? Es ist nichts anderes als der Geist. Der Geist hat keine Gestalt, durchdringt die zehn Himmelsrichtungen, und sein Wirken wird direkt vor uns offenbar. Die Menschen glauben es nicht. Sie versuchen, seine Namen und Phrasen zu entdecken, weil sie glauben, das Buddha-Dharma sei in ihnen. Wie weit gehen sie doch fehl! So weit wie die Entfernung zwischen Himmel und Erde.

O Jünger des Weges! Womit, glaubt ihr, befassen sich meine Predigten? Sie befassen sich mit dem Geist, der sowohl in gewöhnliche Menschen als auch in Weise, in Unreine ebenso wie in Reine, in Weltliche ebenso wie in Weltabgewandte eindringt.

Denn du [10] bist weder gewöhnlich noch weise, weder weltlich noch weltabgewandt. Und *du* bist es, der sowohl den Weltabgewandten als auch den Weltlichen, sowohl den Gewöhnlichen als auch den Weisen Namen verleiht. Weder die Weltlichen noch die Weltabgewandten, weder die Weisen noch die Gewöhnlichen können diesem Menschen (jen) einen Namen geben.

O Jünger des Weges! Es ist an euch, (diese Wahrheit) zu erfassen und frei anzuwenden. Hängt euch nicht an Namen. (Die Wahrheit) wird das geheimnisvolle Thema genannt.«

8

»Ein Mensch von großem Charakter sollte sich überhaupt nicht von anderen Leuten irreführen lassen. Er ist Herr seiner selbst, wohin er auch gehen mag. So, wie er steht, ist bei ihm alles richtig.

Sobald ein Gedanke des Zweifels eindringt, beginnen böse Geister vom Geist Besitz zu ergreifen. Sobald der Bodhisattva einen Zweifel hegt, wird dem Teufel von Geburt und Tod eine gute Gelegenheit gegeben. Bewahrt nur den Geist davor, aufgerührt zu werden, begehrt nicht das Draußen.

Wenn sich Situationen ergeben, laßt sie erleuchtet sein. Glaubt nur an den Einen, der gerade in diesem Augenblick handelt. Er beschäftigt sich nicht in irgendeiner bestimmten Art und Weise.

Sobald in eurem Geiste ein Gedanke geboren wird, erhebt sich die dreifache Welt mit all ihren Gegebenheiten, die unter die sechs Sinnesbereiche eingeordnet werden können. Wenn ihr fortfahrt, wie jetzt auf die Gegebenheiten zu reagieren, was fehlt in euch?

In einem Augenblick gehst du sowohl in die Unreinen als auch in die Reinen, in Maitreyas Turm als auch in das Land der drei Augen. Wo du auch immer so gehen magst, siehst du nichts als leere Namen.«

»O Jünger des Weges, es ist wahrhaft schwierig, sich selbst
wirklich treu zu sein! Das Buddha-Dharma ist tief, dunkel
und unergründlich, aber wenn man es versteht, wie einfach ist
es! Ich verbringe den ganzen Tag damit, den Leuten zu sagen,
was das Dharma ist, aber die Lernenden scheinen überhaupt
kein Interesse zu haben, auf meine Reden zu hören. Wieviele
tausend Male zertreten sie es unter ihren Füßen! Und doch ist
es für sie völlige Dunkelheit.

(Das Dharma) hat keinerlei Gestalt, und doch, wie klar offenbart es sich in seiner Einsamkeit! Da es ihnen jedoch an
Glauben mangelt, bemühen sie sich, es mit Hilfe von Namen
und Worten zu verstehen. Ein halbes Jahrhundert ihres
Lebens vergeuden sie einfach damit, einen leblosen Leichnam
von einer Tür zur anderen zu tragen. Sie rennen im ganzen
Land wild auf und ab und schleppen die ganze Zeit einen
Sack (mit leeren Worten schwachsinniger Meister). Yamaraja,
der Herr der Unterwelt, wird sie sicherlich eines Tages nach
all den Sandalen fragen, die sie verbraucht haben.

O ehrwürdige Herren, wenn ich euch sage, daß es kein
Dharma gibt, solange ihr es außen sucht, verstehen mich die
Lernenden nicht. Sie wenden sich nun nach innen und suchen
nach seiner Bedeutung. Sie sitzen mit gekreuzten Beinen
unbeweglich an der Wand, die Zunge an den Gaumen
geklebt. Sie glauben, das sei die buddhistische Tradition, die
von den Patriarchen geübt werde. Hier wird ein großer Irrtum
begangen. Wenn ihr glaubt, daß von euch ein Zustand unbe-
weglicher Reinheit verlangt werde, so erkennt ihr (die Dunkelheit) der Unwissenheit [11] als euren Herrn an [12]. Ein
alter Meister sagt: »Der dunkelste Abgrund der Stille – das ist
es wahrhaftig, wovor man schaudern muß.« Das heißt nichts
anderes, als oben gesagt wurde. Wenn ihr andererseits die
Bewegungsfähigkeit für das Richtige haltet, so weiß die ganze
Pflanzenwelt, was Bewegungsfähigkeit ist. Aber das könnte
man nicht das »Tao« nennen. Die Bewegungsfähigkeit ist die

Natur des Windes, während die Unbeweglichkeit die Natur der Erde ist. Beide haben keine Selbstnatur.

Wenn ihr versucht, (das Ich) zu erhaschen, während es sich bewegt, wird es im Zustand der Unbeweglichkeit verharren; wenn ihr versucht, es zu erhaschen, während es unbeweglich ist, wird es fortfahren, sich zu bewegen. Es ist wie der Fisch, der von den brandenden Wellen unbehindert in der Tiefe schwimmt. O ehrwürdige Herren, Bewegung und Bewegungslosigkeit sind zwei Aspekte (des Ich), wenn man es objektiv betrachtet, während es nichts anderes als der Mensch des Weges (tao-jen) selbst ist, der von nichts abhängt und der (die beiden Aspekte der Wirklichkeit) ungehindert benutzt, manchmal in Bewegung, manchmal in Bewegungslosigkeit . . . (Die meisten Lernenden fangen sich in diesem zweiteiligen Schleppnetz). Aber wenn es einen Menschen gibt, dessen Ansicht über die gewöhnlichen Gedankenschemen hinausgeht [13] und der zu *mir* käme, würde *ich* mit *meinem* ganzen Wesen handeln [14].

O ehrwürdige Herren, hier liegt wahrhaftig der Punkt, wo sich die Lernenden mit ganzem Herzen einsetzen müssen, denn es gibt hier nicht genug Raum, um auch nur einen Lufthauch hindurchzulassen. Es ist wie ein Blitz oder wie ein Funke des Feuersteins, der auf den Stahl trifft. (Man zuckt mit den Augen und) das Ganze entschwindet. Wenn die Augen der Lernenden ausdruckslos fixiert sind, ist alles verloren. Sobald der Geist darauf gerichtet wird, entschlüpft es euch; sobald sich ein Gedanke regt, wendet es euch den Rücken. Der Verstehende wird erkennen, daß es direkt vor ihm ist [15].

O ehrwürdige Herren, die ihr den Bettelsack tragt, während euer Leib mit Unrat erfüllt ist [16], ihr lauft von Tür zu Tür in der Erwartung, irgendwo Buddha und Dharma zu finden. Aber der Eine, der in diesem Augenblick so umhergeht und etwas sucht – wißt ihr, wer dieser Eine ist? Er ist der Dynamischste, außer daß er keinerlei Wurzeln oder Stamm besitzt. Ihr mögt versuchen, ihn zu erhaschen, aber er läßt sich nicht greifen; ihr mögt versuchen, ihn fortzuwischen, aber er läßt sich nicht zerstreuen. Je mehr ihr nach ihm strebt, um so ferner ist er euch. Wenn ihr nicht mehr nach ihm strebt, siehe, so ist er direkt vor euch. Seine übersinnliche Stimme erfüllt euer Ohr. Die keinen Glauben haben, vergeuden ihr kostbares Leben sinnlos.

O Jünger des Weges, (er) ist es, der in einem Augenblick das Reich des Lotosschoßes, das Land von Vairochana, das Land der Emanzipation, das Land übernatürlicher Kräfte, das Land der Reinheit, die Dharma-Welt betritt. Er ist es, der in die Unreinen ebenso wie in die Reinen, in die Gewöhnlichen ebenso wie in die Weisen eindringt. Er ist es auch, der das Reich der Tiere und der hungrigen Geister betritt. Wo immer er auch eintritt, können wir keine Spur seiner Geburt und seines Todes entdecken, wie sehr wir uns auch bemühen, ihn ausfindig zu machen. Was wir haben, ist nichts weiter als jene leeren Namen; sie sind wie Halluzinationen von Blumen in der Luft. Sie sind es nicht wert, daß wir uns bemühen, nach ihnen zu greifen. Gewinn und Verlust, Ja und Nein – alle Scheidungen sind sofort fallenzulassen ...

Was die Art betrifft, wie ich, der Bergmönch, mich selbst darstelle, ob bejahend oder verneinend, so stimmt sie mit dem wahren (Verstehen) überein. Scherzhaft und übersinnlich trete ich ungehindert in alle Situationen ein und befleißige mich, als wäre ich mit überhaupt nichts beschäftigt. Welche Veränderungen in meiner Umgebung auch stattfinden, sie können mich nicht berühren. Wenn zu mir einer kommen sollte mit der Absicht, von mir etwas zu erhalten, so trete ich nur heraus und sehe ihn an. Er erkennt mich nicht. Dann ziehe ich verschiedene Arten von Kleidern an, und die Lernenden beginnen, von meinen Worten und Phrasen gedankenlos gefesselt, ihre Interpretation zu geben. Ihnen fehlt völlig die Fähigkeit der Unterscheidung! Sie halten sich an die Kleider, die ich trage, und unterscheiden ihre verschiedenen Farben: blau, gelb, rot oder weiß. Wenn ich sie ablege und den Zustand reiner Blöße annehme, sind sie verblüfft und in Verlegenheit, und wild umherrennend sagen sie, ich hätte keine Kleider an. Hierauf wende ich mich zu ihnen und sage: »Erkennt ihr den Menschen, der umhergeht und alle möglichen Kleider trägt?« Jetzt endlich wenden sie plötzlich ihre Köpfe und erkennen mich (in der Gestalt)!

O ehrwürdige Herren, hütet euch davor, Kleider (für die Wirklichkeit) zu halten. Kleider bestimmen sich nicht selbst; es ist der Mensch, der verschiedene Kleider anlegt: Kleider der Reinheit, Kleider der Nicht-Geburt, Kleider der Patriarchen, Kleider des Buddhatums. O ehrwürdige Herren, was wir hier haben, sind nur Laute und Wörter, und sie sind nicht besser als die Kleider, die wir wechseln. Die Bewegungen beginnen im Bauche, und der Atem, der durch die Zähne streicht, erzeugt verschiedene Laute. Wenn sie ausgesprochen werden, ergeben sie einen sprachlichen Sinn. So erkennen wir klar, daß sie wesenlos sind.

O ehrwürdige Herren, äußerlich denken und fühlen wir mit Hilfe von Lauten und Worten und innerlich durch wechselnde Arten des Bewußtseins, und das sind alle Kleider, mit denen wir uns bekleiden. Begeht nicht den Fehler, die Kleider, die die Menschen tragen, für die Wirklichkeit zu halten. Wenn ihr so fortfahrt, werdet ihr selbst nach einer unzähligen Zahl von Kalpas Experten für Kleider bleiben und nichts weiter. Ihr werdet in der dreifachen Welt umherwandern und das Rad der Geburten und Tode drehen müssen. Nichts gleicht einem Leben des Nichtstuns, und ein alter Meister sagt:

»Ich begegne (ihm) und kenne (ihn) doch nicht,
ich spreche (mit ihm) und weiß doch (seinen) Namen nicht.«

Der Grund, warum heute die Lernenden nicht imstande sind (zur Wirklichkeit zu gelangen), ist, daß ihr Verstehen nicht über Namen und Worte hinausreicht. Sie schreiben nur in ihre kostbaren Notizbücher die Worte einiger schwachsinniger, seniler Meister, und nachdem sie sie dreifach, nein, fünffach eingepackt haben, bergen sie sie sicher in einem Sack, um andere Leute daran zu hindern, sie neugierig zu untersuchen.

Sie glauben, diese Worte der Meister verkörperten das tiefe Thema (des Dharmas) und schätzen sie mit größter Ehrerbietung. Was für einen schweren Fehler begehen sie doch! Oh, die alten Jünger mit ihrem trüben Blick! Was für einen Saft erwarten sie aus den alten, ausgetrockneten Knochen? Es gibt welche, die nicht wissen, was gut und was schlecht ist. Indem sie die verschiedenen Schriften durchlesen, schnappen sie nach vielen Spekulationen und Kalkulationen einige Phrasen auf (die sie für ihre eigenen Zwecke benutzen). Es ist wie ein Mann, der selbst einen Klumpen Unrat verschluckt hat und ihn dann erbricht und an andere weitergibt. Wer wie ein Schwätzer ein Gerücht von Mund zu Mund weitergibt, muß sein ganzes Leben umsonst verbringen.

Manchmal sagen sie: »Wir sind demütige Mönche«, und wenn sie von anderen über das Was der buddhistischen Lehre befragt werden, schweigen sie und wissen nichts zu sagen. Ihre Augen erwecken den Anschein, als blickten sie in die Dunkelheit, und ihr geschlossener Mund ähnelt einem gebogenen Schulterstab [17]. Selbst wenn Maitreya in dieser Welt erscheinen wird, sind solche für eine andere Welt bestimmt; sie werden zur Hölle gehen müssen, um ein Leben voller Qualen zu erdulden.

O ehrwürdige Herren, was sucht ihr, wenn ihr so eifrig von einem Ort zum anderen wandert? Das Ergebnis wird sein, daß eure Sohlen flacher werden als je. Es gibt keine Buddhas, die sich (durch eure falsch gezielten Bemühungen) erfassen lassen. Es gibt kein Tao (d. h. Bodhi), das (durch euer vergebliches Bemühen) erreicht werden kann. Es gibt kein Dharma, das sich (durch euer müßiges Umhergreifen) verwirklichen läßt. Solange ihr äußerlich nach einem Buddha mit einer Gestalt (wie den zweiunddreißig Zeichen großer Männlichkeit) sucht, könnt ihr niemals erkennen, daß er mit euch (das heißt, mit eurem wahren Ich) keine Ähnlichkeit hat. Wenn ihr wissen wollt, was euer ursprünglicher Geist ist, sage ich euch, daß er weder integrativ noch disintegrativ ist. O ehrwürdige Herren, der wahre Buddha hat keine Gestalt, das wahre Tao (oder

Bodhi) hat keine Substanz, das wahre Dharma hat keine Form. Diese drei sind in der Einheit (der Wirklichkeit) verschmolzen. Wessen Geist das noch immer nicht verstehen kann, der ist für das unbekannte Schicksal der Karma-Bewußtheit bestimmt.«

IV Das Koan

1

Ein Koan ist so etwas wie ein Problem, das der Meister seinen Schülern zur Lösung vorlegt. »Problem« ist jedoch kein guter Ausdruck, und ich ziehe das japanische »Ko-an« (chinesisch »kung-an«) vor. »Ko« bedeutet wörtlich »öffentlich«, und »an« ist ein »Dokument«. Aber ein »öffentliches Dokument« hat mit dem Zen nichts zu tun. Das »Dokument« des Zen ist das, was jeder von uns bei seiner Geburt auf diese Welt bringt und zu entziffern versucht, bevor er stirbt.

Nach der Mahayana-Legende soll Buddha, als er aus dem Schoße seiner Mutter kam, den Ausspruch getan haben: »Himmel oben, Erde unten, ich allein bin der am meisten Geehrte.« Das war Buddhas »Dokument«, das uns hinterlassen wurde, damit wir es lesen, und die, die es mit Erfolg lesen, sind die Jünger des Zen. Es liegt darin jedoch kein Geheimnis, da es für jeden einzelnen von uns offen oder »öffentlich« ist; und wer Augen hat zu sehen, für den bietet der Ausspruch keine Schwierigkeit. Wenn seine Bedeutung überhaupt verborgen ist, so liegt das an uns und nicht am »Dokument«.

Das Koan befindet sich in uns, und alles, was der Zen-Meister tut, ist, es uns zu zeigen, so daß wir es deutlicher sehen können als zuvor. Wenn das Koan aus dem Unbewußten in den Bereich des Bewußtseins heraufgeholt wird, so haben wir es verstanden. Um dieses Erwachen zu bewirken, nimmt das Koan manchmal dialektische Form an, aber häufig benutzt es, wenigstens auf den ersten Blick, eine völlig unsinnige Form.

Das folgende kann als dialektisch eingestuft werden:

Der Meister trägt im allgemeinen einen Stock, den er auf seinen Wanderungen über die Gebirgspfade benutzt. Aber heute ist er zu einem Symbol der Autorität in der Hand des Meisters geworden, der ihn häufig benutzt, um das, was er sagen will, zu demonstrieren. Er zeigt ihn der Versammlung und sagt etwa: »Das ist kein Stock. Was nennt ihr ihn?« Manchmal macht er eine Feststellung wie: »Wenn ihr sagt, es sei ein Stock, ›berührt‹ (oder bejaht) ihr; wenn ihr ihn nicht einen Stock nennt, ›wendet ihr euch dagegen‹ (oder verneint); was würdet ihr ihn – abgesehen von Verneinung und Bejahung – nennen?« Tatsächlich ist ein solches Koan mehr als dialektisch. Hier ist eine der Lösungen, die ein begabter Schüler gab: Als der Meister einmal diese Frage stellte, trat ein Mönch vor die Versammlung, nahm den Stock des Meisters, brach ihn entzwei und warf die Stücke zu Boden.

Ein anderer Meister wies den Stock vor und gab die rätselhafte Erklärung: »Wenn ihr einen Stock habt, werde ich euch einen geben; wenn ihr keinen habt, werde ich ihn euch fortnehmen.«

Manchmal fragt der Meister ganz sachlich: »Woher kommst du?« oder »Wohin gehst du?« Aber er kann ganz plötzlich sein Thema wechseln und sagen: »Wie meine Hände denen Buddhas ähneln! Und wie meine Beine denen des Esels ähneln!«

Man könnte fragen: »Was tut es, ob meine Hände wie die Hände Buddhas sind? Und daß meine Beine wie die des Esels aussehen sollen, diese Feststellung klingt phantastisch. Und wenn es auch so wäre, was hat diese Tatsache mit der letzten Frage der Existenz zu tun, die uns alle ernsthaft beschäftigt?« Solche Fragen oder Herausforderungen des Meisters könnte man als »unsinnig« betrachten, wenn man will.

Lassen Sie mich Ihnen noch ein oder zwei Beispiele eines solchen »Unsinns« von einem anderen Meister geben. Als ein Schüler fragte: »Wer ist der Eine, der ganz allein ohne Gefährten inmitten der zehntausend Dinge steht?«, antwortete der Meister: »Wenn du den Si Kiang mit einem Schluck austrinkst, werde ich es dir sagen.« »Unmöglich«, wird unsere sofortige Reaktion sein. Aber die Geschichte erzählt uns, daß diese Bemerkung des Meisters die dunkle Kammer des Bewußtseins des Fragenden öffnete.

Der gleiche Meister schlug einen Mönch vor die Brust, der den Fehler gemacht hatte, zu fragen: »Was für eine Bedeutung hat es, daß Bodhidharma vom Westen nach China gekommen ist?«, was gleichbedeutend ist mit: »Was ist die tiefste Bedeutung des Dharma?« Aber als sich der Mönch vom Schrecken erholte und vom Boden erhob, erklärte er frech, aber herzlich lachend: »Wie seltsam, daß sich jede mögliche Form von Samadhi in der Welt auf der Spitze eines Haares befindet und ich seine geheime Bedeutung bis zu seiner tiefsten Wurzel gemeistert habe!« Welche Beziehung kann nur zwischen dem Schlag des Meisters und der gewagten Feststellung des Mönches bestehen? Das läßt sich auf der Ebene des Verstandes niemals begreifen. Wenn das vielleicht auch alles unsinnig ist – nur wegen unserer Gewohnheit, alles in Begriffe zu fassen, können wir der letzten Wirklichkeit, wie sie nackt und allein dasteht, nicht ins Auge blicken. Was »unsinnig« ist, hat in Wahrheit sehr viel Sinn und läßt uns durch den Schleier dringen, der so lange vorhanden ist, als wir diesseits der Relativität bleiben.

2

Diese »Fragen und Antworten« (japanisch als »Mondo« bekannt) und die Erklärungen der Meister, die wir heute als »Koan« bezeichnen, waren damals, als sie formuliert wurden, nicht als solche bekannt; es war einfach die Methode, mit der die Wahrheitssucher erleuchtet wurden und die die Meister des Zen bei den fragenden Mönchen anwandten. Was wir einen einigermaßen systematischen Weg, das Zen zu studieren, nennen könnten, begann mit den Meistern des Sung irgendwann im zwölften Jahrhundert. Einer von ihnen wählte das sogenannte »Mu!« Joshus (chinesisch »Wu«) als Koan und gab es seinen Schülern zum Meditieren auf. Die Geschichte von Joshus »Mu!« lautet:

Joshu Jushin (778-897, auf chinesisch Chao-chou Ts'ung-shen) war einer der großen Zen-Meister der T'ang-Dynastie. Einst fragte ihn ein Mönch: »Hat ein Hund die Buddha-Natur?« Der Meister antwortete: »Mu!« »Mu!« (wu) bedeutet wörtlich »nein«. Wenn es aber als Koan verwendet wird, ist die Bedeutung gleichgültig, es heißt nur »Mu!« Der Schüler wird aufgefordert, seinen Geist auf den bedeutungslosen Laut »Mu!« zu konzentrieren, gleichgültig, ob er nun Ja oder Nein oder sonst etwas bedeutet. Nur »Mu!«, »Mu!«, »Mu!«.

Der Laut »Mu!« wird solange monoton wiederholt, bis der Geist davon gründlich durchtränkt ist und kein Raum für einen anderen Gedanken bleibt. Wer den Laut hörbar oder unhörbar so von sich gibt, ist nun mit ihm völlig identifiziert. Er ist jetzt kein Individuum mehr, das das »Mu!« wiederholt, sondern er ist das »Mu!« selbst, das sich selbst wiederholt. Wenn er sich bewegt, so ist es nicht er als Person, der sich seiner selbst bewußt ist, sondern das »Mu!« Das »Mu!« steht, sitzt oder geht, ißt oder trinkt, spricht oder schweigt. Das Individuum verschwindet aus dem Bereich des Bewußtseins, das sich nun gründlich mit dem »Mu!« beschäftigt. Ja, das ganze Universum ist nichts als das »Mu!« »Himmel oben, Erde unten, ich allein bin der am meisten Geehrte!« Das »Mu!« ist dieses »Ich«. Wir können nun sagen, daß das »Mu!« und das »Ich« und das kosmische Unbewußte – daß diese drei eines und das eine drei ist. Wenn dieser Zustand der Gleichheit, der Identität, herrscht, befindet sich das Bewußtsein in einer einzigartigen Situation, die ich »bewußt unbewußt« oder »unbewußt bewußt« nenne.

Das ist jedoch noch kein Satori-Erlebnis. Es entspricht dem sogenannten Samadhi, was Gleichgewicht, Gleichförmigkeit, Gleichmut oder Zustand der Ruhe bedeutet. Für das Zen genügt das nicht; es muß ein gewisses Erwachen geben, das das Gleichgewicht stört und uns zur relativen Ebene des Bewußtseins zurückbringt, wenn wir das Satori erleben. Aber diese sogenannte relative Bewußtseinsebene ist nicht wirklich relativ; sie ist das Grenzland zwischen dem Bewußten und dem Unbewußten. Sobald man diese Ebene berührt, erfüllt sich das gewöhnliche Bewußtsein mit den Botschaften des Unbewußten. Das ist der Augenblick, in dem der endliche Geist erkennt, daß er seine Wurzeln im Unendlichen hat. In der Terminologie des Christentums ist das der Augenblick, in dem die Seele direkt, innerlich die Stimme des lebendigen Gottes vernimmt. Das jüdische Volk kann sagen, daß sich Moses am Berge Sinai in diesem Zustand befand, als er hörte, wie ihm Gott seinen Namen als: »Ich bin, der ich bin« verkündigte.

3

Es ergibt sich nun die Frage: Wie entdeckten die Sung-Meister, daß das »Mu!« ein wirksamer Weg zum Zen-Erlebnis war? Am »Mu!« gibt es nichts Intellektuelles. Die Situation ist das genaue Gegenteil der Situation vor der Sung-Ära, als Meister und Schüler die Mondo austauschten. Denn wo es eine Frage gibt, da beinhaltet schon das bloße Stellen der Frage eine Verstandesarbeit. Was ist Buddha? Was ist das Ich? Was ist das höchste Prinzip der buddhistischen Lehre? Was ist der Sinn des Lebens? Ist das Leben lebenswert? Alle diese Fragen scheinen eine gewisse »verstandesmäßige«, verständliche Antwort zu erfordern. Wie werden es nun diese Fragenden aufnehmen, wenn man ihnen sagt, sie sollen auf ihr Zimmer zurückgehen und sich dem Studium des »Mu!« widmen? Sie werden ganz einfach verblüfft sein und nicht wissen, was sie mit dem Vorschlag anfangen sollen.

Obgleich das alles stimmt, müssen wir doch bedenken, daß die Einstellung des Zen dahin geht, jedes Fragen zu ignorieren, weil das Fragen selbst dem Geiste des Zen zuwiderläuft und weil das Zen von uns erwartet, daß wir den Fragenden selbst als Person erfassen und nicht etwas, das von ihm kommt. Ein oder zwei Beispiele werden genügen, um das zu erläutern.

Baso Do-ichi war einer der größten Meister des Zen in der T'ang-Zeit; ja, wir können sagen, daß das Zen mit ihm eigentlich erst begann. Seine Art, Frager zu behandeln, war höchst revolutionär und originell. Einer davon war Suiryo (oder Suiro), den der Meister niederschlug, als er ihn nach der Wahrheit des Zen fragte [18]. Bei einer anderen Gelegenheit schlug Baso einen Mönch, der wissen wollte, was das erste Prinzip des Buddhismus sei. Bei einer dritten Gelegenheit gab er einem eine Ohrfeige, dessen Fehler es war, den Meister zu fragen: »Was bedeutet Bodhidharmas Besuch in China?« [19] Oberflächlich betrachtet, haben alle diese Grobheiten mit den Fragen nichts zu tun, will man sie nicht als eine Art Strafe für diejenigen verstehen, die dumm genug waren, solche höchst interessanten Fragen zu stellen. Und das Seltsame daran ist, daß die betroffenen Mönche keineswegs verletzt oder zornig waren. Im Gegenteil, einer war von Freude und Aufregung so überwältigt, daß er ausrief: »Wie seltsam, daß alle Wahrheiten der Sutras auf der Spitze eines Haares offenbart werden!« Wie konnte ein Schlag des Meisters auf die Brust des Mönches solch ein transzendentes Wunder bewirken?

Rinzai, ein anderer großer Zen-Meister, war dafür bekannt, daß er ein unverständliches »Katz!« äußerte, wenn eine Frage gestellt wurde. Toku-san, ein weiterer großer Meister, machte reichlich Gebrauch von seinem Stock, bevor ein Mönch überhaupt noch den Mund auftat. Toku-sans berühmter Ausspruch lautet: »Dreißig Schläge mit meinem Stock, wenn du etwas zu sagen hast; dreißig Schläge auch dann, wenn du nichts zu sagen hast.« Solange wir auf der Ebene der Relativität oder der Verständlichkeit verbleiben, können wir in diesen Handlungen des Meisters keinen Sinn finden; wir können keinerlei Beziehung zwischen den Fragen der Mönche und einem offenbar heftigen Ausbruch einer jähzornigen Persönlichkeit feststellen, ganz zu schweigen von der Wirkung, die dieser Ausbruch auf die Fragenden ausübt. Die Zusammenhanglosigkeit und Unverständlichkeit des Ganzen ist, gelinde gesagt, verwirrend.

4

Die Wahrheit ist, daß das, was die Totalität menschlicher Existenz umschließt, nicht Sache des Verstandes, sondern des Willens im primärsten Sinne des Wortes ist. Der Verstand mag alle möglichen Fragen aufwerfen – und es ist völlig in Ordnung, daß er das tut –, aber vom Verstand irgendeine endgültige Antwort zu erwarten, hieße ihn überfordern, denn das liegt nicht in seiner Natur. Die Antwort liegt tief unter der untersten Schicht unseres Wesens vergraben. Sie aufzubrechen erfordert die elementarste Willensanspannung. Wenn man dies fühlt, öffnen sich die Tore des Begreifens, und es bietet sich ein neuer Ausblick, wie man ihn bisher sich nicht träumen ließ. Der Verstand denkt, und was lenkt, ist nicht der Denkende selbst. Was wir auch über den Verstand sagen mögen, er ist schließlich nur oberflächlich, er ist etwas, das auf der Oberfläche des Bewußtseins dahintreibt. Die Oberfläche muß durchbrochen werden, um das Unbewußte zu erreichen. Aber solange dieses Unbewußte in das Gebiet der Psychologie gehört, kann es kein Satori im Sinne des Zen geben. Man muß über die Psychologie hinausgehen und das »ontologische Unbewußte«, wie man es nennen könnte, anzapfen.

Die Sung-Meister müssen das durch ihre lange Erfahrung und bei der Behandlung ihrer Schüler erkannt haben. Sie wollten die intellektuelle Unschlüssigkeit mit Hilfe des »Mu!« zerbrechen, in dem es keine Spur von Verstandesarbeit, sondern nur den reinen Willen gibt, der den Verstand überwältigt. Ich muß jedoch meine Leser daran erinnern, daß sie mich nicht für einen durch und durch Antiintellektuellen halten sollen.

Wogegen ich mich ausspreche ist, daß der Verstand für die höchste Wirklichkeit gehalten wird. Der Verstand wird benötigt, um, wenn auch nur sehr vage, festzustellen, wo sich die Wirklichkeit befindet. Aber die Wirklichkeit läßt sich nur erfassen, wenn der Verstand seinen Anspruch auf sie aufgibt. Das Zen weiß das und gibt als Koan eine Feststellung mit einem Anflug von Verstandesarbeit, etwas, das sich so gibt, als erfordere es eine logische Behandlung, oder vielmehr, das so aussieht, als ob für eine solche Behandlung Raum wäre. Die folgenden Beispiele werden zeigen, was ich meine:

Yeno, der sechste Patriarch, soll von einem Frager verlangt haben: »Zeig mir dein ursprüngliches Gesicht, das du hast, bevor du geboren wurdest.« Nangaku Yejo, ein Schüler Yenos, fragte einen, der erleuchtet werden wollte: »Wer ist der, der so zu mir kommt?« Einer der Sung-Meister wollte wissen: »Wo begegnen wir uns, nachdem du tot und verbrannt bist und deine Asche verstreut wurde?« Hakuin, ein großer Zen-Meister im modernen Japan, erhob vor seinen Jüngern eine Hand und verlangte: »Laßt mich das Geräusch einer einzelnen klatschenden Hand hören.« Im Zen gibt es viele solche unmögliche Forderungen: »Gebrauch den Spaten, den du in deinen leeren Händen hältst.« »Geh zu Fuß, indem du auf einem Esel reitest.« »Sprich, ohne deine Zunge zu benutzen.« »Spiele deine saitenlose Laute.« »Halt diesen Regenguß auf.« Diese paradoxen Forderungen werden zweifellos den Verstand bis zum Zerreißen anspannen, bis er sie alle als völlig unsinnig und nicht wert, geistige Energie darauf zu verschwenden, bezeichnet. Aber niemand wird die Rationalität der folgenden Frage bestreiten, die Philosophen, Dichter und Denker jeder Art seit dem Erwachen des menschlichen Bewußtseins verwirrt hat: »Woher kommen wir und wohin gehen wir?« Alle »unmöglichen« Fragen oder Feststellungen der Zen-Meister sind nichts weiter als »unlogische« Variationen der eben zitierten höchst »rationalen« Frage.

In der Tat, wenn Sie Ihre logischen Ansichten über ein Koan darlegen, wird sie der Meister bestimmt kategorisch oder sogar sarkastisch zurückweisen, ohne dafür irgendeinen Grund anzugeben. Nach einigen Unterredungen werden Sie nicht wissen, was Sie tun sollen, außer ihn als »unwissenden alten Frömmler« oder »einen, der von ›moderner rationalistischer Denkweise‹ keine Ahnung hat«, aufzugeben. Die Wahrheit ist jedoch, daß der Zen-Meister seine Sache viel besser versteht, als Sie annehmen. Denn das Zen ist schließlich nicht irgendein intellektuelles oder dialektisches Spiel. Es befaßt sich mit etwas, das über die Logik der Dinge hinausreicht, wo, wie er weiß, »die Wahrheit liegt, die uns frei macht«.

Welche Feststellung man auch über irgendein Thema treffen mag, unvermeidlich liegt sie auf der Oberfläche des Bewußtseins, solange sie in irgendeiner Weise einer logischen Behandlung zugänglich ist. Der Verstand dient in unserem täglichen Leben verschiedenartigen Zwecken, bis zur individuellen oder massenhaften Vernichtung von Menschen. Er ist ohne Zweifel überaus nützlich, aber er löst nicht das letzte Problem, vor das jeder früher oder später in seinem Leben gestellt wird. Es ist dies das Problem von Leben und Tod, das den Sinn des Lebens betrifft. Stehen wir davor, muß der Verstand bekennen, daß er nicht imstande ist, mit dem Problem fertigzuwerden; denn er gerät unvermeidlich in eine Sackgasse, in eine Unschlüssigkeit, die er seiner Natur nach nicht vermeiden kann. Die intellektuelle Sackgasse, in die wir getrieben werden, ist wie der »Silberberg« oder die »eiserne Mauer«, die sich direkt vor uns erhebt. Nicht intellektuelle Kunstgriffe oder logische Tricks, sondern unser ganzes Wesen ist nötig, um hindurchzudringen. Wie uns der Zen-Meister sagt, ist es so, als klettere man bis zur Spitze einer Stange hoch, die hundert Fuß lang ist, und werde doch gedrängt, immer weiterzuklettern, bis man schließlich einen verzweifelten Sprung tun muß und dabei seine Sicherheit völlig außer acht läßt. Im Augenblick, in dem man den Sprung tut, findet man sich sicher auf dem »Sockel aus einem vollerblühten Lotos«. Ein solcher Sprung kann niemals mit Hilfe von Gedankenarbeit oder Logik der Dinge unternommen werden. Die letztere tritt nur für Kontinuität und niemals für einen Sprung über den gähnenden Abgrund ein. Und doch erwartet das Zen von uns, daß wir alle dies vollbringen, obwohl es offensichtlich logisch unmöglich ist. Deshalb drängt uns das Zen immer weiter, mit unserer Gewohnheit der Rationalisierung fortzufahren, damit wir selbst erkennen, wie weit wir mit diesem fruchtlosen Versuch kommen. Das Zen weiß ganz genau, wo seine Grenze liegt. Aber wir sind uns im allgemeinen dieser Tatsache nicht bewußt, bis wir uns schließlich an einem Punkt befinden, von dem aus es nicht weitergeht. Diese persönliche Erfahrung ist notwendig, um die Ganzheit unseres Wesens zu erwecken, da wir für gewöhnlich mit den Errungenschaften unseres Verstandes allzuleicht zufrieden sind, die sich schließlich doch nur mit der Peripherie des Lebens befassen.

Nicht Buddhas philosophische Ausbildung noch seine asketische oder sittliche Strenge brachten ihm schließlich sein Erlebnis der Erleuchtung. Es wurde ihm erst dann zuteil, als er all diese oberflächlichen Praktiken aufgab, die an den Äußerlichkeiten unserer Existenz hängen. Verstand, Moral und Begriffe werden nur benötigt, um ihre eigenen Grenzen zu erkennen. Die Übung des Koan dient dazu, uns all dies deutlich klarzumachen.

Wie ich bereits sagte, ist der Wille im primären Sinne elementarer als der Verstand, weil er das Prinzip ist, das an der Wurzel aller Existenzen liegt und sie alle in der Einheit des Seins vereint. Die Felsen sind, wo sie sind – das ist ihr Wille. Die Flüsse fließen – das ist ihr Wille. Die Pflanzen wachsen – das ist ihr Wille. Die Vögel fliegen – das ist ihr Wille. Menschen sprechen – das ist ihr Wille. Die Jahreszeiten wechseln, der Himmel sendet Regen oder Schnee, die Erde bebt von Zeit zu Zeit, die Wellen rollen, die Sterne leuchten – jedes von ihnen folgt seinem eigenen Willen. Sein und Werden ist gleich Wollen. Es gibt in dieser Welt absolut nichts, das nicht seinen eigenen Willen besitzt. Der eine große Wille, aus dem all diese unendlich verschiedenartigen Willen fließen, ist das, was ich das »kosmische (oder ontologische) Unbewußte«

nenne, das Null-Reservoir unendlicher Möglichkeiten. Das »Mu!« ist so an das Unbewußte gekettet, indem es auf der triebhaften Bewußtseinsebene wirkt. Auch das Koan, das intellektuell oder dialektisch erscheint, führt psychologisch zum triebhaften Zentrum des Bewußtseins und hernach zur Quelle selbst.

5

Wie ich bereits sagte, wird der Schüler des Zen, nachdem er einige Jahre – nein, selbst einige Monate – bei dem Meister verbracht hat, zu einem völligen Stillstand kommen. Denn er weiß nicht, welchen Weg er beschreiten soll; er hat versucht, das Koan auf der relativen Ebene zu lösen, aber ohne Erfolg. Er wird nun in die Ecke gedrängt, aus der es keinen Ausweg gibt. In diesem Augenblick sagt der Meister vielleicht: »Es ist gut, so in die Enge getrieben zu sein. Es ist für dich der Augenblick gekommen, eine vollständige Wendung zu machen.« Wahrscheinlich wird der Meister fortfahren: »Du mußt nicht mit dem Kopf, sondern mit dem Bauch denken.« Das klingt vielleicht sehr seltsam. Nach der modernen wissenschaftlichen Erkenntnis ist der Kopf mit grauen und weißen Massen, mit Zellen und auf mannigfache Weise verbundenen Fasern ausgefüllt. Wie kann der Zen-Meister diese Tatsache ignorieren und uns auffordern, mit dem Bauch zu denken? Aber der Zen-Meister ist ein seltsamer Mann. Er hört nicht auf Sie und auf das, was Sie ihm über moderne oder alte Wissenschaften sagen mögen. Er kennt aus seiner Erfahrung heraus seine Sache besser.
Ich erkläre diese Situation, wenn auch vielleicht unwissenschaftlich, auf meine eigene Art und Weise. Der Körper läßt sich funktionell in drei Teile einteilen: in den Kopf, die Teile des Rumpfes und die Glieder. Die Glieder dienen zur Fortbewegung, aber die Hände haben sich differenziert und auf ihre eigene Weise entwickelt. Sie dienen jetzt zu schöpferischen

Tätigkeiten. Die beiden Hände mit ihren zehn Fingern formen alle möglichen Dinge, die dem Wohlbefinden des Leibes dienen. Nach meiner Intuition entwickelten sich zuerst die Hände und dann der Kopf, der allmählich ein unabhängiges Organ zum Denken wurde. Wenn die Hände auf diese oder jene Weise benutzt werden, müssen sie sich vom Boden lösen, wodurch sie sich anders als die der niedrigeren Tiere entwickeln. Wenn die Hände des Menschen also vom Boden gelöst sind und ausschließlich die Beine zur Fortbewegung bleiben, können die Hände ihre eigene Entwicklungslinie verfolgen, wodurch nun wiederum der Kopf aufrecht gehalten wird und die Augen befähigt werden, die weitere Umgebung zu überblicken. Das Auge ist ein intellektuelles Organ, das Ohr hingegen ein mehr primitives. Was die Nase betrifft, für sie ist es das beste, sich von der Erde fernzuhalten, da das Auge jetzt begonnen hat, einen weiteren Horizont zu überblicken. Diese Erweiterung des Gesichtsfeldes bedeutet, daß sich der Geist immer mehr von Sinnesobjekten loslöst und sich zum Organ intellektueller Abstraktion und Verallgemeinerung macht.

So symbolisiert der Kopf den Verstand, und das Auge mit seinen beweglichen Muskeln ist sein nützliches Instrument. Aber der Unterleib, der die Eingeweide enthält, wird von den Nerven beherrscht, die nicht dem Willen unterworfen sind, und stellt das primitivste Entwicklungsstadium in der Struktur des menschlichen Körpers dar. Der Unterleib ist der Natur näher, von der wir alle kommen und zu der wir alle zurückkehren. Er steht daher mit der Natur in innigerem Kontakt und kann sie fühlen, mit ihr sprechen und sie zur »Inspektion« festhalten. Die Inspektion ist jedoch kein intellektueller Vorgang; sie ist, wenn wir es so nennen können, affektiv. »Fühlen« ist vielleicht ein besseres Wort, wenn man den Ausdruck in seiner fundamentalen Bedeutung gebraucht.

Die intellektuelle Inspektion ist die Funktion des Kopfes, und welches Verständnis der Natur wir aus dieser Quelle auch haben mögen, es ist eine Abstraktion oder eine Darstellung der Natur und nicht die Natur selbst. Die Natur, wie sie ist, enthüllt sich nicht dem Verstand – das heißt, dem Kopf. Die Teile des Unterleibes sind es, die die Natur fühlen und sie in ihrem Sosein verstehen. Diese Art von Verstehen, die man affektiv oder konativ nennen könnte, umfaßt das ganze Wesen einer Person, wie sie von den Teilen des Unterleibes symbolisiert wird. Wenn uns der Zen-Meister auffordert, das Koan im Bauche zu halten, meint er, man soll das Koan mit seinem ganzen Wesen aufnehmen, sich mit ihm vollständig identifizieren und es nicht verstandesmäßig, nicht objektiv betrachten, als sei es etwas, von dem wir uns absondern könnten.

Ein amerikanischer Wissenschaftler besuchte einst ein primitives Volk. Als er den Leuten sagte, die Menschen des Westens dächten mit ihrem Kopf, glaubten die Primitiven, die Amerikaner seien alle verrückt. Sie sagten: »Wir denken mit dem Bauch.« In China und Japan – ob auch in Indien, weiß ich nicht – sagen oft die Menschen, wenn sie vor irgendwelchen schwierigen Problemen stehen: »Denke mit deinem Bauch« oder einfach: »Frag deinen Bauch.« Wenn also irgendeine Frage im Zusammenhang mit unserer Existenz auftaucht, rät man uns, mit dem Bauch – nicht mit irgendeinem abtrennbaren Teil des Körpers – zu »denken«. »Der Bauch« steht für die Gesamtheit des Wesens, während der Kopf, der Körperteil, der sich als letzter entwickelt hat, den Verstand repräsentiert. Der Verstand dient uns im wesentlichen dazu, das in Betracht zu ziehende Subjekt zu objektivieren. Deshalb ist besonders in China der ideale Mensch von ziemlich korpulenter Gestalt mit einem ausladenden Bauch, wie an der Gestalt Hoteis (chinesisch Pu-tai) gezeigt wird, der als Inkarnation des kommenden Buddha, Maitreya, betrachtet wird [20].

Mit dem Bauch zu »denken« bedeutet in Wirklichkeit, das Zwerchfell tief zu halten, um den Organen des Brustkorbes Platz zu machen, damit sie ordentlich funktionieren, und den Leib für die Aufnahme des Koan ruhig und gut ausgeglichen zu halten. Der ganze Vorgang dient dazu, das Koan nicht zum Gegenstand von Verstandesarbeit zu machen; denn der Verstand sondert sich immer von seinem Objekt ab, um es aus einiger Entfernung zu betrachten, als hätte er tödliche Angst davor, es zu berühren, ganz zu schweigen davon, es zu fassen und in bloßen Händen zu halten. Das Zen fordert uns im Gegenteil auf, das Koan nicht nur mit den Händen, mit dem Leib zu fassen, sondern uns vollkommen damit zu identifizieren, so daß, wenn ich esse oder trinke, nicht *ich* es bin, sondern das Koan, das ißt oder trinkt. Wenn das erreicht ist, löst sich das Koan von selbst, ohne daß ich irgend etwas weiter tue.

Was die Bedeutung des Zwerchfells im Bau des menschlichen Körpers betrifft, so habe ich vom medizinischen Gesichtspunkt aus darüber keinerlei Kenntnisse, aber mein gesunder Menschenverstand, dem verschiedene Erfahrungen zugrunde liegen, sagt mir, daß das Zwerchfell zusammen mit den Teilen des Unterleibes sehr viel mit unserem Gefühl für Sicherheit zu tun hat, und zwar deshalb, weil es mit dem Grund der Dinge, das heißt mit der höchsten Wirklichkeit, in innigerem Zusammenhang steht. Diese Art von Beziehung herzustellen wird auf japanisch »kufu suru« genannt. Wenn Sie der Zen-Meister auffordert, Ihr Kufu über das Koan mit Ihrem Bauche durchzuführen, meint er damit nichts anderes als den Versuch, diese Beziehung herzustellen. Vielleicht ist das eine primitive oder vorwissenschaftliche Art zu sprechen – eine Beziehung zwischen dem Zwerchfell und Bauch und der höchsten Wirklichkeit herzustellen –, aber es gibt andererseits keinen Zweifel, daß wir in bezug auf den Kopf und seine Wichtigkeit für unser intellektuelles Tun zu nervös geworden sind. Auf jeden Fall soll das Koan nicht mit dem Kopf, das heißt intellektuell oder philosophisch, gelöst werden. Wenn auch zu Beginn irgendein logischer Weg wünschenswert oder möglich erscheinen mag, so ist doch das Koan dazu ausersehen, endgültig mit dem Unterleib gelöst zu werden.

Nehmen wir das Beispiel des Stocks in der Hand des Meisters. Er hält ihn hoch und spricht: »Ich nenne das nicht Stock, und wie würdet ihr es nennen?« Das sieht so aus, als würde es eine dialektische Antwort erfordern, denn die Erklärung oder

Herausforderung ist gleichbedeutend mit: »Wenn A nicht A ist, was ist es dann?«, oder: »Wenn Gott nicht Gott ist, was ist er?« Das logische Gesetz der Identität wird hier verletzt. Wenn A einmal als A definiert ist, muß es A bleiben und kann niemals nicht-A oder B oder X sein. Manchmal sagt auch der Meister etwas anderes: »Der Stock ist kein Stock und ist doch ein Stock.« Wenn der Schüler dem Meister logisch kommt und die Herausforderung als völlig unsinnig bezeichnet, wird er bestimmt einen Schlag mit dem Stock aus der Hand des Meisters bekommen. Der Schüler wird zwangsläufig in eine Sackgasse getrieben, denn der Meister bleibt fest und weigert sich absolut, einem noch so starken intellektuellen Druck nachzugeben. Das Kufu, das der Schüler nun machen muß, kann allein in seinem Unterleib und nicht in seinem Kopf durchgeführt werden. Der Verstand muß seinen Platz dem Willen überlassen.

Ein weiteres Beispiel. Der sechste Patriarch verlangte »das Gesicht zu sehen, das du vor deiner Geburt hast«. Dialektik nützt hier nichts. Die Forderung entspricht dem Ausspruch Christi: »Ich bin, bevor Abraham war.« Was auch immer die traditionelle Interpretation der christlichen Theologen sein mag, das Ist-sein Christi trotzt unserem menschlichen Sinn für den Zeitablauf. So ist es mit dem »Gesicht« des sechsten Patriarchen. Der Verstand mag alles versuchen, was er kann, aber sowohl der Patriarch als auch Christus werden es ganz sicher als irrelevant zurückweisen. Der Kopf soll sich nun dem Zwerchfell und der Geist der Seele beugen. Sowohl Logik als auch Psychologie sollen entthront und jenseits jeglicher Verstandesarbeit gestellt werden.

Um dieses symbolische Gespräch fortzusetzen: Der Kopf ist bewußt, der Unterleib hingegen unbewußt. Wenn der Meister seine Schüler auffordert, mit dem Unterleib zu »denken«, meint er, daß das Koan hinunter in das Unbewußte und nicht in das bewußte Gebiet des Bewußtseins gebracht werden soll. Das Koan soll in das ganze Wesen »einsinken« und nicht an der Oberfläche bleiben. Wörtlich genommen, gibt das selbstverständlich keinen Sinn. Wenn wir aber erkennen, daß der Grund des Unbewußten, wohin das Koan »sinkt«, dort ist, wo es selbst das Alaya-vijnana, das »alles bewahrende Bewußtsein« [21], nicht festhalten kann, sehen wir, daß sich das Koan nicht mehr im Bereich des Verstandes befindet, sondern durch und durch mit dem Ich identifiziert ist. Das Koan befindet sich nun jenseits aller Psychologie.

Wenn alle diese Grenzen überschritten werden – was bedeutet, daß man sogar über das sogenannte kollektive Unbewußte hinausgeht –, trifft man auf das, was im Buddhismus als Adarsanajnana, »Wissensspiegel«, bekannt ist. Die Finsternis des Unbewußten wird durchbrochen, und man sieht alle Dinge, wie man sein Gesicht im hell leuchtenden Spiegel sieht.

6

Die Methode, das Zen mit Hilfe des Koan zu studieren, begann, wie ich schon sagte, in China im zwölften Jahrhundert mit den Sung-Meistern, wie Goso Hoyen (gest. 1104), Yengo Kokugon (1063-1135) und Daiye Soko (1089-1163). In ein System gebracht wurde sie jedoch in Japan bald nach der Einführung des Zen im dreizehnten Jahrhundert. Zu Beginn wurde das Koan in drei Gruppen eingeteilt: Prajna-Intuition (richi), Handlung (kikwan) und »das Höchste« (kojo). Später, im siebzehnten Jahrhundert, erweiterten sie Hakuin und seine Anhänger auf fünf oder sechs, aber im Wesentlichen sind die älteren drei immer noch gültig. Seit das Schema jedoch vervollständigt wurde, studieren heute alle Zen-Schüler der Rinzai-Schule das Zen danach, und das Studium ist mehr oder weniger stereotyp und zeigt in dieser Hinsicht Zeichen des Verfalls.

Typische und klassische Beispiele von Schülern der Koan-Methode sind Bukko Kokushi (1226-86) in China und Hakuin (1685-1768) in Japan [22]. Beispiele für das System ohne Koan sind, soweit wir wissen, Rinzai (gest. 867) in

China und Bankei (1622-93) in Japan [23]. Wer am weiteren psychologischen Studium des Zen Interesse hat, dem rate ich, einige meiner Arbeiten über dieses Thema zu lesen.

Ich möchte hier noch ein paar Worte hinzufügen. »Jnana« wird gewöhnlich mit »Wissen« übersetzt, aber genaugenommen ist vielleicht »Intuition« besser. Ich übersetze es manchmal mit »transzendentale Weisheit«, vor allem, wenn es die Vorsilbe pra hat, als Prajna. Tatsache ist, daß, selbst wenn wir eine Intuition haben, das Objekt noch immer vor uns liegt und wir es fühlen, wahrnehmen oder sehen. Hier ist eine Zweiteilung von Subjekt und Objekt. Im Prajna existiert diese Zweiteilung nicht mehr. Prajna befaßt sich nicht mit endlichen Objekten als solchen; es ist die Gesamtheit der Dinge, die sich ihrer selbst als solche bewußt wird. Und diese Gesamtheit ist keineswegs begrenzt. Eine unendliche Gesamtheit geht über unser gewöhnliches menschliches Verstehen hinaus. Aber die Prajna-Intuition ist diese »unverständliche« gesamtheitliche Intuition des Unendlichen, etwas, was in unserer täglichen, auf endliche Objekte oder Ereignisse beschränkten Erfahrung niemals stattfinden kann. Mit anderen Worten, das Prajna kann nur stattfinden, wenn die endlichen Objekte der Sinne und des Verstandes mit dem Unendlichen selbst identifiziert werden. Anstatt zu sagen, das Unendliche sehe sich selbst in sich selbst, entspricht es unserer menschlichen Erfahrung viel mehr, zu sagen, daß das Prajna ein Objekt vom Gesichtspunkt der Unendlichkeit aus wahrnimmt, das sonst als endlich und zur zweigeteilten Welt von Subjekt und Objekt gehörig betrachtet wird. Symbolisch sieht dann das Endliche sich selbst im Spiegel der Unendlichkeit. Der Verstand sagt uns, daß das Objekt endlich ist, aber das Prajna widerspricht und erklärt, es sei das Unendliche jenseits des Bereichs der Relativität. Ontologisch bedeutet das, daß alle endlichen Objekte oder Wesen nur durch das ihnen zugrundeliegende Unendliche möglich sind, daß die Objekte relativ und deshalb begrenzt im Gebiet der Unendlichkeit ausgebreitet sind und außerhalb davon keinen Ankerplatz besitzen.

Das erinnert uns an den Korintherbrief (1. Korinther 13,12), in dem Paulus schreibt: »Jetzt sehen wir nur wie durch einen Spiegel in Rätseln, dann aber von Angesicht zu Angesicht. Jetzt ist mein Erkennen Stückwerk; dann aber werde ich erkennen, wie auch ich erkannt bin.« »Jetzt« bezieht sich auf die relative und endliche Zeitenfolge, während »dann« die Ewigkeit bedeutet, die in meiner Terminologie die Prajna-Intuition ist. In der Prajna-Intuition, dem »Wissen«, sehe ich Gott, wie er in sich selbst ist, nicht »wie durch einen Spiegel in Rätseln« oder ein fragmentarisches »Stückwerk«, weil ich »von Angesicht zu Angesicht« vor ihm stehe – nein, weil ich bin, wie er ist.

Das Adarsanajnana, das sich enthüllt, wenn der Grund des Unbewußten, d. h. des »Alaya-vijnana«, durchbrochen wird, ist nichts anderes als Prajna-Intuition. Der primäre Wille, von dem alle Wesen kommen, ist nicht blind und unbewußt, sondern scheint nur so durch unsere Unwissenheit (avidya), die den Spiegel trübt und uns sogar die Tatsache seiner Existenz vergessen läßt. Die Blindheit liegt auf unserer Seite und nicht auf der Seite des Willens, der primär und im Grunde ebenso noetisch wie konativ ist. Der Wille ist Prajna plus Karuna, Weisheit plus Liebe. Auf der relativen, begrenzten, endlichen Ebene enthüllt sich der Wille fragmentarisch; d. h. wir neigen dazu, ihn als etwas aufzufassen, das von der Tätigkeit unseres Geistes getrennt ist. Wenn er sich jedoch im Spiegel des Adarsanajnana enthüllt, ist er »Gott, wie er ist.« In ihm ist Prajna von Karuna nicht geschieden. Wird das eine erwähnt, kommt unvermeidlich das andere mit.

Ich muß hier noch ein oder zwei Worte anfügen. Manchmal wird im Zusammenhang mit der Übung des Koan, wo der Meister eine Frage stellt und der Schüler sie in seiner Unterredung mit dem Meister aufgreift, von einer zwischenmenschlichen Beziehung gesprochen. Vor allem, wenn sich der Meister starr und unwiderruflich gegen die verstandesmäßige Einstellung des Schülers stemmt und der Schüler, der nicht weiß, was er von der Situation halten soll, das Gefühl hat, vollständig davon abzuhängen, daß ihn die helfende Hand des Meisters aufhebt. Im Zen wird diese Art von Beziehung zwischen Meister und Schüler abgelehnt, weil sie dem Erlebnis der Erleuchtung des Schülers nicht förderlich ist. Denn es ist das Koan »Mu!«, das die höchste Wirklichkeit selbst symbolisiert, und nicht der Meister, was aus dem Unbewußten des Schülers aufsteigen wird. Es ist das Koan »Mu!«, das den Meister veranlaßt, den Schüler niederzuschlagen, der, wenn er erweckt ist, seinerseits den Meister ins Gesicht schlägt. In dieser ringkampfartigen Begegnung gibt es kein Ich in seiner begrenzten, endlichen Phase. Es ist von größter Wichtigkeit, daß man sich beim Studium des Zen darüber vollkommen im klaren ist.

V Die fünf Stufen (go-i)

1

Es wurden mir eine Anzahl von Fragen vorgelegt, die sich aus früheren Zusammenkünften dieser Arbeitstagung ergaben, und als ich sie überprüfte, stellte ich fest, daß die meisten davon den Mittel- und Angelpunkt verfehlen, um den sich das Zen bewegt. So habe ich mich entschlossen, heute noch etwas mehr über das Leben und die Lehre des Zen zu sagen.
Die Fragen lauteten:
1. Wie kommt es, daß in den Schriften des Zen so wenig ausdrückliche Anteilnahme an den kulturellen Gegebenheiten, der Organisation der Gesellschaft und dem Wohlergehen des Menschen zum Ausdruck kommt? Hiermit verbunden ist die Frage nach der Anwendung des Zen (letztlich des Sich-selbstfindens) auf die Ursache des Todes sowie auf den Schwertkampf.
Liegt in einer solchen Rückkehr zum Ich die Gefahr der Abstumpfung gegenüber dem Wert des einzelnen Menschen? Nehmen die Zen-Meister und Schüler an den sozialen Problemen des Tages Anteil?

2. Wie stellt sich das Zen zur Ethik? Zur politischen und wirtschaftlichen Entrechtung? Zur Stellung und Verantwortlichkeit des einzelnen innerhalb der Gesellschaft?

3. Worin besteht der Unterschied zwischen Satori und der christlichen Bekehrung? In einem Ihrer Bücher sagen Sie, Sie halten sie für verschieden. Gibt es einen Unterschied außer kulturellen Unterschieden in der Art, wie darüber gesprochen wird?

4. Die christliche Mystik ist voll erotischer Bilder — findet man dies auch im Satori? Oder vielleicht in den Vorstufen des Satori?

5. Hat das Zen ein Kriterium, um echte mystische Erlebnisse von Halluzinationen zu unterscheiden?

6. Welches Interesse hat das Zen für die Vorgeschichte des Individuums, die Einflüsse von Familie, Erziehung und sozialen Einrichtungen auf die Entfremdung des Individuums von seinem Selbst? Einige von uns interessieren sich dafür im Zusammenhang mit der *Verhütung* der Entfremdung bei den neuen Generationen durch bessere Erziehung des einzelnen sowie Verbesserung der sozialen Institutionen. Wenn wir die Ursache einer Krankheit kennen, können wir vermutlich etwas dagegen tun, noch bevor er als Erwachsener in eine Krise gerät.

7. Berücksichtigt das Zen in irgendeiner Weise, welche Arten von entwicklungsbedingten Erlebnissen in der Kindheit der Erleuchtung als Erwachsener am förderlichsten sind?

8. Im Zen scheint der Meister mit dem Schüler zu beginnen, ohne dem Eindruck, den er von ihm hat, Aufmerksamkeit zu schenken, oder zumindest reagiert er darauf nicht ausdrücklich und direkt. Und doch ist es denkbar, daß ein solcher Mensch aus Eitelkeit oder dem Bedürfnis, einen neuen Gott zu finden, in das Zen eintritt – ohne es vielleicht selbst zu wissen. Würde es ihm helfen, den Weg zu finden, wenn er erfahren würde, daß der Weg, den er einschlägt, das Erlebnis nur zunichte machen wird?

Teilt ein Zen-Meister seinen Eindruck von der Person und

von den Hindernissen, die vielleicht auf dem Wege liegen, mit? Auch wenn das vielleicht nicht üblich ist, könnte man sich nicht vorstellen, daß es dadurch leichter wäre, das Ziel zu erreichen?

9. Haben Sie das Gefühl, daß die Psychoanalyse, wie Sie sie verstehen, den Patienten Hoffnung auf Erleuchtung bietet?

10. Wie stellt sich das Zen zu Vorstellungen, die während der Meditation auftreten können?

11. Befaßt sich das Zen mit dem Problem der emotionalen Reife und Selbsterfüllung in der *sozialen* Existenz eines Menschen, das heißt, in »zwischenmenschlichen Beziehungen?«

Das Zen ist ein seltsames Thema, über das wir unendlich lange schreiben oder sprechen können, ohne daß es uns gelingt, seinen Gehalt zu erschöpfen. Andererseits könnten wir es demonstrieren, indem wir einen Finger heben, husten, mit den Augen zwinkern oder einen sinnlosen Laut ausstoßen.

So wurde gesagt, wenn wir über das Zen schreiben, könne ihm niemals vollständig Ausdruck verliehen werden, selbst wenn alle Ozeane der Erde zu Tusche, alle Berge zu einem Pinsel und die ganze Welt zu Papier würde. Kein Wunder, daß meine schwache Zunge, die ganz anders ist als die Buddhas, die Menschen in den vorhergehenden vier Vorträgen nicht zu einem Verständnis des Zen bringen konnte.

Die folgende Übersicht über fünf »Stufen« in der Ausbildung im Zen, »Go-i« genannt, wird unser Verstehen des Zen erleichtern. Die Silbe »go« in Go-i bedeutet »fünf« und i »Situation«, »Sprosse« oder »Stufe«. Diese fünf Stufen können in zwei Gruppen eingeteilt werden: noetisch und affektiv oder konativ. Die ersten drei sind noetisch und die letzten beiden affektiv oder konativ. Die mittlere, die dritte Stufe ist der Übergangspunkt, an dem das Noetische konativ zu werden beginnt und sich das Wissen in Leben verwandelt. Hier wird das noetische Verstehen des Lebens im Zen dynamisch. »Das Wort« wird zu Fleisch; die abstrakte Idee verwandelt sich in einen lebendigen Menschen, der fühlt, will, hofft, strebt, leidet und fähig ist, jede Menge Arbeit zu verrichten.

In der ersten der beiden letzten »Stufen« bemüht sich der Zen-Anhänger, seine Einsicht bis an die Grenzen seiner Fähigkeit zu realisieren. In der letzten erreicht er sein Ziel, das in Wahrheit kein Ziel ist.

Das Go-i lautet japanisch folgendermaßen:

1. So chu hen: »Hen im Sho«
2. Hen chu sho: »Sho im Hen«
3. Sho chu rai: »Kommen vom Sho«
4. Ken chu shi: »Ankommen im Ken«
5. Ken chu to: »Niederlassen im Ken«.

Sho und Hen bilden eine Dualität wie in der chinesischen Philosophie Yin und Yang. *Sho* bedeutet wörtlich »recht«, »gerade«, »gerecht«, »eben«; und *Hen* ist »teilweise«, »einseitig«, »unausgeglichen«, »schief«. Übersetzt lauten sie etwa:

Sho	*Hen*
das Absolute	das Relative
das Unendliche	das Endliche
das Eine	die Vielen
Gott	die Welt
Finsternis (Undifferenziertheit)	Licht (differenziert)
Gleichheit	Unterschied
Leere (sunyata)	Gestalt u. Materie (namarupa)
Weisheit (prajna)	Liebe (karuna)
Ri (li), »das Universale«	Ji (shih), »das Besondere«

(Setzen wir »A« für Sho und »B« für Hen.)

1. Sho chu hen, »Hen im Sho«, bedeutet, daß das Eine in den Vielen, Gott in der Welt, das Unendliche im Endlichen usw. ist. Wenn wir *denken,* bilden Sho und Hen einen Gegensatz und lassen sich nicht miteinander in Einklang bringen. Aber in Wirklichkeit kann das Sho nicht das Sho und das Hen nicht das Hen sein, wenn eines davon für sich allein steht. Was die Vielen (Hen) zu den Vielen macht, ist eben, daß das Eine darin enthalten ist. Wenn das Eine nicht da ist, können wir nicht einmal von Vielheit sprechen.

2. Hen chu sho, »Sho im Hen« ergänzt die erste Stufe. Wenn

das Eine in den Vielen ist, müssen die Vielen im Einen sein. Die Vielen sind das, was das Eine möglich macht. Gott ist die Welt, und die Welt ist in Gott. Gott und die Welt sind getrennt und nicht identisch in dem Sinne, daß Gott nicht außerhalb der Welt existieren und der eine nicht vom anderen geschieden werden kann. Sie sind eins, und doch behält jeder seine Individualität: Gott geht unendlich ins Einzelne, und die Welt der Einzelheiten findet sich an Gottes Brust geschmiegt.

3. Wir kommen nun zu der dritten Stufe im Leben des Zen-Anhängers. Das ist der kritischste Punkt, wo sich der noetische Charakter der beiden vorhergehenden Stufen zum konativen verwandelt und er wirklich zu einem lebendigen, fühlenden und wollenden Menschen wird. Bisher war er Kopf und Intellekt, in welch strengem Sinne man das auch verstehen mag. Jetzt wird er mit dem Rumpf und seinem ganzen Inhalt an Eingeweiden, und auch mit den Gliedern, vor allem den Händen, versehen, deren Zahl sich bis zu tausend (als Symbol für unendlich) erhöhen läßt, wie bei dem Bodhisattva Kwannon. Und in seinem Innenleben fühlt er sich wie Buddha als Kind, der, sobald er den Schoß seiner Mutter verließ, den Ausspruch tat: »Himmel oben, Erde unten, ich allein bin der am meisten Geehrte.«

Übrigens, wenn ich diesen Ausspruch Buddhas zitiere, lächeln vielleicht wissenschaftlich eingestellte Menschen und sagen: »Welch ein Unsinn! Wie könnte ein neugeborenes Kind solch eine tiefphilosophische Feststellung machen? Völlig unglaubhaft!« Ich glaube, sie haben recht. Wir müssen jedoch bedenken, daß wir zwar rationale Wesen sind, aber doch gleichzeitig, wie ich hoffe, die irrationalsten Wesen, die alle möglichen Absurditäten, Wunder genannt, lieben. Erstand nicht Christus von den Toten und fuhr auf in den Himmel, wenn wir auch nicht wissen, was für eine Art von Himmel das war? Vollbrachte nicht seine Mutter, die Jungfrau Maria, sogar noch zu Lebzeiten das gleiche Wunder? Der Verstand sagt uns das eine, aber in jedem von uns gibt es noch etwas anderes neben dem Verstand, das uns bereitwillig an Wunder glauben läßt. Ja, wir, die allergewöhnlichsten Menschen, vollbringen gleichfalls in jedem Augenblick unseres Lebens Wunder, ungeachtet unserer religiösen Verschiedenheiten.

Es war Luther, der sagte: »Hier stehe ich, ich kann nicht anders.« Es war Hyakujo, der erwiderte, als man ihn nach dem Wunderbarsten fragte: »Ich sitze allein auf dem Gipfel des Berges Daiyu.« Auf dem Berge Daiyu lag sein Kloster. Im chinesischen Original wird etwas oder jemand, der sitzt, nicht erwähnt; es heißt nur: »Allein sitze Daiyu Berg.« Der Sitzende wird nicht vom Berg unterschieden. Das Alleinsein des Zen-Anhängers, obwohl er sich in einer Welt der Massen befindet, ist auffallend.

Rinzais »wahrer Mensch ohne Rang« ist kein anderer als der Eine, der sich in diesem Augenblick vor jedem einzelnen von uns befindet und ganz sicher meiner Stimme lauscht, wenn ich spreche, oder meinem Wort, wenn ich schreibe. Ist das nicht die wunderbarste Tatsache, die wir alle erleben? Deshalb empfindet der Philosoph das »Geheimnis des Seins«, falls er es wirklich empfunden hat.

Gewöhnlich sprechen wir von »ich«, aber »ich« ist nur ein Fürwort und nicht die Wirklichkeit selbst. Oft habe ich das Bedürfnis zu fragen: Wofür steht »ich«? Wenn »ich« ein Fürwort ist wie »du« oder »er« oder »sie« oder »es«, was ist das, was dahintersteht? Können Sie es herausgreifen und mir sagen: »Das ist es«? Der Psychologe sagt uns, daß es kein »Ich« gibt, daß es ein bloßer Begriff sei, der eine Struktur oder eine Integration von Beziehungen bezeichne. Aber das Seltsame ist, daß das »Ich«, wenn es zornig wird, die ganze Welt zusammen mit der Struktur, für die sie das Symbol ist, zerstören möchte. Woher nimmt ein bloßer Begriff seine Dynamik? Was läßt das »Ich« sich selbst zum einzigen wirklich existierenden Ding erklären? Das »Ich« kann nicht nur eine Anspielung oder eine Täuschung sein, es muß etwas Realeres und Substanzielleres sein. Und es ist wirklich real

und substantiell, weil es »hier« ist, wo Sho und Hen als lebendige Identität des Widerspruches vereint werden. Alle Kraft,
die das »Ich« besitzt, kommt von dieser Identität. Nach
Meister Eckehart ist der Floh in Gott wirklicher als der Engel
für sich. Das eingebildete »Ich« kann niemals der »am meisten
Geehrte« sein.

In »Sho chu rai« wird Sho nicht im gleichen Sinne gebraucht
wie in »sho chu hen« oder in »hen chu sho«. Das Sho in »sho
chu rai« muß mit dem folgenden »chu« als »sho chu« gelesen
werden, was bedeutet: »geradewegs aus der Mitte von Sho als
Hen und Hen als Sho.« »Rai« heißt »kommen« oder »herauskommen«. Daher lautet die ganze Kombination »sho chu rai«:
»das Eine, das geradewegs aus der Mitte von Sho und Hen in
ihrer einander widersprechenden Identität kommt.«

Wenn wir die folgenden Formeln ansetzen, wo Sho A und
Hen B ist, so ist

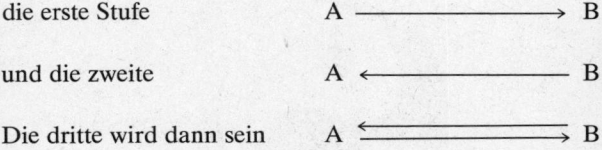

die erste Stufe   A ⟶ B

und die zweite   A ⟵ B

Die dritte wird dann sein A ⟸ B

Da die dritte jedoch den Wendepunkt vom Noetischen zum
Konativen und von der Logik zur Persönlichkeit bedeutet,
muß sie folgendermaßen angesetzt werden:

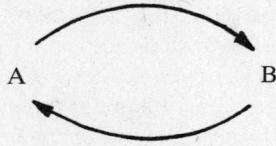

Das heißt, jede gerade Linie muß sich in eine Kurve verwandeln, die die Bewegung anzeigt; und wir müssen bedenken,
daß der gebogene Pfeil nicht genug ist, da diese Bewegung

nicht nur etwas Mechanisches, sondern lebendig, schöpferisch und unerschöpflich ist. Vielleicht könnten wir das ganze Symbol in einen Kreis setzen und es das Dharmacakra, das kosmische Rad in seiner niemals endenden Drehung, darstellen lassen:

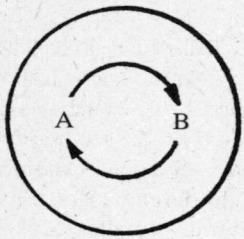

Oder wir können das chinesische Symbol der Yin und Yang-Philosophie als Symbol für das »sho chu rai« übernehmen:

»Rai« in »sho chu rai« ist wesentlich. Hier sowie in Shi in der vierten Stufe, »ken chu shi«, wird Bewegung angedeutet. »Rai« heißt »herauskommen« und »shi«: »im Begriffe, das Ziel zu erreichen« oder »sich dem Ziele nähern«. Die logische Abstraktion, Logos, kommt nun aus ihrem Käfig heraus und wird zu Fleisch, zu einer Person, und sie tritt geradewegs in eine Welt von Verflechtungen ein wie »der goldhaarige Löwe«.

Dieser »goldhaarige Löwe« ist das »Ich«, das gleichzeitig endlich und unendlich, vergänglich und permanent, begrenzt

86

und frei, absolut und relativ ist. Diese lebendige Gestalt erinnert mich an Michelangelos berühmten »Christus am Tage des Gerichts«, ein Fresko in der Sixtinischen Kapelle. Aber das »Ich« des Zen, soweit es sich nach außen hin äußert, ist in keiner Weise wie Christus energisch, mächtig und befehlend, sondern es ist schüchtern, bescheiden und demütig.

Einige Philosophen und Theologen sprechen von dem »Schweigen« des Ostens als Gegensatz zu dem »Wort« des Westens, das zum »Fleisch« wird. Sie erkennen jedoch nicht, was der Osten unter dem »Schweigen« wirklich versteht, denn es steht nicht im Gegensatz zum »Wort«, es ist das Wort selbst. Es ist die »donnernde Stille« und nicht das, was in die Tiefen des Nichtseins versinkt oder in die ewige Gleichgültigkeit des Todes aufgenommen wird. Das Schweigen des Ostens ähnelt dem Zentrum eines Hurrikans; es ist der Mittelpunkt eines heulenden Sturmes, ohne den keine Bewegung möglich ist. Dieses unbewegliche Zentrum aus seiner Umgebung herausnehmen bedeutet, es in Begriffe fassen und damit seinen Sinn zerstören. Es ist das Zentrum, das den Hurrikan erst möglich macht. Das Zentrum und der Hurrikan zusammen bilden das Ganze. Die auf der Oberfläche des Sees still dahingleitende Ente kann nicht ohne ihre Füße gedacht werden, die, wenn auch unsichtbar, höchst eifrig unter dem Wasser bewegt werden. Die Dualisten verfehlen meist das Ganze in seiner zusammenhängenden konkreten Gesamtheit.

Wer dualistisch denkt, neigt dazu, einseitig den beweglichen oder den sichtbaren körperlichen Aspekt der Wirklichkeit zu betonen und ihm die größte Bedeutung beizumessen, da er alles andere nicht kennt. So ist bezeichnenderweise das Ballett zum Beispiel eine Schöpfung des Westens. Körper und Glieder werden äußerst lebhaft in allen möglichen harmonischen Stellungen rhythmisch bewegt. Vergleichen Sie es mit dem japanischen No-Tanz. Welch ein Unterschied! Das Ballett ist fast die Bewegung selbst, wobei die Füße kaum den Boden berühren. Die Bewegung spielt sich in der Luft ab, und das Fehlen von Stabilität ist ganz auffallend. Im No bietet die

Bühne ein vollkommen anderes Bild. Fest und feierlich, als vollzöge er einen religiösen Ritus, die Füße fest auf der Erde und den Schwerpunkt im Unterleib, tritt der Schauspieler aus dem Hanamichi vor die erwartungsvollen Blicke des Publikums. Er bewegt sich, als bewege er sich nicht. Er veranschaulicht die Lehre Laotses von der Handlung der Nicht-Handlung.

Ebenso ist der Zen-Anhänger niemals aufdringlich, sondern hält sich stets im Hintergrund und ist immer bescheiden. Wenn er erklärt, er selbst sei der »am meisten Geehrte«, so verrät nichts in seiner Miene sein Innenleben. Er ist der unbewegte Beweger. Von hier entspringt das wirkliche »Ich«; nicht das »Ich«, das jeder von uns gewöhnlich geltend macht, sondern das »Ich«, das sich selbst »sub specie aeternitatis«, inmitten der Unendlichkeit, entdeckt. Dieses »Ich« ist der sicherste Boden, den wir alle in uns finden können und auf dem wir alle ohne Angst, ohne Gefühl der Furcht, ohne das quälende Moment der Unschlüssigkeit zu stehen vermögen. Dieses »Ich« kann fast bis zur Nicht-Existenz vernachlässigt werden, weil es in keiner Weise anmaßend ist und niemals lärmend auf sich hinweist, damit es anerkannt und viel Aufhebens von ihm gemacht wird. Dualisten verstehen das nicht; sie preisen den Ballettänzer und sind vom No-Spieler gelangweilt.

Als wir über Sullivans Idee der Angst sprachen (siehe Vorwort), stellten wir fest, daß es zweierlei Arten von Angst gibt, neurotische Angst und Existenzangst, daß die letztere elementarer ist, und ferner, daß die neurotische Angst von selbst verschwinden würde, wenn man die elementare Angst beseitigte. Alle Formen der Angst entstehen aus der Tatsache, daß wir irgendwo in unserem Bewußtsein das Gefühl haben, die Situation nicht vollständig zu kennen, und dieser Mangel an Wissen bewirkt Unsicherheit und Angst aller Intensitätsgrade. Das »Ich« befindet sich stets im Mittelpunkt jeglicher Situation, der wir gegenüberstehen. Wenn wir daher das »Ich« nicht genügend kennen, werden Fragen und Gedanken wie die folgenden niemals aufhören, uns zu quälen:

»Hat das Leben einen Sinn?«

»Ist wirklich alles ›Eitelkeit der Eitelkeiten‹? Wenn ja, gibt es eine Hoffnung, das zu erreichen, wonach es sich wirklich lohnt zu streben?«

»Ich werde in den Strudel unmenschlicher Tatsachen gestoßen, alle vorgegeben, alle begrenzt, alle absolut und endgültig unverändert usw. Ich bin hilflos; ich bin der Spielball des Schicksals. Dennoch sehne ich mich nach Freiheit; ich möchte Herr meiner selbst sein. Ich habe keine Wahl; und doch ist irgendeine Entscheidung dringend notwendig. Ich weiß nicht, was ich tun soll. Aber was ist das ›Ich‹, das wirklich hinter all diesen verwirrenden und quälenden Fragen steht?«

»Wo ist also der sichere Grund, auf dem ich ohne jegliches Gefühl von Angst stehen kann? Oder, was ist ›Ich‹? Denn ich weiß, daß ›Ich‹ der sichere Grund selbst sein kann. Könnte das die Tatsache sein, die ich bis jetzt nicht erkennen konnte? Ich muß das ›Ich‹ finden, und dann wird mit mir alles gut sein.«

2

»Sho chu rai« hat bereits die Antwort auf alle diese Gedanken gegeben, aber wenn wir zur vierten Stufe, »ken chu shi«, kommen, werden wir mehr über das »Ich« in seiner intensiven Aktivität, die jedoch Passivität ist, erfahren. Das wird, hoffe ich, verständlich sein, wenn wir zur fünften und letzten Stufe kommen, wo der Zen-Anhänger sein letztes Ziel erreicht. Hier findet man ihn unschuldig, mit Schmutz und Asche bedeckt, sitzen.

4. Mit diesen Bemerkungen wollen wir zur vierten Stufe übergehen. Tatsächlich sind die dritte und vierte Stufe eng miteinander verbunden; man kann nicht eine ohne die andere behandeln.

Soweit der Zen-Anhänger logisch oder noetisch eingestellt ist, ist er sich des Sho und des Hen noch bewußt und möchte vielleicht auf ihre widersprüchliche Identität Bezug nehmen.

Sobald er jedoch das »ken chu shi« betritt, ist er aus dem Zentrum des Hurrikans heraus und hat sich mitten in den Sturm gestürzt. Sowohl Sho als auch Hen werden in alle Winde zerstreut. Der Mensch ist nun der Sturm selbst.

»Ken« bedeutet »beide« und bezieht sich auf den Dualismus von Schwarz und Weiß, Dunkel und Hell, Liebe und Haß, Gut und Böse – die die Wirklichkeit der Welt ausmachen, in der der Zen-Anhänger nun sein Leben führt. Während uns »sho chu rai« noch an etwas in den vorhergehenden zwei Stufen erinnert, hat sie »ken chu shi« vollkommen hinter sich gelassen; denn es ist das seiner intellektuellen Paradoxa entkleidete Leben selbst, oder vielmehr, es enthält unterschiedslos, undifferenziert oder besser: totalistisch alles, was intellektuell, affektiv oder konativ ist. Es ist die Welt, wie sie ist, mit all ihren »unmenschlichen Tatsachen«, wie sie manche Philosophen nennen, die unabänderlich vor uns liegt. Der Zen-Anhänger hat nun mitten in sie hinein »seine Füße gesetzt« (Shi). Hier beginnt sein wahres Leben. Das ist die Bedeutung von »ken chu shi«: »Er ist nun mitten in die Dualitäten gelangt (Ken)«. Hier beginnt tatsächlich das Leben der Liebe (Karuna) des Zen-Anhängers.

Joshu Jushin, einer der großen Zen-Meister der T'ang-Zeit, lebte in einem Kloster in den Bergen, das wegen einer natürlichen Steinbrücke berühmt war. Eines Tages besuchte ein Mönch Joshu und sagte: »O Meister, deine Steinbrücke ist im ganzen Kaiserreich berühmt, aber wie ich sie sehe, ist sie nichts als eine wacklige Holzbrücke.«

Joshu erwiderte: »Du siehst nur deine wackelige Brücke und nicht die wirkliche Steinbrücke.«

Der Mönch fragte: »Was ist die Steinbrücke?«

Joshu: »Pferde gehen darüber, Esel gehen darüber.«

Joshus Brücke ähnelt dem Sand des Ganges, der von allen möglichen Tieren zertrampelt und unglaublich verschmutzt wird und sich doch nicht beklagt. Sämtliche Fußspuren, die alle möglichen Wesen hinterlassen, werden im Nu ausgelöscht; und was den ganzen Schmutz betrifft, so wird er vollständig absorbiert, und der Sand bleibt so rein wie zuvor. So ist es mit Joshus Steinbrücke: Nicht nur Pferde und Esel, sondern heutzutage auch alle Arten von Fahrzeugen einschließlich schwerer Lastwagen und Wagenzüge fahren darüber, und sie ist stets bereit, sie aufzunehmen. Selbst wenn sie sie mißbrauchen, wird ihr Behagen in keiner Weise gestört. Der Zen-Anhänger der vierten Stufe ist wie die Brücke. Er hält vielleicht nicht die rechte Backe hin, wenn man ihn auf die linke schlug, aber er arbeitet still zum Wohl seiner Mitmenschen.

Joshu wurde einmal von einer alten Frau gefragt: »Ich bin eine Frau, und das Leben der Frauen ist sehr schwer. Als Kind muß sie ihren Eltern gehorchen. Wenn sie alt genug ist, heiratet sie und muß ihrem Gatten gehorchen. Wenn sie sehr alt ist, gehorcht sie ihren Kindern. Ihr Leben ist nichts als Gehorchen und Gehorchen. Warum muß sie ein solches Leben führen, das keine Zeit der Freiheit und Unabhängigkeit kennt? Warum ist sie nicht wie andere Menschen, die nicht einmal ein Gefühl der Verantwortung kennen? Ich empöre mich gegen die alte chinesische Lebensweise.«

Joshu sagte, (dein Gebet sei:) »Andere mögen alles haben, was sie wollen. Ich jedoch nehme das Los auf mich, das mir zugeteilt ist.«

Man mag einwenden, daß Joshus Rat nichts weiter bedeute als ein Leben vollkommener Abhängigkeit, was keineswegs dem Geist des modernen Lebens entspricht. Sein Rat ist konservativ, zu negativ, zu bescheiden; er läßt keinen Sinn für Individualität erkennen. Ist das nicht typisch für die buddhistische Lehre von Khsanti, Passivität, Nichts? Ich bin kein Fürsprecher Joshus.

Lassen Sie Joshu gewissermaßen selbst auf diesen Einwand antworten, wenn er seine Gedanken folgendermaßen ausdrückt:

Jemand fragte: »Du bist ein so heiliger Mensch. Wo wirst du dich befinden, wenn du tot bist?« Der Zen-Meister Joshu antwortete: »Ich gehe vor euch allen zur Hölle!«

Der Frager war wie vom Donner gerührt und sagte: »Wie wäre das möglich?«

Der Meister zögerte nicht: »Wenn ich nicht als erster zur Hölle ginge, wer würde dort warten, um Menschen wie dich zu retten?«

Das ist wahrhaftig eine starke Feststellung, aber von Joshus Zen-Standpunkt aus war sie völlig berechtigt. Er hat hier kein eigensüchtiges Motiv. Sein ganzes Sein ist geweiht, anderen Gutes zu tun. Wäre dem nicht so, könnte er nicht solch eine gerade und völlig unzweideutige Feststellung treffen. Christus erklärt: »Ich bin der Weg.« Er ruft andere auf, sich durch ihn retten zu lassen. Joshus Gesinnung ist auch die Gesinnung Christi. Beiden fehlen jegliche Selbstsucht und jeglicher Hochmut. Sie drücken einfach, unschuldig und von Herzen den gleichen Geist der Liebe aus.

Jemand fragte Joshu: »Buddha ist der Erleuchtete und unser aller Lehrer. Natürlich ist er frei von allen Leidenschaften (klesa), nicht wahr?«

Joshu sagte: »Nein, er ist derjenige, der die größte aller Leidenschaften hegt!«

»Wie ist das möglich?«

»Seine größte Leidenschaft ist, alle Wesen zu retten«, antwortete Joshu.

Einer der großen Zen-Meister Japans beschreibt das Leben des Zen-Anhängers an diesem Punkt wie folgt [23a]:

Der Bodhisattva dreht das Identitäts-Rad der Gegensätze oder Widersprüche: Schwarz und Weiß, Dunkel und Hell, Gleichheit und Verschiedenheit, das Eine und die Vielen, Endlich und Unendlich, Liebe und Haß, Freund und Feind usw. usw. Inmitten von Wolken und Staub, unendlich wechselvoll, wirkt der Bodhisattva, Kopf und Gesicht ganz mit Schmutz und Asche bedeckt. Wo die höchste Verwirrung der Leidenschaften in unbeschreiblicher Wut rast, lebt der Bodhisattva sein Leben mit all seinen Wechselfällen, wie das japanische Sprichwort sagt: »Siebenmal hinauf und hinunter rollend und sich achtmal wieder erhebend.« Er ist wie die flammende

Lotosblume, deren Farbe heller und heller wird, während sie die Feuertaufe empfängt.

Rinzai beschreibt seinen »Menschen ohne Rang« wie folgt: »Er ist im Hause und verläßt doch die Straße nicht. Er ist auf der Straße und verläßt doch nicht das Haus. Ist er ein gewöhnlicher Mensch oder ein großer Weiser? Niemand kann es sagen. Selbst der Teufel weiß nicht, wo er ihn finden soll. Selbst der Buddha kann ihn nicht so lenken, wie er es vielleicht möchte. Wenn wir versuchen, auf ihn zu zeigen, ist er nicht mehr da, sondern jenseits des Berges.«

In der Lotus-Sutra finden wir: »Solange noch eine einzige einsame Seele nicht gerettet ist, kehre ich auf diese Welt zurück, um ihr zu helfen.« In der gleichen Sutra sagt Buddha: »Ein Bodhisattva geht niemals ins endgültige Nirvana ein. Er bleibt bei allen Wesen (sarvasattva) und wirkt für ihre Erbauung und Erleuchtung. Er trachtet danach, keinerlei Leiden aus dem Wege zu gehen, wenn dies irgendwie dem allgemeinen Wohl förderlich ist.«

Es gibt eine Mahayana-Sutra, »Yuima-kyo« (Vimalakirtisutra) genannt, deren Hauptperson ein Laienschüler Buddhas und großer Philosoph ist. Einst wurde gemeldet, daß er krank sei. Buddha wünschte, daß einer seiner Schüler hinginge und sich nach seinem Befinden erkundigte. Keiner wollte gehen, weil Yuima in der Diskussion so unschlagbar war, daß ihn keiner seiner Zeitgenossen besiegen konnte. Monju (oder Manjusri) war bereit, Buddhas Auftrag auszuführen.

Als Monju Yuima nach seiner Krankheit fragte, antwortete dieser: »Ich bin krank, weil alle Wesen krank sind. Meine Krankheit ist nur heilbar, wenn sie geheilt werden. Sie werden ununterbrochen von Habgier, Zorn und Torheit bedrängt.«

Wie wir daraus sehen, sind Liebe und Mitleid die wesentlichen Eigenschaften der Buddhas und Bodhisattvas. Diese »Leidenschaften« veranlassen sie, solange bei allen Wesen zu bleiben, als sich noch eines davon im Zustand der Nichterleuchtung befindet. Ein japanisches Sprichwort sagt: »Sie kommen und gehen achttausend Male in diese Welt der Geduld«, das heißt, daß Buddhas und Bodhisattvas diese unsere Welt, die voll unerträglicher Leiden ist, unendlich oft besuchen, weil ihre Liebe keine Grenzen kennt.

Ein großer Beitrag, den die Chinesen zum Buddhismus geleistet haben, ist ihre Auffassung der Arbeit. Die erste bewußte Anstrengung, die Arbeit als Aspekt des Buddhismus einzuführen, wurde vor ungefähr tausend Jahren von Hyakujo gemacht, der die Zen-Klosterorden im Unterschied zu anderen buddhistischen Institutionen gegründet hatte. Vor Hyakujo widmeten sich die buddhistischen Mönche hauptsächlich dem Studium, der Meditation und der Observanz der Vinaya-Regeln. Aber Hyakujo war damit nicht zufrieden; er war bestrebt, dem Beispiel Yenos, des sechsten Patriarchen, zu folgen, der ein Bauer in Südchina gewesen war und sich seinen Lebensunterhalt durch Holzfällen und den Verkauf von Brennmaterial verdient hatte. Als Yeno in den Orden aufgenommen wurde, wurde er dem Hinterhof zugeteilt, wo er Reis stampfte, Brennholz machte und andere niedrige Arbeiten verrichtete.

Als Hyakujo ein neues Kloster ausschließlich für Zen-Mönche einrichtete, schrieb eine seiner Regeln vor, daß man arbeiten müsse. Jeder Mönch einschließlich des Meisters sollte irgendeine körperliche, niedrige Arbeit verrichten. Selbst als er alt wurde, weigerte sich Hyakujo, seine Arbeit im Garten aufzugeben. Seine Schüler machten sich wegen seines hohen Alters Sorgen und versteckten seine Gartengeräte, damit er nicht mehr so schwer arbeitete wie bisher. Aber Hyakujo erklärte: »Wenn ich nicht arbeite, werde ich nicht essen.«

Aus diesem Grunde ist eines der Kennzeichen der Zen-Tempel und Klöster in Japan und China, daß sie sauber und in gutem Zustand gehalten werden und die Mönche bereit sind, jegliche körperliche Arbeit, sei sie auch noch so schmutzig und unangenehm, auf sich zu nehmen.

Dieser Geist der Arbeit ist vielleicht von alters her tief im chinesischen Charakter verwurzelt, denn wie ich in meinem ersten Kapitel erwähnte, lehnte es Tschuangtses Bauer ab, einen Ziehbrunnen zu benutzen, und es machte ihm nichts aus, jede Menge Arbeit zu verrichten, weil er daran Freude hatte. Das entspricht nicht der westlichen oder vielmehr der modernen Idee, arbeitsparende Vorrichtungen jeder Art einzusetzen. Wenn sich die modernen Menschen auf diese Weise Arbeit ersparen und eine Menge Zeit für ihr Vergnügen und andere Beschäftigungen gewonnen haben, führen sie alle möglichen Klagen darüber, wie unbefriedigt sie vom Leben sind, oder sie erfinden Waffen, mit denen sie Tausende von Menschen töten können, indem sie nur einen Knopf drücken. Und hören Sie nur, was sie sagen: »Auf diese Weise wird der Frieden gesichert.« Ist es nicht verwunderlich zu erkennen, wie die Menschheit sich bemüht, die einfachste und rascheste Art zu finden, sich selbst von der Erdoberfläche auszurotten, wenn die Grundübel, die in ihrer Natur lauern, nicht zerstört werden und ihrem Verstand allein volle Wirkungsfreiheit gelassen wird. Als sich Tschuangtses Bauer weigerte, sich dem Maschinendenken auszuliefern, sah er da all diese Übel voraus, die etwas mehr als einundzwanzig oder zweiundzwanzig Jahrhunderte nach ihm auftreten würden? Konfuzius sagt: »Wenn kleine Menschen viel Zeit haben, werden sie bestimmt alle möglichen bösen Dinge aushecken.«

Bevor ich zum Schluß komme, möchte ich Ihnen die Kardinaltugenden, wie man es nennen könnte, des Bodhisattva oder Zen-Anhängers nennen. Sie werden die sechs Paramitas genannt:

1. Dana (Gebefreudigkeit)
2. Sila (Zucht)
3. Ksanti (Demut)
4. Virya (Energie)
5. Dhyana (Meditation)
6. Prajna (Weisheit)

1. Gebefreudigkeit bedeutet, zum Nutzen und Wohle aller Wesen (sarvasattva) alles und jedes hinzugeben, was man nur geben kann; nicht nur materielle Güter, sondern auch weltliches, religiöses oder geistiges Wissen (da das Wissen ein Teil

des Dharma, der höchsten Wahrheit, ist). Die Bodhisattvas waren alle bereit, selbst ihr Leben hinzugeben, um andere zu retten. (Phantastische Geschichten über die Bodhisattvas werden in den Jataka-Erzählungen berichtet.)

Die Geschichte des japanischen Buddhismus gibt uns ein hervorragendes Beispiel der Selbstaufopferung eines Zen-Meisters. Japan war im sechzehnten Jahrhundert zu einer Zeit, die unter der Bezeichnung Kriegsära bekannt ist, in eine Anzahl unabhängiger Herzogtümer zerrissen, die von den kriegführenden Herren beherrscht wurden. Oda Nobunaga ging als der Stärkste hervor. Als er die benachbarte Takeda-Familie besiegte, flüchtete einer davon in ein Zen-Kloster. Die Armee des Oda verlangte seine Auslieferung, aber der Abt lehnte ab und sagte: »Er ist nun mein Schützling, und als Buddhas Anhänger kann ich ihn nicht ausliefern.« Der belagernde General drohte, das ganze Kloster mitsamt seinen Insassen in Brand zu stecken. Da der Abt unnachgiebig blieb, wurde das aus mehreren Gebäuden bestehende Kloster in Brand gesetzt. Der Abt wurde zusammen mit einigen Mönchen, die bereit waren, ihm zu folgen, in den zweiten Stock des Torturmes hinaufgetrieben, wo sie alle mit untergeschlagenen Beinen saßen. Der Abt verlangte, sie sollten sagen, welche Gedanken sie bei dem Anlaß hatten, und forderte sie auf, sich auf ihren letzten Augenblick vorzubereiten. Jeder sagte seine Meinung. Als der Abt an die Reihe kam, rezitierte er ruhig die folgenden Zeilen, und verbrannte dann mit den übrigen bei lebendigem Leibe:

»Zur friedlichen Übung des Dhyana (Meditation)
Brauchst du dich nicht in die Berge zurückzuziehen.
Läutere den Geist von allen Leidenschaften,
Und selbst Flammen sind kühl und erfrischend.«

2. Sila bedeutet die Befolgung der von Buddha aufgestellten Regeln, die der Führung eines sittlichen Lebens förderlich sind. Bei den Heimlosen sollen die Regeln die Ordnung in der Bruderschaft (sangha) aufrechterhalten. Sangha ist eine Mustergesellschaft, deren Ideal es ist, ein friedliches, harmonisches Leben zu führen.

3. Unter Ksanti versteht man im allgemeinen »Geduld«, aber es bedeutet in Wirklichkeit, geduldig oder vielmehr gleichmütig Demütigungen auf sich zu nehmen. Oder wie Konfuzius sagt: »Der höhere Mensch wird keine bösen Gefühle hegen, selbst wenn sein Werk oder sein Verdienst von anderen nicht anerkannt wird.« Keine gläubigen Buddhisten würden sich gedemütigt fühlen, wenn sie nicht voll anerkannt würden, nein, sogar wenn sie ungerechterweise übergangen würden. Sie würden auch unter allen ungünstigen Bedingungen geduldig fortfahren.

4. Virya bedeutet (nach seiner Etymologie) »Männlichkeit«. Man soll stets hingebungsvoll und energisch alles durchführen, was in Übereinstimmung mit dem Dharma ist.

5. Dhyana bedeutet, seinen ruhigen Gemütszustand unter allen Umständen, seien sie nun ungünstig oder günstig, zu bewahren, und in keiner Weise aufgeregt oder enttäuscht zu sein, selbst wenn sich ein widriger Umstand nach dem anderen einstellt. Das erfordert sehr viel Übung.

6. Prajna: Es gibt dafür kein entsprechendes europäisches Wort; denn europäische Menschen haben kein Erlebnis, das spezifisch äquivalent zu Prajna wäre. Es ist das Erlebnis, das ein Mensch hat, wenn er die unendliche Totalität der Dinge im fundamentalsten Sinne fühlt, oder psychologisch ausgedrückt, wenn das endliche Ego seine harte Schale durchbricht und sich auf das Unendliche bezieht, das alles Endliche und Begrenzte und daher Vergängliche umhüllt. Wir können diese Erfahrung so auffassen, daß sie irgendwie mit einer totalistischen Intuition von etwas verwandt ist, das über all unsere ins Einzelne gehenden, spezifizierten Erfahrungen hinausgeht.

3

5. Wir kommen nun zur letzten Stufe, »ken chu to«. Der Unterschied zwischen ihr und der vierten besteht in der Verwendung von »to« anstatt »shi«. Shi und To bedeuten

eigentlich die gleiche Handlung, nämlich »ankommen«, »erreichen«. Nach der herkömmlichen Auslegung hat jedoch Shi die Handlung des Erreichens noch nicht vollendet, der Wanderer befindet sich noch auf dem Wege zum Ziel, wogegen To die Vollendung der Handlung anzeigt. Der Zen-Anhänger hat hier seine Bestimmung erreicht. Er arbeitet ebenso schwer wie zuvor; er bleibt in dieser Welt unter seinen Mitwesen. Seine tägliche Arbeit ändert sich nicht; was sich ändert, ist seine Subjektivität. Hakuin, der Begründer des modernen Rinzai-Zen in Japan, sagt darüber folgendes:

> »Indem wir diesen Idioten-Weisen dingen,
> Wollen wir zusammenarbeiten,
> Um den Brunnen mit Schnee zu füllen.«

Schließlich und endlich ist über das Leben des Zen-Anhängers hier nicht viel zu sagen, weil sein Betragen nach außen hin nicht viel bedeutet; er geht ganz in seinem Innenleben auf. Nach außen hin kann er in Lumpen gehen und als unbedeutender Tagelöhner arbeiten. Im feudalistischen Japan waren unbekannte Zen-Anhänger häufig unter den Bettlern zu finden. Zumindest gab es einen derartigen Fall. Als dieser Mann starb, wurde durch Zufall seine Reisschale, mit der er um Nahrung gebettelt hatte, untersucht, und man fand, daß sie eine Inschrift in klassischem Chinesisch trug, die seine Lebensanschauung und sein Verstehen des Zen zum Ausdruck brachte. Ja, Bankei selbst, der große Zen-Meister, befand sich einst in der Gesellschaft von Bettlern, bevor er entdeckt wurde und sich bereit erklärte, einen der Feudalherren jener Zeit zu unterrichten.

Bevor ich schließe, will ich ein oder zwei Mondo zitieren, die für das Zen charakteristisch sind, und hoffe, daß sie die vorhergehenden Berichte über das Leben des Zen-Anhängers etwas erhellen werden. Vielleicht ist eine der auffallendsten Tatsachen seines Lebens die, daß dem Begriff der Liebe, wie sie von Buddhisten verstanden wird, der demonstrativ erotische Zug fehlt, der bei einigen der christlichen Heiligen stark zum Ausdruck kommt. Ihre Liebe richtet sich ganz speziell auf

Christus, während die Buddhisten mit Buddha fast nichts zu tun haben, sondern mit ihren Mitwesen, seien sie nun fühlend oder nicht. Ihre Liebe manifestiert sich in Form bereitwilliger und selbstaufopfernder Arbeit für andere, wie wir oben gesehen haben.

Es war einmal eine alte Frau, die am Fuße des Berges Taisan, auf dem sich ein in ganz China berühmtes Zen-Kloster befand, ein Teehaus unterhielt. Sooft sie ein wandernder Mönch nach dem Weg nach Taisan fragte, sagte sie stets: »Geht nur geradeaus.« Wenn der Mönch ihrer Weisung folgte, bemerkte sie: »Hier ist wieder einer, der den gleichen Weg geht.« Zen-Mönche wußten nicht, was sie von ihrer Bemerkung halten sollten.

Joshu hörte davon und sagte: »Nun, ich will gehen und sehen, was für eine Frau sie ist.« Er machte sich auf den Weg, und als er zu dem Teehaus kam, fragte er die alte Frau, welcher Weg nach Taisan führe. Und wirkich sagte sie ihm, er solle geradeaus gehen, und Joshu tat genau das gleiche, was viele andere Mönche getan hatten.

Die Frau bemerkte: »Ein vortrefflicher Mönch, er geht genau den gleichen Weg wie alle anderen.« Als Joshu zu seinen Brüdern zurückkam, berichtete er: »Heute habe ich sie vollkommen durchschaut.«

Wir können nun fragen: Was hat er alte Meister an der Frau gefunden, da sich doch sein Verhalten keineswegs von dem der übrigen Mönche unterschied? Das ist die Frage, die jeder von uns auf seine eigene Weise lösen muß.

Zusammenfassend kann man sagen, daß das Zen von uns folgendes verlangt: Für sich selbst Erleuchtung zu suchen und anderen zu helfen, sie zu erlangen. Im Zen gibt es etwas, was man als »Gebete« bezeichnen könnte, wenn sie auch von denen der Christen völlig verschieden sind. Im allgemeinen werden vier angeführt, von denen die letzten beiden eine Art Erweiterung der beiden ersten sind:

»Wie zahllos die Wesen auch sein mögen, ich bete, daß sie alle erlöst werden.«

»Wie unerschöpflich die Leidenschaften auch sein mögen, ich bete, daß sie ausgetilgt werden.«

»Wie über alle Maßen verschiedenartig das Dharma auch ist, ich bete, daß es vollständig erfaßt wird.«

»Wie überaus erhaben der Buddha-Weg auch sein mag, ich bete, daß er ganz durchschritten wird.«

Das Zen mag gelegentlich zu rätselhaft, verborgen und voller Widersprüche erscheinen, aber es ist im Grunde eine einfache Disziplin und Lehre:

> »Gutes zu tun,
> Böses zu meiden,
> Sein Herz zu läutern:
> Das ist der Buddha-Weg.«

Läßt sich das nicht auf alle menschlichen Situationen, moderne ebenso wie alte, westliche ebenso wie östliche, anwenden?

Erich Fromm
Psychoanalyse und Zen-Buddhismus

Wenn man den Zen-Buddhismus zur Psychoanalyse in Beziehung setzt, diskutiert man zwei Systeme, die sich beide mit einer Theorie über das Wesen des Menschen und mit praktischen Maßnahmen für sein Wohl beschäftigen. Jedes von ihnen ist charakteristisch, das eine für das östliche, das andere für das westliche Denken. Der Zen-Buddhismus ist eine Verschmelzung der indischen Rationalität und Abstraktion mit chinesischer Konkretheit und chinesischem Realismus. Die Psychoanalyse ist das Kind des westlichen Humanismus und Rationalismus sowie der romantischen Suche des neunzehnten Jahrhunderts nach den dunklen Kräften, die sich dem Rationalismus entziehen. Und viel weiter zurück standen die Weisheit der Griechen und die hebräische Ethik an der Wiege dieser wissenschaftlich-therapeutischen Sicht des Menschen.

Obgleich sich sowohl die Psychoanalyse als auch das Zen mit dem Wesen des Menschen und mit einem Weg befassen, der zu seiner Wandlung führt, scheinen doch die Unterschiede die Ähnlichkeiten zu überwiegen. Die Psychoanalyse ist eine wissenschaftliche und durch und durch unreligiöse Methode, das Zen hingegen eine Theorie und ein Weg, die zur »Erleuchtung« führen, einem Erlebnis, das man im Westen religiös oder mystisch nennen würde. Die Psychoanalyse ist eine Therapie für Geisteskrankheiten; das Zen ein Weg zur geistigen Erlösung. Kann die Diskussion der Beziehungen zwischen Psychoanalyse und dem Zen-Buddhismus zu etwas anderem als der Feststellung führen, daß die einzige Beziehung zwischen ihnen eine grundlegende und unüberbrückbare Verschiedenheit ist?

Und doch besteht unter den Psychoanalytikern ein unverkennbares und wachsendes Interesse am Zen-Buddhis-

mus [24]. Was sind die Ursachen für dieses Interesse? Was
bedeutet es? Hier soll versucht werden, diese Fragen zu
beantworten. Ich will dabei keine systematische Darstellung
der Gedanken des Zen-Buddhismus geben, eine Aufgabe, die
mein Wissen und meine Erfahrung übersteigen würde, noch
will ich eine vollständige Darstellung der Psychoanalyse
geben, weil das über den Rahmen dieser Arbeit hinausginge.
Trotzdem will ich in einem ersten Teil einigermaßen ausführlich diejenigen Aspekte der Psychoanalyse behandeln, die für
die Beziehung zwischen ihr und dem Zen-Buddhismus von
unmittelbarer Bedeutung sind und die gleichzeitig Grundkon-
zeptionen jener Weiterentwicklung der Freudschen Analyse
darstellen, die ich gelegentlich »humanistische Psychoanalyse« genannt habe. Ich hoffe, damit zeigen zu können, warum
das Studium des Zen-Buddhismus für mich von wesentlicher
Bedeutung war und, wie ich glaube, für alle Psychoanalytiker
wichtig ist.

I Die geistige Krise der Gegenwart und die Rolle
der Psychoanalyse

Bei unserem Thema müssen wir zuerst die geistige Krise
betrachten, in der sich der westliche Mensch in dieser kritischen geschichtlichen Epoche befindet, sowie die Funktion
der Psychoanalyse in dieser Krise.
Obwohl die meisten der im Westen lebenden Menschen nicht
das Gefühl haben, in einer Krise der westlichen Kultur zu
leben (wahrscheinlich war sich die Mehrzahl in einer wirklich
kritischen Situation niemals der Krise bewußt), sind sich
zumindest eine Anzahl kritischer Beobachter über das Vorhandensein und das Wesen dieser Krise einig. Es ist die Krise,
die man als »malaise«, »ennui«, als »Krankheit des Jahrhunderts«, als Abstumpfung des Lebens, Automation des Menschen und seine Entfremdung von sich selbst, seinen Mitmenschen und von der Natur bezeichnet hat [25]. Der Mensch ist

dem Rationalismus bis zu dem Punkt gefolgt, wo der Rationalismus zur äußersten Irrationalität wurde. Seit Descartes hat der Mensch in immer größerem Ausmaß das Denken vom Affekt getrennt; nur das Denken wird für rational gehalten – der Affekt gilt schon seiner Natur nach als irrational; die Person, das »Ich«, wurde in einen Verstand abgespalten, der mein Selbst darstellt und *mich* ebenso beherrschen soll, wie er die Natur beherrscht. Die Herrschaft des Verstandes über die Natur und die Produktion von immer mehr und mehr Dingen wurden die höchsten Lebensziele. In diesem Prozeß hat sich der Mensch in ein Ding verwandelt, das Leben ist dem Eigentum untergeordnet, das »Sein« wird vom »Haben« beherrscht. Während in den Anfängen der westlichen Kultur, und zwar sowohl bei den Griechen als auch bei den Juden, die *Vervollkommnung des Menschen* als Ziel des Lebens galt, befaßt sich der moderne Mensch mit der *Vervollkommnung der Dinge* und mit dem Wissen, wie man sie herstellt. Der westliche Mensch befindet sich in einem Zustand schizoider Unfähigkeit, einen Affekt zu empfinden, und ist deshalb ängstlich, niedergeschlagen und verzweifelt. Mit dem Mund bezeichnet er immer noch Glück, Individualismus und Initiative als Ziele – aber in Wahrheit hat er kein Ziel. Fragen Sie ihn, wofür er lebt, was das Ziel seines Strebens ist – und er wird in Verlegenheit geraten. Manche sagen vielleicht, sie lebten für die Familie, andere »für das Vergnügen«, wieder andere, um Geld zu erwerben, aber in Wirklichkeit weiß keiner, wofür er lebt; er hat kein Ziel außer dem Wunsch, der Unsicherheit und Einsamkeit zu entrinnen.

Zwar gibt es heute mehr Kirchenbesucher als je zuvor, Bücher über Religion werden zu Bestsellern, und mehr Menschen sprechen von Gott als je. Und doch verdeckt diese Art von religiösem Bekenntnis nur eine zutiefst materialistische und unreligiöse Einstellung und ist als ideologische Reaktion – hervorgerufen durch Unsicherheit und Konformismus – auf die Tendenz des neunzehnten Jahrhunderts zu verstehen, die Nietzsche mit seinem berühmten

»Gott ist tot« charakterisierte. Eine wahrhaft religiöse Einstellung ist sie nicht.

Es war von einem bestimmten Gesichtspunkt aus keine geringe Leistung des neunzehnten Jahrhunderts, die theistischen Ideen aufzugeben. Der Mensch stürzte sich kopfüber in die Objektivität. Die Erde war nicht mehr der Mittelpunkt des Universums; der Mensch verlor seine Hauptrolle als Geschöpf, das von Gott dazu bestimmt war, alle anderen Geschöpfe zu beherrschen. Freud untersuchte mit einer neuen Objektivität die verborgenen Motivierungen des Menschen und erkannte, daß der Glaube an einen allmächtigen und allwissenden Gott seine Wurzel in der Hilflosigkeit des menschlichen Daseins hatte sowie im Versuch des Menschen, mit seiner Hilflosigkeit mittels eines Glaubens an hilfreiche Eltern, die von Gott im Himmel verkörpert wurden, fertigzuwerden. Er sah, daß nur der Mensch sich selbst erlösen kann; die Lehren der großen Lehrer, die liebevolle Hilfe von Eltern, Freunden und geliebten Menschen kann ihm helfen – aber nur dazu, daß er es wagt, die Herausforderung des Seins anzunehmen und sie mit ganzer Kraft und seinem ganzen Herzen zu beantworten.

Der Mensch ließ die Illusion eines väterlichen Gottes als Helfer fallen – aber er gab auch die wahren Ziele aller großen humanistischen Religionen auf: die Überwindung der Grenzen, die ein egoistisches Ich setzt, die Verwirklichung von Liebe, Objektivität und Demut und die Ehrfurcht vor dem Leben, die als Ziel des Lebens das Leben selbst sieht und den Menschen zu dem macht, was er seinen Anlagen nach sein kann. Das waren die Ziele der großen Religionen des Westens ebenso wie des Ostens. Der Osten war jedoch nicht mit der Vorstellung eines transzendenten Vaters und Erlösers belastet, in dessen Gestalt die monotheistischen Religionen ihre Sehnsucht zum Ausdruck brachten. Der Taoismus und der Buddhismus besaßen eine Rationalität und einen Realismus, die denen der westlichen Religionen überlegen waren. Sie konnten den Menschen realistisch und objektiv sehen, da es nur die »Erweckten« gab, um ihn zu leiten, und er konnte sich leiten lassen, weil in jedem Menschen die Fähigkeit steckt, erweckt und erleuchtet zu werden. Genau das ist der Grund, warum heute die religiösen Gedanken des Ostens, Taoismus und Buddhismus – und ihre Verschmelzung im Zen-Buddhismus –, für den Westen eine solche Bedeutung annehmen. Der Zen-Buddhismus hilft dem Menschen, auf die Frage seiner Existenz eine Antwort zu finden, die im wesentlichen die gleiche ist wie die der jüdisch-christlichen Tradition und die dennoch keinen Widerspruch zur Rationalität, zum Realismus und zur Unabhängigkeit bildet, den kostbaren Errungenschaften des modernen Menschen. Paradoxerweise stellt sich heraus, daß die religiösen Gedanken des Ostens dem westlichen rationalen Denken kongenialer sind als die religiösen Gedanken des Westens selbst.

II Werte und Ziele in Freuds psychoanalytischen Auffassungen

Die Psychoanalyse ist ein charakteristischer Ausdruck der geistigen Krise des westlichen Menschen und ein Versuch, eine Lösung zu finden. Das gilt ganz besonders für die neueren Entwicklungen der Psychoanalyse, die »humanistische« oder »existentialistische« Analyse. Bevor ich jedoch meine eigene »humanistische« Auffassung diskutiere, möchte ich zeigen, daß im Gegensatz zu einer weitverbreiteten Annahme Freuds eigenes System über eine Theorie von »Krankheit« und »Heilung« hinausging und sich mit der »Erlösung« des Menschen und nicht nur mit einer Therapie für geisteskranke Patienten befaßte. Oberflächlich gesehen war Freud der Schöpfer einer neuen Therapie für Geisteskrankheiten, und das war auch der Gegenstand, dem sein Leben lang sein Hauptinteresse und alle seine Bemühungen galten. Bei näherer Betrachtung stellen wir jedoch fest, daß sich hinter dieser Idee einer medizinischen Therapie zur Heilung von Neurosen ein vollkommen anderes Interesse verbarg, dem Freud selten Ausdruck verlieh und dessen er sich wahrscheinlich kaum bewußt war. Diese versteckte oder nur implizierte Idee betraf nicht in erster Linie die Heilung von Geisteskrankheiten, sondern etwas, das über den Begriff von Krankheit und Heilung hinausging. Was war dieses Etwas? Was war das Wesen der »psychoanalytischen Bewegung«, die er begründete? Was war Freuds Vision der Zukunft der Menschheit? Was war das Dogma, auf das sich seine Bewegung gründete?

Freud hat diese Frage vielleicht am klarsten mit dem Satz beantwortet: »Wo es ein Es gab – dort soll ein Ich sein.« Sein Ziel war die Beherrschung irrationaler und unbewußter Leidenschaften durch die Vernunft; die Befreiung des Menschen innerhalb seiner Möglichkeiten aus der Macht des Unbewußten. Der Mensch mußte sich der unbewußten Mächte in ihm bewußt werden, um sie zu beherrschen und in der Gewalt zu haben. Freuds Ziel war die optimale Erkenntnis der Wahrheit, und das ist die Erkenntnis der Wirklichkeit; diese Erkenntnis war für ihn die einzige Richtschnur, die der Mensch auf dieser Erde besitzt. Es waren dies die traditionellen Ziele des Rationalismus, der Philosophie der Aufklärung und der puritanischen Ethik. Aber während die Religion und die Philosophie diese Ziele der Beherrschung des Selbst in einer, wie man es nennen könnte, *utopischen* Weise gefordert hatten, war Freud der erste – oder glaubte, der erste zu sein –, der sie (durch die Erforschung des Unbewußten) auf eine *wissenschaftliche* Grundlage stellte und so den Weg zu ihrer Verwirklichung zeigte. Obwohl Freud den Höhepunkt des westlichen Rationalismus repräsentiert, überwand er doch gleichzeitig durch sein Genie die falschen rationalistischen und oberflächlich optimistischen Aspekte des Rationalismus und schuf eine Synthese mit der Romantik, die sich im neunzehnten Jahrhundert durch ihre Wertschätzung der irrationalen, affektiven Seite des Menschen und ihre Beschäftigung damit dem Rationalismus entgegenstellte [26].

Was die Behandlung des Individuums betrifft, so war Freuds Ziel ebenfalls mehr philosophischer und ethischer Natur, als im allgemeinen angenommen wurde. In den Einführungsvorlesungen spricht er von den Bemühungen gewisser mystischer Praktiken, eine grundlegende Wandlung innerhalb der Persönlichkeit herbeizuführen. »Immerhin wollen wir zugeben«, fährt er fort, »daß die therapeutischen Bemühungen der Psychoanalyse sich einen ähnlichen Angriffspunkt gewählt haben. Ihre Absicht ist ja, das Ich zu stärken, es vom Über-Ich unabhängiger zu machen, sein Wahrnehmungsfeld zu erweitern und seine Organisation auszubauen, so daß es sich neue Stücke des Es aneignen kann. Wo Es war, soll Ich werden. Es ist Kulturarbeit etwa wie die Trockenlegung der Zuidersee.« In der gleichen Art sagt er von der psychoanalytischen Therapie, daß sie aus der »*Befreiung des Menschen* von seinen neurotischen Symptomen, Hemmungen und Charakterabnormitäten« bestehe. Auch geht die Rolle des Analytikers, wie er sie versteht, über die des Arztes, der den Patienten »heilt«, hinaus. Der Analytiker, sagt er, muß »eine gewisse Überlegenheit« besitzen, »um auf den Patienten in gewissen analytischen Situationen als *Vorbild,* in anderen als *Lehrer* zu wirken. Und endlich ist nicht zu vergessen, daß die analytische Beziehung auf Wahrheitsliebe, d. h. auf die Anerkennung der Realität gegründet ist und jeden Schein und Trug ausschließt.« [27]

Es gibt noch andere Faktoren in Freuds Auffassung der Psychoanalyse, die über die herkömmliche Vorstellung von Krankheit und Heilung hinausgehen. Wer mit dem östlichen Denken und vor allem mit dem Zen-Buddhismus vertraut ist, wird bemerken, daß die Faktoren, die ich erwähnen will, nicht ohne Bezug zu Auffassungen und Gedanken des Ostens sind. Als erstes ist hier Freuds Auffassung zu nennen, daß *Wissen zur Wandlung führt,* daß man Theorie und Praxis nicht trennen darf und daß die Wandlung schon durch bloße Selbsterkenntnis eintritt. Es ist kaum nötig, darauf hinzuweisen, wie sehr sich diese Idee von den Auffassungen der wissenschaftlichen Psychologie zu Freuds Zeit oder in der Gegenwart unterscheidet, wo das Wissen an sich theoretisches Wissen bleibt und im Wissenden keine Wandlung bewirkt.

Noch ein weiterer Aspekt der Methode Freuds ist mit dem Denken des Ostens und insbesondere mit dem Zen-Buddhismus eng verwandt. Freud teilte nicht die hohe Einschätzung unserer bewußten Gedanken, die so charakteristisch für den modernen Menschen des Westens ist. Im Gegenteil, er glaubte, daß unser bewußtes Denken nur ein kleiner Teil des gesamten psychischen Vorgangs sei, der in uns stattfindet, und zwar ein unbedeutender Teil im Vergleich zu der ungeheuren Macht jener Quellen in uns, die dunkel und irrational und gleichzeitig unbewußt sind. In seinem Wunsch, Einsicht in die wahre Natur eines Menschen zu gewinnen, wollte Freud mit seiner Methode der *freien Assoziation* das bewußte Gedankensystem durchbrechen. Die freie Assoziation sollte das logische, bewußte, konventionelle Denken umgehen und zu einer neuen Quelle unserer Persönlichkeit, dem Unbewußten, führen. Welche Kritik man am Wesen des Freudschen Unbewußten auch üben mag, die Tatsache bleibt bestehen, daß Freud durch das Hervorheben der freien Assoziation gegenüber dem logischen Denken in einem wesentlichen Punkt über die konventionelle, rationalistische Denkweise der westlichen Welt hinausging und eine Richtung einschlug, die im Denken des Ostens viel weiter und weitaus gründlicher entwickelt worden war.

Es gibt noch einen weiteren Punkt, in dem sich die Haltung Freuds grundlegend von der gegenwärtigen Einstellung im Westen unterscheidet. Ich meine hier die Tatsache, daß er bereit war, einen Menschen ein, zwei, drei, vier, fünf oder noch mehr Jahre lang zu analysieren. Das rief tatsächlich eine Menge Kritik gegen Freud hervor. Es erübrigt sich zu sagen, daß man versuchen sollte, die Analyse so wirksam wie möglich zu machen, aber was ich hier hervorheben will, ist, daß Freud den Mut hatte zu sagen, es habe einen Sinn, mit einer Person

Jahre zu verbringen, um ihr zu helfen, sich selbst zu verstehen. Vom Standpunkt der Nützlichkeit, vom Standpunkt des Gewinnes und Verlustes ist das nicht sehr sinnvoll. Man würde vielmehr sagen, daß die mit einer dermaßen ausgedehnten Analyse verbrachte Zeit sich nicht lohne, wenn man den *sozialen Effekt* der Änderung einer einzigen Person in Betracht zieht. Freuds Methode hat nur dann einen Sinn, wenn man über die moderne Idee des »Wertes«, des richtigen Verhältnisses zwischen Mittel und Zweck, der Bilanz sozusagen, hinausgeht, wenn man glaubt, daß ein Mensch nicht mit demselben Maße zu messen ist wie irgendein *Ding,* daß seine Emanzipation, sein Wohl, seine Erleuchtung, oder wie wir es auch nennen wollen, an sich eine Sache von »höchster Wichtigkeit« ist, dann kann kein Aufwand an Zeit und Geld in quantitativem Sinne zu diesem Ziel in Beziehung gesetzt werden. Daß er die Vision und den Mut hatte, eine Methode zu entwickeln, die eine so ausgedehnte Beschäftigung mit einer Person mit sich brachte, zeugte von einer Einstellung, die in einem wichtigen Punkt über das herkömmliche Denken des Westens hinausging.

Die vorstehenden Bemerkungen sollen nicht bedeuten, daß Freud in seinen bewußten Absichten dem Denken des Ostens oder insbesondere dem Denken des Zen-Buddhismus nahestand. Viele der Elemente, die ich zuvor erwähnt habe, waren in Freuds eigenem Denken mehr implizit als explizit und mehr unbewußt als bewußt. Freud war zu sehr ein Kind der westlichen Zivilisation und vor allem der Gedankenwelt des achtzehnten und neunzehnten Jahrhunderts, als daß er dem östlichen Denken, wie es im Zen-Buddhismus zum Ausdruck kommt, nahegestanden hätte, selbst wenn er damit vertraut gewesen wäre. Freuds Vorstellung vom Menschen entsprach in wesentlichen Zügen dem Bild, das die Nationalökonomen und Philosophen des achtzehnten und neunzehnten Jahrhunderts entwickelt hatten. Sie sahen den Menschen als ein im wesentlichen auf Wettbewerb eingestelltes, isoliertes Wesen, das mit anderen nur durch die Notwendigkeit der Befriedigung wirtschaftlicher und instinktiver Bedürfnisse in Beziehung stehe. Für Freud ist der Mensch eine Maschine, die von der Libido angetrieben und durch das Prinzip, die Erregung der Libido auf einem Minimum zu halten, gesteuert wird. Für ihn war der Mensch im Grunde egoistisch und mit anderen nur durch die gemeinsame Notwendigkeit, instinktive Begierden zu befriedigen, verbunden. Das Vergnügen war für Freud eine Befreiung von Spannung, nicht das Erleben von Freude. Man glaubte den Menschen zwischen seinem Verstand und seinen Affekten zerrissen; er war nicht der ganze Mensch, sondern das Verstandeswesen der Philosophen der Aufklärung. Die brüderliche Liebe war eine unvernünftige Forderung und widersprach der Wirklichkeit; mystische Erlebnisse waren ein Rückfall in kindlichen Narzißmus.

Was ich versucht habe zu zeigen, ist, daß es in Freuds System trotz dieser offensichtlichen Widersprüche zum Zen-Buddhismus Elemente gab, die über die herkömmlichen Begriffe von Krankheit und Heilung und die traditionellen rationalistischen Auffassungen vom Bewußtsein hinausgingen und zu einer Weiterentwicklung der Psychoanalyse führten, die mit dem Denken des Zen-Buddhismus in engerem und positiverem Zusammenhang steht.

Bevor wir jedoch den Zusammenhang zwischen einer solchen »humanistischen« Psychoanalyse und dem Zen-Buddhismus diskutieren, möchte ich auf eine Wandlung hinweisen, die eine Grundvoraussetzung für das Verständnis der Weiterentwicklung der Psychoanalyse ist: die Wandlung der Patienten, die zur Analyse kommen, und der Probleme, die sie vorbringen.

Zu Beginn dieses Jahrhunderts gingen zum Psychiater hauptsächlich solche, die an *Symptomen* litten. Sie hatten einen gelähmten Arm, litten an fixen Ideen, beispielsweise an einem Waschzwang oder an Wahnvorstellungen, die sie nicht loswerden konnten. Mit anderen Worten, sie waren krank in dem Sinne, in dem das Wort »Krankheit« in der Medizin verwendet wird; etwas hinderte sie daran, in sozialer Hinsicht so zu sein wie der sogenannte normale Mensch. Wenn sie an solchen Symptomen litten, entsprach ihre Vorstellung von Heilung der Auffassung vom Kranksein. Sie wollten die Symptome loswerden, und ihre Vorstellung von »Gesundheit« war – nicht krank zu sein. Sie wollten so gesund sein wie der Durchschnittsmensch oder, wie wir es auch ausdrücken könnten, sie wollten nicht unglücklicher und ebenso normal sein, wie es der Durchschnittsmensch in unserer Gesellschaft ist.

Diese Menschen kommen noch immer zum Psychoanalytiker, um Hilfe zu suchen, und für sie ist die Psychoanalyse noch immer eine Therapie mit dem Ziel, ihre Symptome zu beseitigen und sie in sozialer Hinsicht normal sein zu lassen. Aber während sie früher die Mehrzahl der Klienten eines Psychoanalytikers ausmachten, befinden sie sich heute in der Minderheit – und zwar wahrscheinlich nicht, weil ihre absolute Zahl heute geringer ist als früher, sondern weil ihre Anzahl relativ kleiner ist im Vergleich zu den vielen neuen »Patienten«, die in sozialer Hinsicht normal und im herkömmlichen Sinne nicht krank sind, sondern die an der »Krankheit des Jahrhunderts«, der Malaise, der inneren Abgestorbenheit leiden, von der ich oben gesprochen habe. Diese neuen »Patienten« kommen zum Psychoanalytiker, ohne zu wissen, woran sie wirklich leiden. Sie klagen, daß sie niedergeschlagen seien, keine Freude an ihrer Arbeit hätten, und über alle möglichen ähnlichen Beschwerden. Gewöhnlich glauben sie, daß dieses oder jenes bestimmte Symptom ihr Problem sei und daß sie gesund wären, wenn sie diese bestimmte Beschwerde loswerden könnten. Diese Patienten sehen jedoch nicht, daß nicht Niedergeschlagenheit, Schlaflosigkeit, Ehe oder Arbeit ihr Problem darstellt. Ihre verschiedenen Beschwerden sind nur die Form, in der ihnen unsere Kultur gestattet, etwas bewußt zum Ausdruck zu bringen, was viel tiefer liegt und an dem alle die verschiedenen Menschen gleichermaßen kranken, die glauben, an diesem oder jenem bestimmten Symptom zu leiden. Das allgemeine Leiden ist die Entfremdung von sich selbst, von den Mitmenschen und von der Natur; das Bewußtsein, daß uns das Leben wie Sand durch die Finger läuft, daß wir sterben werden, ohne gelebt zu haben, daß wir im Überfluß leben und doch ohne Freude sind.

Welche Hilfe kann die Psychoanalyse denen bieten, die an der »Krankheit des Jahrhunderts« leiden? Diese Hilfe ist verschieden – und muß verschieden sein – von der »Heilung«, die in der Aufhebung von Symptomen besteht und denen geboten wird, die in sozialer Hinsicht nicht normal sind. Für den, der an Entfremdung leidet, besteht die Heilung nicht im *Fehlen einer Krankheit,* sondern im *Vorhandensein der Gesundheit.*

Wenn wir Gesundheit jedoch definieren wollen, stehen wir vor beträchtlichen Schwierigkeiten. Wenn wir im Freudschen System bleiben, müßte Gesundheit in der Terminologie der Libidotheorie als Fähigkeit zur uneingeschränkten Funktion des Geschlechtstriebes, oder, von einem anderen Blickwinkel, als Bewußtheit der verborgenen Ödipus-Situation definiert werden. Diese Definitionen berühren meiner Ansicht nach das wirkliche Problem der menschlichen Existenz und der Erlangung der Gesundheit des ganzen Menschen nur am Rande. Jeder Versuch, das Problem der Gesundheit zu lösen, muß den Freudschen Rahmen sprengen und zu einer, wenn auch unvollkommenen, Diskussion der Grundauffassung der menschlichen Existenz führen, die der humanistischen Psychoanalyse zugrunde liegt. Nur auf diese Weise können wir die Grundlage für einen Vergleich zwischen der Psychoanalyse und dem Gedankengut des Zen-Buddhismus schaffen.

III Das Wesen der Gesundheit – die psychische Entwicklung des Menschen

Eine vorläufige Definition der Gesundheit kann folgendermaßen formuliert werden: *Gesund sein heißt, mit der Natur des Menschen in Einklang stehen.* Wenn wir über diese formale Feststellung hinausgehen, erhebt sich die Frage: Was heißt es, mit den Gegebenheiten der menschlichen Existenz in Einklang stehen? Was sind diese Gegebenheiten?

Die menschliche Existenz wirft eine Frage auf. Der Mensch ist ohne seinen Willen in diese Welt geworfen und wird ohne seinen Willen wieder aus ihr genommen. Im Gegensatz zum Tier, das in seinen Instinkten einen »eingebauten« Mechanismus der Anpassung an seine Umwelt besitzt und derart völlig in der Natur aufgeht, fehlt dem Menschen dieser instinktive Mechanismus. *Er muß* sein Leben *leben,* er *wird nicht* davon *gelebt.* Er ist *in* der Natur und geht doch *über sie hinaus;* er ist sich seiner selbst bewußt, und dieses Bewußtsein seiner selbst als Einzelwesen bewirkt, daß er sich unerträglich einsam, verloren und machtlos fühlt. Allein die Tatsache, daß man geboren wird, wirft ein Problem auf. Im Augenblick der Geburt stellt das Leben dem Menchen eine Frage, die er in jedem Augenblick seines Lebens beantworten muß; nicht sein Geist, nicht sein Körper, sondern *er,* der Mensch, der denkt und träumt, schläft und ißt, weint und lacht – *der ganze Mensch –,* muß sie beantworten. Was ist diese Frage, die das Leben stellt? Sie lautet: Wie können wir das Leiden, das Eingekerkertsein, die Schande überwinden, die das Empfinden der Isoliertheit erzeugt; wie können wir zu einer Harmonie mit uns selbst, mit unseren Mitmenschen und mit der Natur gelangen? Der Mensch muß diese Frage irgendwie beantworten; und selbst im Wahnsinn gibt er eine Antwort, indem er die Wirklichkeit außerhalb seiner selbst auslöscht, völlig innerhalb der Schale seines Selbst lebt und so die Angst vor der Isoliertheit überwindet.

Die *Frage* ist immer die gleiche. Es gibt jedoch *verschiedene Antworten,* im Grunde freilich nur zwei. Die eine versucht, die Isoliertheit zu überwinden und zur Harmonie zu gelangen durch Rückgang in den Zustand der Harmonie vor der Entstehung des Bewußtseins, das heißt, in den Zustand vor der Geburt. Die andere Antwort lautet, ganz geboren zu werden, das Bewußtsein, die Vernunft, die Fähigkeit zu lieben bis zu einem Grad zu entwickeln, daß man seine eigene egozentrische Einbezogenheit hinter sich¹ läßt und zu einer neuen Harmonie, einem neuen Einssein mit der Welt gelangt.

Wenn wir von Geburt sprechen, meinen wir gewöhnlich die physiologische Geburt, die beim Menschenkind ungefähr neun Monate nach der Empfängnis stattfindet. Vielfach wird die Bedeutung dieser Geburt jedoch überschätzt. Noch eine Woche nach der Geburt gleicht das Leben des Kindes in wichtigen Punkten mehr dem Leben im Mutterleib als dem Leben eines Erwachsenen. Die Geburt hat jedoch einen einzigartigen Aspekt: Die Nabelschnur wird durchtrennt, und das Kind beginnt seine erste Aktivität: atmen. Von da an ist jede Durchtrennung ursprünglicher Bindungen nur so weit möglich, wie eine eigene Aktivität darauf folgt.

Die Geburt ist nicht ein augenblickliches Ereignis, sondern ein dauernder Vorgang. Das Ziel des Lebens ist es, ganz geboren zu werden, und seine Tragödie, daß die meisten von uns sterben, bevor sie ganz geboren sind. Zu leben bedeutet, jede Minute geboren zu werden. Der Tod tritt ein, wenn die Geburt aufhört. Physiologisch gesehen, befindet sich unser Zellsystem in einer fortwährenden Geburt; psychologisch gesehen, hört die Geburt der meisten von uns an einem bestimmten Punkte auf. Manche sind Totgeburten; sie leben physiologisch weiter, während sie sich geistig danach sehnen, in den Mutterschoß, die Erde, die Dunkelheit, den Tod zurückzukehren; sie sind tatsächlich oder beinahe geisteskrank. Viele andere schreiten auf dem Pfad des Lebens weiter und können doch die Nabelschnur sozusagen nicht vollständig zerreißen; sie bleiben symbiotisch mit Mutter, Vater, Familie, Rasse, Staat, Stand, Geld, Göttern usw. verknüpft; niemals werden sie ganz sie selbst und sind daher niemals ganz geboren [28].

Der Versuch, das Problem der Existenz regressiv zu beantworten, kann verschiedene Formen annehmen; ihnen allen ist gemeinsam, daß sie notwendigerweise fehlschlagen und Leiden bringen. Wenn einmal der Mensch aus der vormenschli-

114

chen, paradiesischen Harmonie mit der Natur gerissen ist, kann er niemals dorthin zurückkehren, von wo er gekommen ist. Nur im Tod oder im Wahnsinn kann die Rückkehr verwirklicht werden – nicht im Leben und in geistiger Gesundheit.

Der Mensch kann sich bemühen, auf verschiedenen Ebenen zu dieser regressiven Harmonie zu gelangen, die gleichzeitig verschiedene Stufen der Pathologie und Irrationalität sind. Er kann von der Leidenschaft besessen sein, in den Mutterleib, die Mutter Erde, den Tod zurückzukehren. Wenn dieses Streben übermächtig und unbeherrscht ist, führt es zu Selbstmord oder Wahnsinn. Eine weniger gefährliche und pathologische Form einer regressiven Suche nach der Harmonie ist das Bestreben, an der Brust oder der Hand der Mutter oder dem Befehl des Vaters hängenzubleiben. Die Unterschiede zwischen diesen verschiedenen Bestrebungen kennzeichnen die Verschiedenheiten zwischen verschiedenen Persönlichkeiten. Wer an der Brust seiner Mutter bleibt, ist der ewig abhängige Säugling, der das Gefühl der Euphorie empfindet, wenn er geliebt, umsorgt, beschützt und bewundert wird, und der von unerträglicher Angst erfüllt ist, wenn ihm die Trennung von der all-liebenden Mutter droht. Wer an den Befehl des Vaters gebunden bleibt, kann eine Menge Initiative und Aktivität entfalten, doch immer unter der Voraussetzung, daß eine Autorität vorhanden ist, die Befehle gibt, lobt und straft. Eine andere Form regressiver Orientierung ist die Zerstörungswut, der Wunsch, die Isoliertheit durch die Leidenschaft zu überwinden, alles und jeden zu zerstören. Man kann dabei den Wunsch hegen, alles und jeden aufzuessen und sich einzuverleiben, d. h. die Welt und alles, was sie enthält, als Nahrung empfinden oder alle Dinge unmittelbar zerstören mit Ausnahme des einen – seiner selbst. Eine weitere Form, das Leiden der Isoliertheit zu heilen, besteht darin, das eigene Ich als selbständiges, gewappnetes, unzerstörbares »Ding« aufzubauen. Man empfindet sich dann als seinen eigenen Besitz, als seine Macht, sein Prestige oder seinen Verstand.

Wenn das Individuum aus der regressiven Harmonie heraustritt, überwindet es auch allmählich den Narzißmus. Das Neugeborene hat nicht einmal das Bewußtsein einer Wirklichkeit außerhalb seiner selbst im Sinne einer Sinneswahrnehmung; Kind und Brustwarze und Brust der Mutter sind noch eins; das Kind befindet sich in einem Stadium, in dem Subjekt und Objekt noch nicht unterschieden werden. Nach einiger Zeit entwickelt sich in jedem Kind die Fähigkeit, Subjekt und Objekt zu unterscheiden – jedoch eindeutig nur in dem Sinne, daß es sich des Unterschiedes zwischen Ich und Nicht-ich bewußt wird. Hinsichtlich seiner Affekte jedoch muß es sich bis zur völligen Reife entwickeln, um die narzißtische Haltung der Allwissenheit und Allmacht zu überwinden, vorausgesetzt, daß es dieses Stadium überhaupt jemals erreicht. Wir können diese narzißtische Einstellung deutlich im Verhalten von Kindern und Neurotikern beobachten, nur daß sie bei ersteren gewöhnlich bewußt, bei den letzteren unbewußt ist. Das Kind nimmt die Wirklichkeit nicht so, wie sie ist, sondern wie es sie haben möchte. Es lebt in seinen Wünschen und sieht die Wirklichkeit so, wie es sie sich wünscht. Wenn sein Wunsch nicht erfüllt wird, wird es wütend, und der Zweck dieser Wut ist, die Welt (durch seine Eltern als Mittler) zu zwingen, seinem Wunsch zu entsprechen. Im Laufe der normalen Entwicklung des Kindes verwandelt sich diese Haltung allmählich in die des reifen Menschen, der sich der Wirklicheit bewußt ist und sie und ihre Gesetze und somit eine Notwendigkeit anerkennt. Bei dem Neurotiker finden wir stets, daß er diesen Punkt nicht erreicht hat und die Wirklichkeit noch immer im narzißtischen Sinne interpretiert. Er besteht darauf, daß die Wirklichkeit seinen Ideen entsprechen muß, und wenn er erkennt, daß das nicht der Fall ist, regiert er entweder mit dem Impuls, die Wirklichkeit zu zwingen, daß sie seinen Wünschen entspricht (d. h., das Unmögliche zu tun), oder mit dem Gefühl der Ohnmacht, weil er das Unmögliche nicht vollbringen kann. Unter der Freiheit versteht dieser Mensch narzißtische Allmacht, ob er sich dessen nun bewußt ist oder nicht, während der Freiheitsbegriff der voll ausgereiften Persönlichkeit darin besteht, die Wirklichkeit und ihre Gesetze anzuerkennen und innerhalb der Gesetze der Notwendigkeit zu handeln, indem man sich dadurch produktiv mit der Welt in Beziehung setzt, daß man sie mit seinen eigenen Verstandeskräften und Affekten erfaßt.

Diese verschiedenen Ziele und die Wege zu ihrer Verwirklichung sind nicht in erster Linie verschiedene *Gedankensysteme,* sondern verschiedene *Arten des Seins,* verschiedene Antworten des ganzen Menschen auf die Frage, die ihm das Leben stellt. Sie sind ebenso die Antworten der verschiedenen Religionen, aus denen Religionsgeschichte besteht. Vom primitiven Kannibalismus bis zum Zen-Buddhismus hat die menschliche Rasse nur wenige Antworten auf die Frage des Seins gegeben, und jeder Mensch gibt in seinem Leben eine dieser Antworten, wenn er sich ihrer auch im allgemeinen nicht bewußt ist. In unserer westlichen Kultur *glaubt* fast jeder, daß er die Antwort der christlichen oder jüdischen Religion oder die Antwort eines aufgeklärten Atheismus gibt, und doch, wenn wir ein geistiges Röntgenbild jedes Menschen machen könnten, würden wir soundso viele Anhänger des Kannibalismus, soundso viele Totemanbeter, so viele Anbeter von Idolen verschiedener Art und einige wenige Christen, Juden, Buddhisten und Taoisten finden. Die Religion ist die formulierte und ausgearbeitete Antwort auf das Dasein des Menschen, und da man sie bewußt und durch das Ritual gemeinsam mit anderen gibt, ruft selbst die niedrigste Religion allein schon durch die Gemeinschaft mit anderen das Gefühl hervor, daß sie vernünftig ist und Sicherheit bietet. Wenn man nicht daran teilnimmt, wenn die regressiven Wünsche zum Bewußtsein und den Forderungen der Kultur im Widerspruch stehen, dann ist die geheime, individuelle »Religion« eine Neurose.

Um den einzelnen Patienten – oder irgendeinen Menschen – zu verstehen, muß man wissen, wie *seine* Antwort auf die Frage des Seins lautet, oder anders ausgedrückt, was seine geheime, individuelle Religion ist, der er all seine Bemühungen und Leidenschaften widmet. Die meisten der sogenannten »psychologischen Probleme« sind nur sekundäre Folgen seiner fundamentalen »Antwort«, und es ist daher ziemlich nutzlos zu versuchen, sie zu »heilen«, bevor man nicht diese fundamentale Antwort – das heißt, seine geheime, private Religion – verstanden hat.

Wie sollen wir nun angesichts des bisher Gesagten die Gesundheit definieren?

Die Gesundheit ist der Zustand, in dem die Vernunft ihr volles Entwicklungsstadium erreicht hat, und zwar die Vernunft nicht im Sinne einer rein intellektuellen Urteilsfähigkeit, sondern in dem Sinne, daß man die Wahrheit erfaßt, indem man »die Dinge sein läßt«, wie sie sind (um Heideggers Ausdruck zu verwenden). Gesundheit gibt es nur in dem Maße, als man den eigenen Narzißmus überwunden hat; in dem Maße, als man offen, aufnahmefähig, empfindsam, wach und leer (im Sinne des Zen) ist. Gesundheit bedeutet, affektiv mit den Menschen und der Natur völlig verbunden zu sein, die Isoliertheit und Entfremdung zu überwinden, sich mit allem Existierenden eins zu fühlen – und doch *mich* als die separate Ganzheit, die *ich* bin, als das In-dividuum, das Ungeteilte, zu erleben. Gesundheit bedeutet, ganz geboren zu sein und das zu werden, was man seinen Anlagen nach sein kann; sie bedeutet, Freude und Traurigkeit unbeeinträchtigt empfinden zu können oder, noch anders ausgedrückt, aus dem Halbschlaf zu erwachen, in dem der Durchschnittsmensch sein Leben führt, und hellwach zu sein. Wenn Gesundheit das alles ist, so bedeutet sie auch, schöpferisch zu sein, das heißt, als der wirkliche, ganze Mensch, der ich bin, auf mich, auf andere, auf alles Existierende, so wie er oder es wirklich ist, zu reagieren und einzugehen. In diesem wahren Eingehen liegt Schöpferkraft, es bedeutet, die Welt zu sehen, wie sie ist, und sie gleichzeitig als *meine* Welt zu sehen, als die Welt, die durch mein schöpferisches Begreifen geschaffen und verwandelt wurde, so daß sie nicht mehr eine fremde Welt »dort drüben« ist, sondern zu *meiner* Welt wird. Gesundheit bedeutet endlich, daß man sein Ich fallenläßt, seine Habgier abstreift, nicht mehr der Erhaltung und Mehrung des Ich nachjagt, daß man *ist* und sich selbst im Sein und nicht im Haben, Bewahren, Begehren, Benutzen erlebt.

Ich habe in den vorstehenden Bemerkungen auf die parallele Entwicklung des einzelnen und der Religion hingewiesen. Da sich diese Arbeit mit dem Zusammenhang zwischen Psychoanalyse und Zen-Buddhismus befaßt, ist es meiner Ansicht nach notwendig, wenigstens einige psychologische Aspekte der Entwicklung der Religion eingehender zu behandeln.

Ich habe gesagt, daß dem Menschen allein durch die Tatsache seiner Existenz eine Frage gestellt wird, die der Widerspruch in ihm selbst aufwirft – der Widerspruch, daß er in der Natur ist und gleichzeitig dadurch über die Natur hinausgeht, daß er das sich seiner selbst bewußte Leben ist. Jeder Mensch, der auf diese ihm gestellte Frage hört und für den es eine Angelegenheit von »höchster Wichtigkeit« ist, diese Frage als ganzer Mensch und nicht nur in Gedanken zu beantworten, der ist ein »religiöser« Mensch; und alle Systeme, die versuchen, solche Antworten zu geben, zu lehren und zu vermitteln, sind »Religionen«. Andererseits ist jeder Mensch – und jede Kultur –, der versucht, sich gegen die Existenzfrage taub zu stellen, unreligiös. Das beste Beispiel für Menschen, die taub sind gegen die Frage, die uns das Dasein stellt, sind wir selbst, die Menschen des zwanzigsten Jahrhunderts. Wir versuchen, dieser Frage auszuweichen, indem wir uns mit Besitz, Prestige, Macht, Produktion und Vergnügen befassen, und schließlich, indem wir versuchen zu vergessen, daß wir – ich – existieren. Es ist gleichgültig, wie oft jemand an Gott *denkt* oder zur Kirche geht oder wie fest er an religiöse Anschauungen glaubt; wenn er, der ganze Mensch, gegen die Frage der Existenz taub ist und keine Antwort darauf hat, tritt er auf der Stelle, und er entsteht und vergeht wie eines der Millionen Dinge, die er erzeugt. Er *denkt* an Gott, anstatt Gott in sich zu empfinden.

Es ist jedoch irreführend zu glauben, die Religionen hätten notwendigerweise etwas Gemeinsames außer der Bestrebung, *irgendeine* Antwort auf die Frage des Seins zu geben. Was den *Gehalt* der Religionen betrifft, gibt es keinerlei Einheitlichkeit; im Gegenteil, es gibt zwei grundlegend verschiedene Antworten, die oben in bezug auf das Individuum bereits erwähnt wurden: Die eine Antwort besagt, man solle zur vormenschlichen, vorbewußten Existenz zurückkehren, die Vernunft abschaffen, zu einem Tier werden und so wieder mit der Natur eins werden. Die Formen, in denen dieses Bestreben zum Ausdruck kommt, sind vielgestaltig. Auf der einen Seite gibt es Erscheinungen, wie wir sie in den germanischen Geheimgesellschaften der »Berserker« (wörtlich: Bärenhemden) finden, die sich mit Bären identifizierten und in denen ein junger Mann bei seiner Einweihung »seine menschliche Natur in einem Anfall aggressiver und furchterregender Wut, der ihn dem rasenden Raubtier ähnlich machte, umwandeln mußte.« [29] (Daß diese Tendenz, zur vormenschlichen Einheit mit der Natur zurückzukehren, keineswegs auf primitive Gesellschaften beschränkt ist, wird deutlich, wenn wir die »Bärenhemden« mit Hitlers »Braunhemden« vergleichen. Während ein großer Teil der Anhänger der Nationalsozialistischen Partei ganz einfach aus weltlichen, opportunistischen, unbarmherzigen und machtgierigen Politikern, Junkern, Generalen, Geschäftsleuten und Bürokraten bestand, unterschied sich der Kern, durch das Triumvirat Hitler, Himmler und Goebbels repräsentiert, im wesentlichen nicht von den primitiven »Bärenhemden«, die von einer »heiligen« Wut getrieben wurden und die Zerstörung als höchste Erfüllung ihrer religiösen Vision sahen. Diese »Bärenhemden« des zwanzigsten Jahrhunderts, die die »Ritualmord«-Legende über die Juden wiederaufleben ließen, projizierten damit in Wirklichkeit eine ihrer eigenen größten Begierden: den Ritualmord. Zuerst begingen sie Ritualmorde an den Juden, dann an fremden Völkern, dann am deutschen Volk selbst, und schließlich mordeten sie ihre eigenen Frauen und Kinder und sich selbst im letzten Ritus der vollständigen Zerstörung.) Es gibt viele andere weniger archaische religiöse Formen, die nach der vormenschlichen Einheit mit der Natur streben. Man findet sie in Kulten, in denen der Stamm mit einem Totemtier identifiziert wird, in religiösen Systemen, die der Verehrung von Bäumen, Seen, Höhlen usw. geweiht sind, und in orgiastischen Kulten, deren Ziel die Auslöschung von Bewußtsein, Vernunft und Gewissen ist. In all diesen Religionen ist das Heilige das, was zur Vision einer Verwandlung des Menschen in einen vormenschlichen Teil der Natur gehört; der »heilige Mann« (zum Beispiel der Schamane) ist der, der in der Verwirklichung dieses Zieles am weitesten gekommen ist.

Den anderen Pol repräsentieren alle jene Religionen, die die Antwort auf die Frage des menschlichen Seins darin suchen, die vormenschliche Existenz vollkommen hinter sich zu lassen, die spezifisch menschlichen Fähigkeiten der Vernunft und Liebe zu entwickeln und so eine neue Harmonie zwischen Mensch und Natur – und zwischen Mensch und Mensch – zu finden. Obgleich solche Bemühungen auch bei Individuen relativ primitiver Gesellschaften festzustellen sind, so scheint doch die große Trennlinie für die gesamte Menschheit in der Zeit von ungefähr 2000 v. Chr. und dem Beginn unserer Ära zu liegen. Der Taoismus und Buddhismus im Fernen Osten, Echnatons religiöse Revolution in Ägypten, die Religion Zarathustras in Persien, die Mosaische Religion in Palästina, die Quetzalcoatl-Religion in Mexiko [30], sie alle kennzeichnen die vollständige Wendung, die die Menschheit gemacht hat.

Alle diese Religionen suchen die Harmonie – nicht die regressive Harmonie, die durch Rückkehr zur vor-individuellen, vorbewußten Harmonie des Paradieses gefunden wird, sondern die Harmonie auf einer neuen Ebene, die der Mensch nur erreichen kann, nachdem er seine Isoliertheit empfunden und das Stadium der Entfremdung von sich selbst und von der Welt durchlaufen hat und ganz geboren wurde. Eine Voraussetzung dieser neuen Harmonie ist die volle Entwicklung der

121

Vernunft des Menschen bis zu einem Stadium, in dem sie ihn nicht mehr daran hindert, die Natur unmittelbar und intuitiv zu erfassen. Für dieses Ziel, das vor uns liegt und nicht in der Vergangenheit, gibt es viele Symbole: Tao, Nirvana, Erleuchtung, das Gute, Gott. Die Unterschiede in diesen Symbolen gehen auf die sozialen und kulturellen Unterschiede in den einzelnen Ländern zurück, in denen sie entstanden sind. In der westlichen Tradition wurde als Symbol für »das Ziel« die autoritäre Gestalt des höchsten Königs oder des höchsten Stammeshäuptlings gewählt. Jedoch schon zu Zeiten des Alten Testaments änderte sich diese Gestalt vom willkürlichen Herrscher zum Herrscher, der durch den Bund und die darin enthaltenen Versprechungen dem Menschen gegenüber verpflichtet ist. In der prophetischen Literatur wird das Ziel als neue Harmonie zwischen Mensch und Natur in der messianischen Zeit gesehen; im Christentum offenbart sich Gott als Mensch; in der Philosophie von Maimonides sowie in der Mystik sind die anthropomorphen und autoritären Elemente fast vollständig eliminiert, wenn sie auch in den populären Formen der westlichen Religionen ohne wesentliche Änderung beibehalten wurden.

Was das jüdisch-christliche und das zen-buddhistische Denken gemeinsam haben, ist das Bewußtsein, daß ich meinen »Willen« (in der Bedeutung meines Verlangens, die Welt außerhalb und in mir zu zwingen, zu lenken und zu unterdrücken) aufgeben muß, um vollständig offen, aufnahmefähig, wach und lebendig zu sein. In der Terminologie des Zen heißt das oft »sich leer machen« – was nichts Negatives bedeutet, sondern die Offenheit, um etwas aufzunehmen. In der christlichen Terminologie heißt es »sich abtöten und dem Willen Gottes beugen«. Es scheint zwischen der christlichen und der buddhistischen Empfindung, die hinter diesen beiden verschiedenen Formulierungen steckt, wenig Unterschied zu geben. Nach der populären Auslegung und Erfahrung bedeutet diese Formulierung jedoch, daß der Mensch, anstatt selbst Entscheidungen zu treffen, diese Entscheidungen einem allwissenden und allmächtigen Vater überläßt, der über ihn wacht und weiß, was für ihn gut ist. Es ist klar, daß der Mensch durch diese Empfindung nicht offen und aufnahmefähig, sondern gehorsam und unterwürfig wird. Dem Willen Gottes zu folgen, im Sinne einer wahren Aufgabe des Egoismus, gelingt am besten, wenn es keinen Gottesbegriff gibt. Paradoxerweise folge ich dann dem Willen Gottes richtig, wenn ich Gott selbst vergesse. Die Auffassung des Zen von der Leere hat die richtige Bedeutung, daß man seinen Willen aufgibt, jedoch ohne die Gefahr eines Rückschrittes zu dem götzenhaften Begriff eines helfenden Vaters.

IV Bewußtsein, Verdrängung und Aufhebung der Verdrängung

Im vorigen Kapitel habe ich versucht, die Vorstellungen vom Menschen und der menschlichen Existenz zu umreißen, die den Zielen der humanistischen Psychoanalyse zugrunde liegen. Die Psychoanalyse hat diese allgemeinen Vorstellungen jedoch mit anderen philosophischen oder religiösen humanistischen Auffassungen gemeinsam. Wir müssen nun beschreiben, wie die Psychoanalyse im besonderen versucht, ihr Ziel zu erreichen.

Das charakteristischste Element in der Methode der Psychoanalyse ist zweifellos ihre Bemühung, *das Unbewußte bewußt zu machen* oder – mit Freuds Worten – das Es in das Ich zu verwandeln. Das ist jedoch keineswegs so einfach und klar, wie es in dieser Formulierung klingt. Es erheben sich sofort die Fragen: Was ist das Unbewußte? Was ist das Bewußtsein? Was ist Verdrängung? Wie wird das Unbewußte bewußt? Und wenn das geschieht, welche Wirkung hat es?

Zunächst müssen wir bedenken, daß die Ausdrücke *bewußt* und *unbewußt* in verschiedenen Bedeutungen verwendet werden. In einer bestimmten Bedeutung, die man funktionell nennen könnte, bezeichnen »bewußt« und »unbewußt« einen subjektiven Zustand innerhalb des Individuums. Wenn man sagt, jemand sei sich dieses oder jenes psychologischen Gehaltes bewußt, bedeutet es, daß er von Affekten, Wünschen, Urteilen usw. *weiß*. Unbewußt, im gleichen Sinne verwendet, bezeichnet eine geistige Verfassung, in der der Mensch von seinen inneren Erlebnissen nicht weiß; wenn er sich überhaupt keiner Empfindungen, einschließlich der sensorischen, bewußt wäre, wäre er genau wie ein Mensch, der bewußt*los* ist. Wenn man sagt, der Mensch sei sich gewisser Affekte usw. bewußt, bedeutet das, er sei, soweit es sich um diese Affekte handelt, bei Bewußtsein; wenn man sagt, gewisse Affekte seien unbewußt, bedeutet es, er sei bewußtlos, soweit es sich um diese Affekte handelt. Wir müssen bedenken, daß »unbewußt« nicht das Fehlen jeglicher Impulse, Gefühle, Begierden, Angst usw. bedeutet, sondern nur, daß das *Bewußtsein* dieser Impulse fehlt.

Ganz verschieden von der funktionellen Bedeutung der Bezeichnungen bewußt und unbewußt, die soeben beschrieben wurde, ist eine andere Anwendung, die bestimmte Örtlichkeiten im Menschen und gewisse, mit diesen Örtlichkeiten verbundene Inhalte bezeichnet. Das ist im allgemeinen der Fall, wenn man die Hauptwörter »Bewußtsein« und »Unbewußtes« verwendet. Hier ist das »Bewußtsein« *ein Teil der Persönlichkeit* mit bestimmten Inhalten, und das »Unbewußte« ist ein anderer Teil der Persönlichkeit mit anderen bestimmten Inhalten. Nach Freuds Auffassung ist das Unbewußte im wesentlichen der Sitz der Irrationalität. Nach Jungs Anschauung hingegen scheint die Bedeutung fast umgekehrt zu sein; für ihn ist das Unbewußte im wesentlichen der Sitz der tiefsten Quellen der Weisheit, während das Bewußtsein der intellektuelle Teil der Persönlichkeit ist. In dieser Sicht des Bewußtseins und des Unbewußten wird das letztere mit dem Keller eines Hauses verglichen, in dem alles angehäuft ist, was weiter oben im Gebäude keinen Platz hat; Freuds Keller enthält in der Hauptsache die Laster des Menschen, Jungs Keller hauptsächlich seine Weisheit.

Wie H. S. Sullivan betont hat, ist es keine glückliche Lösung, den Ausdruck »das Unbewußte« im lokalen Sinne zu verwenden; die psychischen Tatsachen, um die es geht, werden damit nur mangelhaft beschrieben. Ich könnte noch hinzufügen, daß die Verwendung eines solchen Hauptwortes anstelle eines funktionellen Begriffs der allgemeinen Tendenz der westlichen Kultur der Gegenwart entspricht, alles als Dinge, die wir *haben,* aufzufassen anstatt in Begriffen des *Seins.* Wir *haben* ein Problem der Angst, wir *haben* Schlaflosigkeit, wir *haben* eine Depression, wir *haben* einen Psychoanalytiker, so wie wir ein Auto, ein Haus oder ein Kind haben. Im gleichen Stil *haben* wir auch ein »Unbewußtes«. Es ist kein Zufall, daß viele Leute anstatt »Unbewußtes« das Wort »Unterbewußtsein« verwenden, und zwar offensichtlich deshalb, weil »Unterbewußtsein« der lokalen Auffassung besser entspricht; ich kann sagen: »Dieses oder jenes ist mir unbewußt«, aber ich kann nicht sagen: »Es ist mir unterbewußt.«

Es gibt noch eine andere Verwendung des Begriffes »Bewußt«, die manchmal Verwirrung stiftet. Das Bewußtsein wird mit dem überlegenden Verstand, das Unbewußte mit unreflektiertem Empfinden gleichgesetzt. Gegen diese Verwendung von Bewußt und Unbewußt ist natürlich nichts einzuwenden, vorausgesetzt, daß der Sinn klar ist und nicht mit den beiden anderen Bedeutungen verwechselt wird. Trotzdem erscheint diese Verwendung nicht glücklich. Die gedankliche Überlegung ist natürlich immer bewußt, aber nicht alles, was bewußt ist, ist eine gedankliche Überlegung. Wenn ich einen Menschen ansehe, bin ich mir seiner bewußt; ich bin mir dessen bewußt, was in mir im Zusammenhang mit diesem Menschen vorgeht. Aber nur, wenn ich mich als Subjekt von ihm als Objekt distanziert habe, ist dieses Bewußtsein mit der gedanklichen Überlegung identisch. So ist es auch, wenn ich mir bewußt bin, daß ich atme, was keineswegs das gleiche ist, als wenn ich an mein Atmen denke; ja, sobald ich an mein Atmen denke, bin ich mir meines Atmens nicht mehr bewußt. Das gleiche gilt für alle meine Handlungen, die mich zur Welt in Beziehung setzen. Darüber wird später noch mehr gesagt werden.

Nachdem wir uns geeinigt haben, Bewußt und Unbewußt als Zustand des Gewahrseins oder Nichtgewahrseins und nicht als »Teile« der Persönlichkeit und spezifische Inhalte aufzufassen, müssen wir nun die Frage untersuchen, was eine Empfindung daran hindert, unser Bewußtsein zu erreichen, das heißt, bewußt zu werden.

Bevor wir jedoch mit der Diskussion dieser Frage beginnen, erhebt sich noch eine andere, die wir zuerst behandeln sollten. Wenn wir im Zusammenhang mit Psychoanalyse von Bewußtsein und Unbewußtem sprechen, entsteht der Eindruck, als besitze das Bewußtsein einen größeren Wert als das Unbewußte. Warum sollten wir sonst danach streben, den Bereich des Bewußtseins zu erweitern, wenn dem nicht so wäre? Und doch ist es ganz offenkundig, daß das Bewußtsein als solches keinen besonderen Wert besitzt; in Wirklichkeit besteht der größte Teil des bewußten Denkens der Menschen nur in Fiktion und Täuschung. Der Grund hierfür ist nicht so sehr die Unfähigkeit der Menschen, die Wahrheit zu sehen, sondern die Funktion der Gesellschaft. Während des größten Teils der Geschichte der Menschheit hat stets (mit Ausnahme einiger primitiver Gesellschaften) eine kleine Minderheit über die Mehrheit ihrer Mitmenschen geherrscht und sie ausgebeutet. Um das zu erreichen, hat die Minderheit meistens Gewalt angewendet; aber Gewalt ist nicht genug. Auf die Dauer mußte die Mehrheit ihre eigene Ausbeutung freiwillig anerkennen – und das ist nur möglich, wenn ihr Geist mit den verschiedensten Lügenmärchen erfüllt wurde, die die Anerkennung der Herrschaft der Minderheit erklärten und rechtfertigten. Das ist jedoch nicht der einzige Grund dafür, daß das meiste von dem, was das Bewußtsein der Menschen über sie selbst, über andere, über die Gesellschaft usw. enthält, erfunden ist. Im Lauf der historischen Entwicklung entsteht in jeder Gesellschaft zwangsläufig das Bedürfnis, in der besonderen Form bestehen zu bleiben, zu der sie sich entwickelt hat, und das erreicht sie gewöhnlich, indem sie die höheren Ziele der Menschheit, die alle Menschen gemeinsam haben, außer acht läßt. Dieser Widerspruch zwischen dem sozialen und dem allgemeinen Ziel führt (auf sozialer Ebene) ebenfalls zur Erdichtung von allen möglichen Fiktionen und Illusionen, die die Aufgabe haben, die Spaltung zwischen den Zielen der Menschheit und denen einer gegebenen Gesellschaft abzuleugnen und dies zu begründen.

Wir könnten also sagen, daß der Inhalt des Bewußtseins hauptsächlich aus Fiktion und Täuschung besteht und nicht die Wirklichkeit repräsentiert. Das Bewußtsein als solches ist daher nichts Erstrebenswertes. Nur wenn die verborgene Wirklichkeit (die unbewußt ist) enthüllt wird und daher nicht mehr verborgen (d. h. bewußt geworden) ist, ist etwas Wertvolles erreicht worden. Wir werden an anderer Stelle auf dieses Thema zurückkommen. Jetzt möchte ich nur betonen, daß das meiste von dem, was unser Bewußtsein enthält, ein »falsches Bewußtsein« ist und daß es im wesentlichen die Gesellschaft ist, die uns diese Fiktionen und unrealistischen Vorstellungen eingibt.

Die Wirkung der Gesellschaft besteht jedoch nicht nur darin, unserem Bewußtsein Fiktionen einzutrichtern, sondern auch darin, uns daran zu hindern, uns der Wirklichkeit bewußt zu sein. Die weitere Behandlung dieses Punktes führt uns geradewegs in das zentrale Problem, wie die Verdrängung oder das Unbewußte zustande kommt.

Das Tier ist sich der Dinge bewußt, die es umgeben, und dieses Bewußtsein können wir mit R. R. Buckes Bezeichnung das »einfache Bewußtsein« nennen. Das Gehirn des Menschen, größer und komplizierter als das des Tieres, geht über dieses einfache Bewußtsein hinaus und ist die Grundlage des Ichbewußtseins, des Bewußtseins von sich selbst als Subjekt des Erlebnisses. Aber vielleicht gerade weil es so ungeheuer kompliziert [31] ist, ist das menschliche Bewußtsein auf verschiedene mögliche Weisen gegliedert, und damit irgendeine Empfindung bewußt werden kann, muß sie innerhalb der

Kategorien verständlich sein, in die das bewußte Denken eingeteilt ist. Einige Kategorien, wie Zeit und Raum, sind vielleicht allgemeingültig und bilden Kategorien der Wahrnehmung, die allen Menschen gemeinsam sind. Andere, wie die Kausalität, sind vielleicht für viele, aber nicht alle Formen der bewußten Wahrnehmung eine gültige Kategorie. Wieder andere Kategorien sind noch weniger allgemeingültig und von Kultur zu Kultur verschieden. Wie dem auch sein mag, die Empfindung kann nur unter der Bedingung bewußt werden, daß sie wahrgenommen, mit einem Begriffssystem und seinen Kategorien in Beziehung gesetzt und darin eingeordnet werden kann [32]. Dieses System selbst ist das Ergebnis der gesellschaftlichen Entwicklung. Jede Gesellschaft bildet durch ihre Lebensweise und die Art ihres Bezogenseins, Fühlens und Wahrnehmens ein System von Kategorien, das die Formen des Bewußtseins bestimmt. Dieses System arbeitet sozusagen wie ein *gesellschaftlich bedingter Filter*. Eine Empfindung kann nur dann ins Bewußtsein eindringen, wenn sie diesen Filter passiert.

Damit stellt sich das Problem, konkreter zu verstehen, wie dieser »soziale Filter« wirkt und wie es kommt, daß er gewisse Empfindungen durchläßt und andere daran hindert, in das Bewußtsein einzudringen.

Zunächst müssen wir bedenken, daß viele Empfindungen nicht ohne weiteres geeignet sind, bewußt wahrgenommen zu werden. Unter den körperlichen Empfindungen eignet sich vielleicht am besten der Schmerz für eine bewußte Wahrnehmung; auch sexuelle Begierde, Hunger usw. werden leicht wahrgenommen; offensichtlich gehen alle Empfindungen, die zur Erhaltung des Lebens des Individuums oder der Gruppe dienen, leicht in das Bewußtsein ein. Eine subtilere oder kompliziertere Empfindung, zum Beispiel *beim Anblick einer Rosenknospe mit einem Tautropfen am frühen Morgen, während die Luft noch kühl ist, die Sonne gerade aufgeht und ein Vogel singt* – wird in gewissen Kulturkreisen (zum Beispiel in Japan) leicht in das Bewußtsein dringen, während die gleiche

Empfindung in der modernen westlichen Kultur gewöhnlich das Bewußtsein nicht erreichen wird, weil sie nicht genügend »wichtig« oder »ereignisreich« ist, um bemerkt zu werden. Ob subtile affektive Empfindungen bewußt werden können oder nicht, hängt davon ab, wie weit solche Empfindungen in einem Kulturkreis gepflegt werden. Es gibt viele affektive Empfindungen, für die eine bestimmte Sprache keine Bezeichnung hat, während eine andere reich an Ausdrücken ist, die diese Gefühle benennen. Im Deutschen haben wir beispielsweise ein Wort, »Liebe«, das Empfindungen vom einfachen Gernhaben bis zur erotischen Leidenschaft und bis zur brüderlichen Liebe und Mutterliebe umfaßt. Wenn in einer Sprache verschiedene affektive Empfindungen nicht durch verschiedene Wörter ausgedrückt werden, ist es fast unmöglich, daß diese Empfindungen in das Bewußtsein dringen, und umgekehrt. Allgemein kann man sagen, daß eine Empfindung selten bewußt wird, für die die Sprache kein Wort hat.

Das ist jedoch nur *ein* Aspekt der Filterwirkung der Sprache. Verschiedene Sprachen unterscheiden sich nicht nur in der Mannigfaltigkeit von Ausdrücken zur Bezeichnung gewisser affektiver Empfindungen, sondern auch in ihrer Syntax, in ihrer Grammatik und in der Stammbedeutung ihrer Wörter. Die ganze Sprache enthält eine Lebensauffassung, ist ein erstarrter Ausdruck für eine bestimmte Art und Weise, das Leben zu erleben [33].

Hier einige Beispiele. Es gibt Sprachen, in denen das Verb »regnen« zum Beispiel verschieden konjugiert wird, je nachdem, ob ich sage, daß es regnet, weil ich im Regen draußen war und naß geworden bin, oder weil ich es von einer Hütte aus regnen gesehen habe oder weil mir jemand gesagt hat, daß es regne. Es ist ganz offenkundig, daß der Nachdruck, den die Sprache auf die verschiedenen Quellen legt, aus denen man eine Tatsache erfährt (in diesem Fall, daß es regnet), einen großen Einfluß auf die *Art* hat, wie die Menschen die Tatsachen erleben. (In unserer modernen Kultur beispielsweise, mit ihrer Betonung der rein intellektuellen Seite des Wissens ist es ziemlich gleichgültig, auf welche Weise ich von einer Tatsache erfahren habe, ob aus direkter oder indirekter Erfahrung oder vom Hörensagen.) Oder, im Hebräischen besteht das Hauptprinzip der Konjugation darin, festzustellen, ob eine Handlung vollendet (perfekt) oder unvollendet (imperfekt) ist, während die Zeit, in der sie stattfindet – Vergangenheit, Gegenwart, Zukunft – erst in zweiter Linie zum Ausdruck gebracht wird. Im Lateinischen werden beide Prinzipien (Zeit und Vollendung) gemeinsam beachtet, während wir im Englischen und Deutschen hauptsächlich nach der Zeit orientiert sind. Wieder ist es selbstverständlich, daß diese Unterschiede in der Konjugation eine Verschiedenheit im Erleben zum Ausdruck bringen [34].

Ein weiteres Beispiel findet man in der unterschiedlichen Verwendung von Zeitwörtern und Hauptwörtern in verschiedenen Sprachen oder auch unter verschiedenen Menschen, die die gleiche Sprache sprechen. Das Hauptwort bezeichnet ein »Ding«, das Zeitwort eine Tätigkeit. Immer mehr Menschen denken lieber in Begriffen des »Habens von Dingen« anstatt in Begriffen des Seins oder Handelns; deshalb ziehen sie auch Hauptwörter den Zeitwörtern vor.

Die Sprache bestimmt durch ihre Vokabeln, ihre Grammatik, ihre Syntax und durch den ganzen Geist, der in ihr erstarrt ist, wie wir etwas empfinden und welche Empfindungen in unser Bewußtsein eindringen.

Der zweite Aspekt des Filters, der das Bewußtwerden ermöglicht, ist die *Logik,* die das Denken der Menschen in einem Kulturkreis lenkt. Wie die meisten Menschen annehmen, daß ihre Sprache »natürlich« sei und andere Sprachen nur andere Wörter für die gleichen Dinge verwenden, nehmen sie auch an, daß die Regeln für das richtige Denken natürlich und allgemeingültig seien und daß, was in einem Kulturkreis unlogisch ist, in jedem anderen ebenfalls unlogisch sei, weil es zur »natürlichen« Logik im Widerspruch stehe. Ein gutes Beispiel dafür ist der Unterschied zwischen der aristotelischen und der paradoxen Logik.

130

Die aristotelische Logik beruht auf dem Satz der Identität, der besagt, daß A gleich A ist, auf dem Satz vom Widerspruch (A ist nicht nicht-A) und auf dem Satz vom ausgeschlossenen Dritten (A kann nicht gleichzeitig A und nicht-A, und auch nicht weder A noch nicht-A sein). Aristoteles drückte es so aus: »Es ist unmöglich, daß dasselbe gleichzeitig und in gleicher Hinsicht demselben zukomme und nicht zukommen ... Das ist das allergewisseste aller Prinzipien« (Metaphysik 1005 b, 19 f.).

Im Gegensatz zur aristotelischen Logik steht die sogenannte *paradoxe Logik,* die annimmt, daß A und nicht-A einander als Prädikate von X nicht ausschließen. Die paradoxe Logik herrschte im chinesischen und indischen Denken, in der Philosophie Heraklits und ferner unter dem Namen Dialektik in den Gedanken von Hegel und Marx vor. Das allgemeine Prinzip der paradoxen Logik wurde von Laotse deutlich beschrieben: »Worte, die eindeutig wahr sind, scheinen paradox zu sein«, und von Tschuangtse: »Was eines ist, ist eines. Was nicht-eines ist, ist ebenfalls eines.«

Lebt ein Mensch in einem Kulturkreis, in dem die Richtigkeit der aristotelischen Logik nicht bezweifelt wird, ist es für ihn überaus schwierig, wenn nicht überhaupt unmöglich, sich solcher Empfindungen bewußt zu werden, die der aristotelischen Logik widersprechen und daher auf dem Standpunkt seiner Kultur unsinnig sind. Ein gutes Beispiel ist Freuds Begriff der Ambivalenz, der besagt, daß man zur gleichen Zeit für die gleiche Person Liebe und Haß empfinden kann. Diese Empfindung, auf dem Standpunkt der paradoxen Logik durchaus »logisch«, ist auf dem der aristotelischen Logik unsinnig. Das Ergebnis ist, daß es den meisten Menschen überaus schwerfällt, sich ambivalenter Gefühle bewußt zu werden. Wenn sie sich der Liebe bewußt sind, können sie sich nicht des Hasses bewußt sein – da es völlig unsinnig wäre, gleichzeitig gegen dieselbe Person zwei einander widersprechende Gefühle zu haben [35].

Der dritte Aspekt des Filters neben Sprache und Logik ist der

Gehalt von Empfindungen. In jeder Gesellschaft dürfen gewisse Gedanken und Gefühle nicht gedacht, gefühlt und ausgedrückt werden. Es gibt Dinge, die man nicht nur »nicht tut«, sondern die man nicht einmal »denkt«. In einem Stamm von Kriegern beispielsweise, dessen Mitglieder davon leben, Mitglieder anderer Stämme zu töten und zu berauben, könnte es einen Einzelnen geben, der eine innere Abneigung gegen Töten und Rauben fühlt. Es ist jedoch höchst unwahrscheinlich, daß er sich seines Gefühls bewußt wird, da es mit dem Fühlen des ganzen Stammes unvereinbar wäre. Wenn er sich eines solchen Gefühls bewußt würde, brächte das die Gefahr mit sich, daß er sich völlig isoliert und ausgeschlossen fühlte. Deshalb würde ein Individuum, das eine solche Abneigung fühlt, wahrscheinlich ein psychosomatisches Symptom, etwa Erbrechen, entwickeln, anstatt das Gefühl der Abneigung in sein Bewußtsein dringen zu lassen.

Genau das Gegenteil würde man bei einem Mitglied eines friedlichen, ackerbauenden Stammes finden, das den Drang verspürte, Mitglieder anderer Gruppen zu töten und zu berauben. Es würde sich wahrscheinlich ebenfalls nicht gestatten, sich seiner Impulse bewußt zu werden, sondern würde statt dessen ein Symptom entwickeln – vielleicht heftige Angst. Noch ein weiteres Beispiel: Es muß in unseren großen Städten viele Geschäftsinhaber geben, zu denen ein Kunde kommt, der, sagen wir, dringend einen Anzug braucht, der aber nicht genügend Geld hat, um auch nur den billigsten zu kaufen. Unter diesen Geschäftsinhabern muß es einige geben, die den natürlichen menschlichen Impuls haben, dem Kunden den Anzug für den Preis zu überlassen, den er bezahlen kann. Wieviele dieser Geschäftsinhaber werden sich jedoch gestatten, sich eines solchen Impulses bewußt zu werden? Ich glaube, nur sehr wenige. Die Mehrzahl wird ihn verdrängen, und manche von ihnen werden sich vielleicht dem Kunden gegenüber aggressiv verhalten und damit den unbewußten Impuls verdecken, oder sie werden in der folgenden Nacht einen Traum haben, der ihn offenbart.

Wenn wir die Behauptung aufstellen, daß sozial unzulässige Inhalte nicht in das Bewußtsein eingelassen werden, werfen wir zwei weitere Fragen auf. Warum stehen gewisse Inhalte zu einer Gesellschaft im Widerspruch? Ferner, warum hat das Individuum Angst davor, sich solcher verbotenen Inhalte bewußt zu werden?

Zur ersten Frage muß ich auf den Begriff des »sozialen Charakters« verweisen. Um fortzubestehen, muß jede Gesellschaft den Charakter ihrer Mitglieder so formen, *daß sie das tun wollen, was sie tun müssen*. Ihre soziale Funktion muß zu einem Teil ihrer selbst werden und muß in etwas verwandelt werden, zu dem sie sich getrieben fühlen, und nicht etwas sein, das sie tun müssen. Eine Gesellschaft kann ein Abweichen von diesem Schema nicht dulden, denn wenn dieser »soziale Charakter« seine zusammenhaltende Festigkeit verliert, werden viele Individuen nicht mehr so handeln, wie man es von ihnen erwartet, und der Fortbestand der Gesellschaft in ihrer gegebenen Form wäre gefährdet. Natürlich gibt es Unterschiede in der Strenge, mit der die Gesellschaften ihren sozialen Charakter und die Einhaltung der Tabus zum Schutze dieses Charakters durchsetzen, aber Tabus, deren Verletzung zur Ächtung führt, gibt es in allen Gesellschaften.

Die zweite Frage lautet, warum das Individuum solche Angst vor der drohenden Gefahr der Ächtung hat, daß es sich nicht gestattet, sich »verbotener« Triebe bewußt zu werden. Um diese Frage zu beantworten, muß ich auch auf ausführlichere Erklärungen an anderer Stelle verweisen [36]. Um es kurz zu sagen, wenn ein Individuum nicht geisteskrank werden will, muß es in irgendeiner Weise mit anderen in Verbindung treten. Vollkommene Isolierung bringt es an den Rand des Wahnsinns. Zwar fürchtet es, soweit seine Natur animalisch ist, am meisten das Sterben, aber insofern es ein Mensch ist, hat es die größte Angst davor, vollkommen allein zu sein. Diese Angst, und nicht, wie Freud annimmt, Angst vor Kastration, verbietet es ihm, sich solcher Gefühle und Gedanken bewußt zu werden, die unter ein Tabu fallen.

Wir kommen also zu dem Schluß, daß es sozial bedingt ist, ob etwas bewußt oder unbewußt ist. Ich bin mir all meiner Gefühle und Gedanken bewußt, die den dreifachen Filter der (sozial bedingten) Sprache, der Logik und der Tabus (sozialer Charakter) passieren dürfen. Empfindungen, die nicht durch den Filter gehen, bleiben außerhalb des Bewußtseins; das heißt, sie bleiben unbewußt [37].

Im Zusammenhang mit der Betonung des sozialen Charakters des Unbewußten muß ich zwei Einschränkungen machen. Die eine, die ziemlich offenkundig ist, besagt, daß es neben den sozialen Tabus noch individuelle Auslegungen dieser Tabus gibt, die von Familie zu Familie verschieden sind. Ein Kind, das fürchtet, von seinen Eltern »fallengelassen« zu werden, weil es sich solcher Empfindungen bewußt wird, die für sie persönlich tabu sind, wird außer der sozial normalen Verdrängung auch noch diese Gefühle verdrängen, die der individuelle Aspekt des Filters daran hindert, in das Bewußtsein zu dringen. Andererseits werden Eltern, die innerlich sehr aufgeschlossen sind und wenig »Verdrängungen« haben, durch ihren Einfluß den sozialen Filter (und das Über-Ich) weniger dicht und undurchdringlich machen.

Die andere Einschränkung betrifft eine kompliziertere Erscheinung. Wir verdrängen nicht nur das Bewußtsein der Bestrebungen, die mit dem sozialen Denkschema unvereinbar sind, sondern neigen auch dazu, die Bestrebungen zu verdrängen, die mit dem Prinzip des Aufbaus und Wachstums des ganzen Menschen, das heißt mit dem »humanistischen Gewissen« unvereinbar sind, jener Stimme, die im Namen der vollen Entwicklung unserer Person spricht.

Destruktive Triebe, der Drang, in den Mutterleib oder in den Tod zurückzukehren, oder der Drang, diejenigen aufzufressen, denen ich nahe sein möchte – alle diese und viele andere regressive Triebe mögen mit dem sozialen Charakter vereinbar sein oder nicht, auf keinen Fall lassen sie sich mit den inhärenten Entwicklungszielen der Natur des Menschen in Einklang bringen. Wenn ein Säugling gesäugt werden möchte, ist das normal,

134

das heißt, es entspricht dem Entwicklungsstadium, in dem er sich gerade befindet. Wenn ein Erwachsener die gleichen Wünsche hat, ist er krank; da er nicht nur von der Vergangenheit, sondern auch von dem Ziel, das seiner Gesamtstruktur angeboren ist, bestimmt wird, fühlt er die Diskrepanz zwischen dem, was er ist, und dem, was er sein sollte; »sollte« wird hier nicht im Sinne eines sittlichen Gebotes gebraucht, sondern im Sinne der immanenten Entwicklungsziele, die in den Chromosomen liegen, aus denen er sich entwickelt, so wie auch sein zukünftiger Körperbau, seine Augenfarbe usw. bereits in den Chromosomen »vorhanden« sind.

Wenn der Mensch seinen Kontakt zur sozialen Gruppe, in der er lebt, verliert, bekommt er Angst, daß er vollkommen isoliert wird, und wegen dieser Angst wagt er nicht zu denken, was »man nicht denkt«. Aber der Mensch hat auch Angst, von der Menschlichkeit in seinem Inneren, die von seinem Gewissen verkörpert wird, völlig abgeschnitten zu werden. Ganz und gar unmenschlich zu sein erzeugt ebenfalls Angst, wenn auch, wie die Geschichte zu beweisen scheint, weniger als die soziale Ächtung, vorausgesetzt, daß eine ganze Gesellschaft unmenschliche Verhaltensnormen angenommen hat. Je mehr die Lebensnorm einer Gesellschaft der menschlichen Lebensnorm entspricht, um so weniger gibt es einen Konflikt zwischen der Isolierung von der Gesellschaft und der Isolierung von der Menschheit. Je größer der Konflikt zwischen sozialen und menschlichen Zielen ist, um so mehr ist das Individuum zwischen den beiden gefährlichen Polen der Isoliertheit hin- und hergerissen. Es bedarf kaum einer Erwähnung, daß ein Mensch die soziale Ächtung um so leichter ertragen kann, je mehr er sich – infolge seiner eigenen intellektuellen und geistigen Entwicklung – mit der Menschheit solidarisch fühlt, und umgekehrt. Die Fähigkeit, seinem Gewissen zu folgen, hängt davon ab, wie weit man über die Grenzen seiner Gesellschaft hinausgewachsen und ein Weltbürger, ein »Kosmopolit« geworden ist.

Der Einzelne kann es sich nicht gestatten, Gedanken oder

Gefühle bewußt werden zu lassen, die mit den Schemata seiner Kultur unvereinbar sind, und er ist daher gezwungen, sie zu verdrängen. In formaler Hinsicht hängt es also (außer von den individuellen, familienbedingten Elementen und dem Einfluß des humanistischen Gewissens) von der Struktur der Gesellschaft und von den Normen für Gefühle und Gedanken ab, die sie aufstellt, was bewußt und was unbewußt ist. Was den *Inhalt des Unbewußten* betrifft, so ist keine Verallgemeinerung möglich. Eines jedoch kann man sagen: Das Unbewußte repräsentiert stets den ganzen Menschen mit all seinen Möglichkeiten für Licht und Dunkelheit; es enthält stets die Grundlage für die verschiedenen Antworten, die der Mensch auf die Frage des Lebens geben kann. Im extremsten Fall der rückschrittlichsten Kulturen, die nach einer Rückkehr zur tierischen Existenz streben, ist gerade dieser Wunsch vorherrschend und bewußt, während alle Bestrebungen, sich über diese Stufe zu erheben, verdrängt werden. In einer Kultur, die sich vom regressiven zum geistig-progressiven Ziel gewandt hat, sind jene Kräfte unbewußt, die die Dunkelheit vertreten. Aber in jeder Kultur liegen im Menschen alle Möglichkeiten; er ist der archaische Mensch, das Raubtier, der Kannibale, der Götzenanbeter und das Wesen mit der Fähigkeit zur Vernunft, Liebe und Gerechtigkeit. Der Inhalt des Unbewußten ist also weder das Gute noch das Böse, weder das Rationale noch das Irrationale, sondern beides; er besteht aus allem, was menschlich ist. Das Unbewußte ist der ganze Mensch – abzüglich dem Teil, der seiner Gesellschaft entspricht.

Das Bewußtsein repräsentiert den sozialen Menschen, dessen zufällige Grenzen durch die historische Situation gezogen sind, in die ein Individuum geworfen ist. Das Unbewußte hingegen verkörpert den universalen, den ganzen Menschen, der im Kosmos verwurzelt ist; es verkörpert die Pflanze, das Tier und den Geist in ihm. Es verkörpert seine Vergangenheit bis zur Morgendämmerung des menschlichen Seins, und seine Zukunft bis zu dem Tag, wo der Mensch vollkommen menschlich und die Natur ebenso vermenschlicht wie der Mensch »natürlich« geworden sein wird.

Nachdem wir nun das Bewußtsein und das Unbewußte definiert haben, was bedeutet es nun, das Unbewußte bewußt zu machen, die Verdrängung rückgängig zu machen?

Nach Freuds Auffassung hatte die Heraufholung des Unbewußten ins Bewußtsein eine begrenzte Funktion, vor allem deshalb, weil das Unbewußte hauptsächlich aus den verdrängten, instinktiven Begierden bestehen sollte, soweit sie mit dem zivilisierten Leben unvereinbar sind. Er befaßte sich mit einzelnen instinktiven Begierden wie dem Inzesttrieb, der Kastrationsangst, dem Penisneid usw., von denen man annahm, daß sie in der Geschichte eines bestimmten Individuums verdrängt worden waren. Das Bewußtwerden des verdrängten Triebes solle dazu beitragen, daß er vom siegreichen Ich beherrscht würde. Wenn wir uns von der engen Auffassung Freuds vom Unbewußten freimachen und uns der oben vorgetragenen Auffassung anschließen, gewinnt Freuds Ziel, das Unbewußte in das Bewußtsein zu transformieren (»Es in Ich«), eine weitere und tiefere Bedeutung. *Wenn das Unbewußte bewußt wird, verwandelt sich die bloße Idee der Universalität des Menschen in die lebendige Erfahrung seiner Universalität; es ist die empirische Verwirklichung der Menschlichkeit.*

Freud erkannte klar, wie Verdrängung den Sinn für Wirklichkeit bei einem Menschen beeinträchtigt und wie die Aufhebung der Verdrängung zu einer neuen Einschätzung der Wirklichkeit führt. Freud nannte den verzerrenden Effekt unbewußter Bestrebungen »Übertragung«; H. S. Sullivan nannte später die gleiche Erscheinung »parataktische Verzerrung«. Freud entdeckte zuerst in der Beziehung des Patienten zum Analytiker, daß der Patient den Analytiker nicht so sieht, *wie er ist,* sondern als Projektion seiner (des Patienten) eigenen Erwartungen, Wünsche und Ängste, wie sie ursprünglich durch seine Erfahrungen mit den wichtigen Personen seiner Kindheit entstanden waren. Nur wenn der

Patient mit seinem Unbewußten in Berührung kommt, kann er die Verzerrungen überwinden, die er selbst erzeugt hat, und die Person des Analytikers sowie die seines Vaters oder seiner Mutter so sehen, wie sie sind.

Was Freud hier entdeckte, war die Tatsache, daß wir die Wirklichkeit verzerrt sehen; daß wir glauben, wir sähen einen Menschen so, wie er ist, während wir in Wahrheit ein projiziertes Bild dieses Menschen sehen, ohne uns dessen bewußt zu sein. Freud erkannte nicht nur den verzerrenden Einfluß der Übertragung, sondern auch die vielen anderen verzerrenden Einflüsse der Verdrängung. Wenn ein Mensch von Impulsen getrieben wird, von denen er nichts weiß und die im Widerspruch zu seinem bewußten Denken stehen (das die Forderungen der sozialen Wirklichkeit verkörpert), ist es möglich, daß er seine eigenen unbewußten Bestrebungen auf einen anderen Menschen überträgt und sich ihrer in seinem eigenen Inneren nicht bewußt ist, sondern sie – entrüstet – am anderen Menschen (an der »Projektion«) sieht. Oder er kann vernünftige Gründe für Impulse erfinden, die eigentlich eine völlig andere Ursache haben. Dieses bewußte Argumentieren, eine Pseudoerklärung für Bestrebungen, deren wahre Motive unbewußt sind, nannte Freud Rationalisierung. Ob es sich nun um Übertragung, Projektion oder Rationalisierungen handelt, das meiste von dem, dessen sich der Mensch bewußt wird, ist eine Fiktion – wogegen das, was er verdrängt (d. h. das Unbewußte), wirklich ist.

Wenn wir das, was wir oben über die verdummende Wirkung der Gesellschaft gesagt haben, und ferner unsere erweiterte Auffassung des Unbewußten in Betracht ziehen, gelangen wir zu einer neuen Auffassung des Bewußtseins und des Unbewußten. Wir können damit beginnen, daß sich der Durchschnittsmensch in Wahrheit in einem Halbschlaf befindet, während er glaubt, wach zu sein. Mit »Halbschlaf« meine ich, daß er mit der Wirklichkeit nur teilweise in Verbindung steht; das meiste von dem, was er für Wirklichkeit hält (außerhalb oder innerhalb seiner selbst), ist eine Reihe von Fiktionen, die sein Geist konstruiert. Er ist sich der Wirklichkeit nur soweit bewußt, als es sein soziales Leben notwendig macht. Er ist sich seiner Mitmenschen in dem Grade bewußt, als er mit ihnen zusammenarbeiten muß; er ist sich der materiellen und sozialen Wirklichkeit soweit bewußt, als er sich ihrer bewußt sein muß, um sie zu gestalten. *Er ist sich der Wirklichkeit in dem Ausmaße bewußt, in dem das Ziel des Fortbestehens ein solches Bewußtsein notwendig macht.* (Zum Unterschied dazu ist im Zustand des Schlafs das Bewußtsein der äußeren Wirklichkeit aufgehoben, läßt sich jedoch notfalls leicht zurückgewinnen, und im Falle der Geisteskrankheit fehlt das volle Bewußtsein der äußeren Wirklichkeit und kann nicht einmal im Notfall wiedererlangt werden.) Das Bewußtsein des Durchschnittsmenschen ist hauptsächlich ein »falsches Bewußtsein«, das aus Fiktionen und Illusionen besteht, während die Wirklichkeit genau das ist, dessen er sich nicht bewußt ist. Wir können daher zwischen dem, dessen sich ein Mensch bewußt *ist,* und dem, dessen er sich bewußt *wird,* unterscheiden. Er *ist* sich hauptsächlich seiner Fiktionen bewußt; er kann sich der Wirklichkeit, die hinter diesen Fiktionen steckt, bewußt *werden.*

Es gibt noch einen anderen Aspekt des Unbewußten, der sich aus den vorher besprochenen Voraussetzungen ergibt. Da das Bewußtsein nur den kleinen Sektor sozial vorgezeichneter Empfindungen und das Unbewußte den Reichtum und die Tiefe des ganzen Menschen verkörpert, führt die Verdrängung dazu, daß ich, der zufällige, soziale Mensch, von mir, dem ganzen Menschen, getrennt bin. Ich bin mir selbst ein Fremder, und in dem gleichen Grade ist auch jeder andere ein Fremder für mich. Ich bin von dem unermeßlichen Bereich menschlichen Empfindens abgeschnitten und bleibe ein menschliches Fragment, ein Krüppel, der nur einen kleinen Teil dessen empfindet, was in ihm und in anderen wirklich ist.

Bis jetzt haben wir nur von der verzerrenden Wirkung der Verdrängung gesprochen; es ist jedoch noch ein weiterer

Aspekt zu erwähnen, der nicht zur Verzerrung führt, sondern dazu, daß eine Empfindung durch Gedankenarbeit unwirklich gemacht wird. Damit meine ich die Tatsache, daß ich zu sehen glaube – aber *nur Worte sehe;* daß ich zu fühlen glaube, aber *die Gefühle nur denke.* Der Mensch, der alles gedanklich verarbeitet, ist der Entfremdete, der Mensch in der Höhle, der, wie in Platos Allegorie, nur Schatten sieht und sie für die unmittelbare Wirklichkeit hält.

Dieser Prozeß der gedanklichen Verarbeitung hängt mit der Mehrdeutigkeit der Sprache zusammen. Sobald ich etwas durch ein Wort ausgedrückt habe, findet eine Entfremdung statt, und die volle Empfindung ist bereits durch das Wort ersetzt. Die volle Empfindung besteht tatsächlich nur bis zu dem Augenblick, wo sie sprachlich ausgedrückt wird. Dieser allgemeine Prozeß der gedanklichen Verarbeitung ist in der modernen Kultur weiter verbreitet und intensiver als wahrscheinlich je zuvor in der Geschichte. Gerade wegen der zunehmenden Betonung des intellektuellen Wissens als Vorbedingung für wissenschaftliche und technische Leistungen und damit zusammenhängend der Bildung und Erziehung, nehmen die Worte immer mehr die Stellung des Empfindens ein. Und doch ist sich der betroffene Mensch dessen nicht bewußt. Er glaubt, etwas zu sehen; er glaubt, etwas zu fühlen; und doch hat er kein Empfinden außer Erinnerung und Denken. Wenn er glaubt, *er* erfasse die Wirklichkeit, ist es nur sein Gehirn-Ich, das sie erfaßt, während er, der ganze Mensch, seine Augen, seine Hände, sein Herz, sein Bauch, nichts erfassen – ja *er* nimmt an der Empfindung nicht teil, von der er glaubt, daß sie *seine* Empfindung sei.

Was geschieht nun also, wenn das Unbewußte bewußt wird? Um diese Frage zu beantworten, sollten wir sie lieber anders formulieren. So etwas wie »das Bewußtsein« und »das Unbewußte« gibt es nicht, sondern nur Abstufungen von Bewußt und Unbewußt. Unsere Frage sollte daher lauten: Was geschieht, wenn ich mir dessen bewußt werde, wessen ich mir vorher nicht bewußt war? Nach dem, was bisher gesagt wurde, lautet die allgemeine Antwort auf diese Frage, daß wir durch jeden Schritt in dieser Richtung immer mehr erkennen, wie fiktiv und unwirklich der Charakter unseres »normalen« Bewußtseins ist. Sich des Unbewußten bewußt zu werden und damit sein Bewußtsein zu erweitern bedeutet, mit der Wirklichkeit und – in diesem Sinne – (intellektuell und affektiv) mit der Wahrheit in Berührung zu kommen. Das Bewußtsein erweitern heißt aufwachen, einen Schleier lüften, die Höhle verlassen, Licht in die Finsternis bringen.

Könnte das das gleiche Erlebnis sein, das die Zen-Buddhisten »Erleuchtung« nennen?

Ich will auf diese Frage später zurückkommen und an dieser Stelle einen für die Psychoanalyse kritischen Punkt ausführlicher behandeln, nämlich das *Wesen der Einsicht und des Wissens,* die die Transformierung des Unbewußten ins Bewußtsein bewirken sollen [38]. Zweifellos teilte Freud in den ersten Jahren seiner psychoanalytischen Forschung den konventionellen, rationalistischen Glauben, daß das Wissen theoretisch und intellektuell sei. Er glaubte, es genüge, dem Patienten zu erklären, warum gewisse Entwicklungen stattgefunden hatten, und ihm zu sagen, was der Analytiker in seinem Unbewußten gefunden hatte. Dieses intellektuelle Wissen, das »Deutung« genannt wurde, sollte eine Wandlung im Patienten bewirken. Aber bald mußten Freud und andere Analytiker die Wahrheit von Spinozas Feststellung entdecken, daß das *intellektuelle* Wissen die Wandlung nur soweit befördert, als es gleichzeitig *affektiv* ist. Es wurde offenkundig, daß das intellektuelle Wissen als solches keine Wandlung bewirkt, außer vielleicht in dem Sinne, daß ein Mensch durch das intellektuelle Wissen um seine unbewußten Bestrebungen sie vielleicht besser beherrschen kann – was jedoch eher das Ziel der herkömmlichen Ethik und nicht das der Psychoanalyse ist. Solange der Patient die Stellung des objektiven, wissenschaftlichen Beobachters einnimmt, der selbst Gegenstand seiner Untersuchung ist, ist er mit seinem Unbewußten nicht in Berührung, außer dadurch, daß er darüber nachdenkt; er *empfindet nicht* die weitere, tiefere Wirklichkeit in seinem Innern. Sein Unbewußtes zu entdecken ist gerade *keine* intellektuelle Tätigkeit, sondern ein affektives Erlebnis, das sich, wenn überhaupt, kaum in Worte fassen läßt. Das bedeutet nicht, daß Denken und Spekulation der Entdeckung nicht vorausgehen können; aber die Entdeckung selbst ist stets ein *Gesamterlebnis* in dem Sinne, daß die ganze Persönlichkeit sie erlebt; sie ist ein Erlebnis, das durch seine Spontaneität und Plötzlichkeit charakterisiert wird. Plötzlich werden einem die Augen geöffnet; man selbst und die Welt erscheinen in einem neuen Licht, werden von einem anderen Gesichtspunkt aus gesehen. Vor dem Erlebnis empfindet man gewöhnlich große Angst, während man nachher ein neues Gefühl der Stärke und Gewißheit hat. Der Vorgang der Entdeckung des Unbewußten kann als Serie sich immer erweiternder Erlebnisse beschrieben werden, die man intensiv empfindet und die über theoretisches, intellektuelles Wissen hinausgehen.

Die Bedeutung dieses *erlebten Wissens* liegt darin, daß es die Art von Wissen und Bewußtsein übersteigt, wo sich der Subjekt-Intellekt als Objekt betrachtet, und daher geht es über die westliche, rationalistische Auffassung des Wissens hinaus. (Ausnahmen in der westlichen Tradition, bei denen es sich um erlebtes Wissen handelt, findet man in Spinozas höchster Form des Wissens, der Intuition, in Fichtes intellektueller Intuition oder in Bergsons schöpferischem Bewußtsein. Alle diese Kategorien der Intuition gehen über das in Subjekt und Objekt gespaltene Wissen hinaus. Die Bedeutung eines solchen Erlebnisses für das Problem des Zen-Buddhismus wird später, in der Diskussion des Zen, geklärt werden.)

In unserer kurzen Skizze der westlichen Elemente der Psychoanalyse ist noch ein weiterer Punkt zu erwähnen, nämlich *die Rolle des Psychoanalytikers.* Ursprünglich unterschied sie sich nicht von der irgendeines Arztes, der einen Patienten »behandelt«. Aber nach einigen Jahren änderte sich die Situation von Grund auf. Freud erkannte, daß es für den Analytiker selbst notwendig ist, sich zu analysieren, das heißt sich dem gleichen Vorgang zu unterwerfen, dem sich später sein Patient unterziehen sollte. Diese Notwendigkeit wurde so erklärt, daß sich der Analytiker von seinen eigenen Vorurteilen, neurotischen Tendenzen usw. befreien müsse. Aber diese Erklärung scheint schon im Hinblick auf Freuds eigene Ansichten ungenügend, wenn wir seine frühen oben erläuterten Feststellungen in Betracht ziehen, daß der Analytiker ein »Vorbild« und ein »Lehrer« sein müsse, der imstande sei, zwischen sich und dem Patienten eine Beziehung herzustellen, die auf »Wahrheitsliebe« aufgebaut sei und jede Art von »Falschheit und Trug« ausschließe. Freud scheint hier gefühlt zu haben, daß der Analytiker in seinem Verhältnis zum Patienten eine Funktion besitzt, die über die des Arztes hinausgeht. Aber dennoch änderte er seine Grundauffassung nicht, daß der Analytiker ein objektiver Beobachter und der Patient sein Beobachtungs*objekt* sei. In der Geschichte der Psychoanalyse wurde diese Vorstellung vom objektiven Beobachter von zwei Richtungen modifiziert, und zwar zuerst von Ferenczi, der in seinen letzten Lebensjahren behauptete, es genüge nicht, wenn der Analytiker beobachte und interpretiere, sondern er müsse imstande sein, den Patienten mit genau der Liebe zu lieben, die der Patient als Kind gebraucht und doch niemals erfahren hatte. Ferenczi meint nicht, der Analytiker solle seinem Patienten gegenüber erotische Liebe empfinden, sondern eher eine mütterliche oder väterliche Liebe oder, um es noch allgemeiner auszudrücken, liebevolle Anteilnahme [39]. H. S. Sullivan ging an das gleiche Problem von einer anderen Seite heran. Er war der Meinung, der Analytiker dürfe nicht die Haltung eines objektiven Beobachters, sondern müsse die eines »beteiligten Beobachters« einnehmen, und er versuchte so, über die orthodoxe Auffassung von der Objektivität des Analytikers hinauszukommen. Ich finde, Sullivan ist doch wohl nicht weit genug gegangen, und man sollte den Analytiker eher definieren als »beobachtenden Teilnehmer« denn als »beteiligten Beobachter«. Aber selbst der Ausdruck »Teilnehmer« drückt nicht ganz das aus, was hier gemeint ist; »teilnehmen« heißt immer noch, draußen zu stehen. Um eine andere Person zu kennen, muß man in ihr sein, muß man sie selbst sein. Der Analytiker versteht den Patienten nur soweit, als er in seinem Innern alles empfindet, was der Patient empfindet; sonst wird er nur ein intellektuelles Wissen *über* den Patienten besitzen, aber weder die Empfindungen des Patienten jemals wirklich kennen, noch ihm das Gefühl vermitteln können, daß er seine (des Patienten) Empfindungen teilt und versteht. Es ist eine der wesentlichen Bedingungen des psychoanalytischen Verstehens und Heilens, daß diese produktive Beziehung zwischen Analytiker und Patient besteht und daß der Analytiker vom Patienten vollkommen in Anspruch genommen, für ihn völlig offen und aufnahmefähig und in dieser zentralen Bezogenheit sozusagen von ihm durchdrungen ist [40]. Der Analytiker muß zum Patienten werden und doch er selbst bleiben. Er muß vergessen, daß er Arzt ist, und muß sich dessen doch bewußt bleiben. Nur wenn er dieses Paradoxon akzeptiert, kann er »Interpretationen« geben, die Autorität besitzen, weil sie ihre Wurzeln in seinem eigenen Empfinden haben. Der Analytiker analysiert den Patienten, aber der Patient analysiert den Analytiker ebenfalls, weil der Analytiker, wenn er das Unbewußte seines Patienten teilt, nicht umhin kann, sein eigenes Unbewußtes zu klären. So heilt der Analytiker nicht nur den Patienten, sondern wird auch von ihm geheilt. Nicht nur er versteht den Patienten, sondern mit der Zeit versteht der Patient auch ihn. Wenn dieses Stadium erreicht ist, ist das Ergebnis Solidarität und Gemeinsamkeit.

Dieses Verhältnis zum Patienten muß realistisch und frei von aller Sentimentalität sein. Weder der Analytiker noch sonst ein Mensch kann einen anderen Menschen »erlösen«. Er kann als Führer – oder Hebamme – wirken; er kann ihm den Weg zeigen, Hindernisse aus dem Weg räumen und manchmal direkte Hilfe leisten, aber er kann für den Patienten niemals das tun, was nur der Patient selbst für sich tun kann. Er muß das dem Patienten vollkommen klarmachen, und zwar nicht nur mit Worten, sondern mit seiner ganzen Haltung. Er muß auch betonen, daß er sich der realistischen Situation bewußt ist, die noch beschränkter ist, als es eine Beziehung zwischen zwei Menschen zu sein braucht. Wenn er, der Analytiker, sein eigenes Leben führen und einer Anzahl von Patienten gleichzeitig dienen soll, gibt es zeitliche und räumliche Beschränkungen. Aber das Hier und Jetzt der Begegnung zwischen Patient und Analytiker ist nicht beschränkt. Wenn diese Begegnung während der analytischen Sitzung stattfindet und wenn die beiden miteinander sprechen, gibt es in der ganzen Welt nichts Wichtigeres als ihr Gespräch – und zwar ebenso für den Patienten wie für den Analytiker. In Jahren der Zusammenarbeit mit dem Patienten geht der Analytiker wirklich über die konventionelle Rolle des Arztes hinaus, er wird ein Lehrer, ein Vorbild, vielleicht ein Meister, vorausgesetzt, daß er selbst sich niemals als analysiert betrachtet, bis er das volle Bewußtsein seiner selbst und die volle Freiheit erreicht und seine eigene Entfremdung und Isoliertheit überwunden hat. Die didaktische Analyse des Analytikers ist nicht das Ende, sondern der Beginn einer kontinuierlichen Selbstanalyse, das heißt der Beginn immer größerer Wachheit.

V Prinzipien des Zen-Buddhismus

Auf den vorstehenden Seiten habe ich eine kurze Skizze der Freudschen Psychoanalyse und ihrer Weiterentwicklung, der humanistischen Psychoanalyse, gegeben. Ich habe über die Existenz des Menschen und die Frage, die sie aufwirft, gesprochen, sowie über das Wesen der Gesundheit, die als Überwindung von Entfremdung und Isoliertheit definiert wurde, und über die spezielle Methode, mit der die Psychoanalyse versucht, ihr Ziel zu erreichen, indem sie in das Unbewußte eindringt. Ich habe die Frage behandelt, was das Wesen des Unbewußten und des Bewußtseins ist und was »Wissen« und »Bewußtsein« in der Psychoanalyse bedeuten, und schließlich habe ich die Rolle des Psychoanalytikers bei dem Vorgang besprochen.

Um die Vorbedingungen für eine Diskussion der Beziehungen zwischen der Psychoanalyse und dem Zen zu schaffen, müßte ich eigentlich eine systematische Übersicht über den Zen-Buddhismus geben. Glücklicherweise ist das nicht notwendig, da Dr. Suzukis Vorträge in diesem Buch (sowie seine anderen Veröffentlichungen) genau das Ziel verfolgen, ein Verständnis des Wesens des Zen zu vermitteln, soweit das mit Worten überhaupt möglich ist. Ich muß jedoch von denjenigen Prinzipien des Zen sprechen, die eine direkte Beziehung zur Psychoanalyse haben.

Das Wesentliche am Zen ist der Gewinn von Erleuchtung (Satori). Wer dieses Erlebnis nicht gehabt hat, kann Zen niemals vollkommen verstehen. Da ich selbst Satori nicht erlebt habe, kann ich über Zen nur am Rande und nicht so darüber sprechen, wie man es eigentlich sollte – aus dem Reichtum des Erlebnisses heraus. Aber das ist nicht deshalb, wie C. G. Jung gemeint hat, weil Satori »eine Art und einen Weg der Erleuchtung bezeichnet, welche nachzufühlen dem Europäer fast unmöglich ist« [41]. In dieser Hinsicht ist Zen für den Europäer nicht schwieriger als Heraklit, Meister Eckehart oder Heidegger. Die Schwierigkeit liegt an der ungeheuren Anstrengung, die zur Erlangung des Satori erfordert wird; diese Anstrengung ist mehr, als die meisten Menschen auf sich zu nehmen bereit sind, und deshalb ist Satori sogar in Japan selten. Jedoch, wenn ich auch über Zen nicht als Autorität sprechen kann, hat mir das Glück, daß ich Dr. Suzukis Bücher kennengelernt, eine ganze Anzahl seiner Vorträge gehört und auch sonst alles über den Zen-Buddhismus, was mir zugänglich war, gelesen habe, wenigstens eine ungefähre Vorstellung vermittelt, worin Zen besteht, eine Vorstellung, die, wie ich hoffe, mich befähigt, den Versuch eines Vergleichs zwischen dem Zen-Buddhismus und der Psychoanalyse zu wagen.

Was ist das Hauptziel des Zen? Mit Dr. Suzukis Worten:

»Zen ist seinem Wesen nach die Kunst, in die Natur seines Seins zu blicken, und es zeigt den Weg von der Knechtschaft zur Freiheit . . . Wir können sagen, daß das Zen alle Energien freisetzt, die in jedem von uns richtig und natürlich aufgespeichert, aber unter normalen Bedingungen verkrampft und verzerrt sind, so daß sie keinen angemessenen Kanal zur Betätigung finden . . . Es ist deshalb das Ziel des Zen, uns davor zu bewahren, geisteskrank oder verkrüppelt zu werden. Das verstehe ich unter Freiheit, daß man allen schöpferischen und wohlwollenden Impulsen, die in unseren Herzen schlummern, freien Spielraum läßt. Im allgemeinen sind wir der Tatsache gegenüber blind, daß wir alle notwendigen Fähigkeiten besitzen, die uns glücklich und anderen gegenüber liebevoll machen.« [42] Wir finden in dieser Definition eine Anzahl wesentlicher Aspekte des Zen, die ich gerne hervorheben möchte: Zen ist die Kunst, in die Natur seines Seins zu blicken, es ist ein Weg von der Knechtschaft zur Freiheit, es setzt unsere natürlichen Energien frei, es bewahrt uns davor, geisteskrank oder verkrüppelt zu werden, und es zwingt uns, unserer Fähigkeit zum Glücklichsein und zur Liebe Ausdruck zu verleihen.

Das höchste Ziel des Zen ist das Erlebnis der Erleuchtung, Satori genannt. Dr. Suzuki hat es in diesen Vorträgen und seinen anderen Veröffentlichungen so genau beschrieben, wie dies überhaupt möglich ist. Ich möchte hier einige Aspekte hervorheben, die für den westlichen Leser und vor allem für den Psychologen von besonderer Bedeutung sind. Satori ist *keine* abnorme Geistesverfassung, es ist *keine* Trance, in der die Wirklichkeit verschwindet. Es ist kein narzißtischer Gemütszustand, wie man ihn in einigen religiösen Offenbarungen findet. Es ist höchstens »der vollkommen normale Zustand des Geistes . . .« Wie Joshu erklärte: »Zen ist euer tägliches Denken«, und: »es hängt von der Art, wie eine Türangel angebracht ist, ab, ob die Tür nach innen oder nach außen aufgeht«. Satori hat auf den Menschen, der es erlebt, eine eigenartige Wirkung. »Alle deine geistigen Kräfte wirken in einem neuen Grundton, beglückender, friedvoller, freudiger als je zuvor. Die Tonart des Lebens ist geändert. Es liegt etwas Verjüngendes im Besitz des Zen. Die Frühlingsblumen lachen heiterer, der Bergstrom rinnt kühler und klarer zu Tal.« [43]

Offensichtlich ist Satori die wahre Erfüllung des Zustandes des Wohlbefindens, den Dr. Suzuki im oben zitierten Absatz beschrieben hat. Wenn wir versuchen, die Erleuchtung mit psychologischen Ausdrücken zu beschreiben, möchte ich sagen, sie sei ein Zustand, in dem der Mensch mit der Wirklichkeit in sich und außerhalb seiner vollkommen übereinstimmt, ein Zustand, in dem er sich ihrer vollkommen bewußt ist und sie vollkommen erfaßt. *Er* ist sich ihrer bewußt – das heißt, weder sein Gehirn, noch irgendein anderer Teil seines Organismus, sondern *er*, der ganze Mensch. Er ist sich *ihrer* bewußt, und zwar nicht als eines Objektes, das er mit seinem Denken erfaßt, sondern *ihrer,* der Blume, des Hundes, des Menschen, in ihrer oder seiner vollen Realität. Wer erwacht, ist für die Welt offen und aufnahmefähig, und er kann offen und aufnahmefähig sein, weil er aufgehört hat, an sich als an einem Ding festzuhalten, und weil er dadurch leer und aufnahmebereit geworden ist. Erleuchtung bedeutet »das volle Erwachen des ganzen Menschen für die Wirklichkeit«.

Es ist sehr wichtig zu verstehen, daß der Zustand der Erleuchtung kein Zustand der Dissoziation oder Trance ist, in dem man *glaubt,* erwacht zu sein, während man in Wirklichkeit tief schläft. Der westliche Psychologe wird natürlich geneigt sein zu glauben, daß Satori nur ein subjektiver Zustand, eine Art selbstinduzierter Trance sei, und selbst ein Psychologe, der dem Zen so anteilnehmend gegenübersteht wie Dr. Jung, verfällt in den gleichen Fehler. Jung schreibt: »Auch die Einbildung ist ein psychischer Vorgang, weshalb es völlig irrelevant ist, ob eine ›Erleuchtung‹ ›wirklich‹ oder ›eingebildet‹ genannt wird. Der, welcher eine Erleuchtung hat oder zu haben vorgibt, meint auf alle Fälle, erleuchtet zu ein... Selbst wenn er löge, wäre seine Lüge eine seelische Tatsache.« [44] Das entspricht natürlich Jungs allgemeiner relativistischer Einstellung in bezug auf die »Wahrheit« religiöser Erlebnisse. Im Gegensatz zu ihm glaube ich, daß eine Lüge niemals eine »geistige Tatsache« oder irgendeine andere Tatsache ist, außer daß sie eine Lüge ist. Wie dem aber auch sein mag, Jungs Einstellung wird ganz gewiß nicht von Zen-Buddhisten geteilt. Im Gegenteil, es ist für sie von höchster Bedeutung, zwischen dem echten Satori-Erlebnis, in dem wirklich ein neuer Gesichtspunkt gefunden wird und das daher wahr ist, und einem Pseudoerlebnis zu unterscheiden, das hysterischer oder psychotischer Natur sein kann und in dem der Zen-Schüler überzeugt ist, daß ihm Satori zuteil wurde, während ihm der Zen-Meister klarmachen muß, daß es nicht der Fall ist. Genau das ist eine der Funktionen des Zen-Meisters, wachsam zu sein, daß der Schüler wirkliche und eingebildete Erleuchtung nicht verwechselt.

Für die Wirklichkeit hellwach zu sein bedeutet, wieder in psychologischen Begriffen gesprochen, daß man eine vollkommen »produktive Orientierung« erlangt hat. Das heißt, daß man sich zur Welt nicht empfangend, ausbeutend, hamsternd oder hortend in Beziehung setzt, sondern schöpferisch und aktiv (im Sinne Spinozas). Im Zustand voller Produktivität gibt es keine Schleier, die das Ich vom Nicht-Ich trennen. Das Objekt ist kein Objekt mehr; es steht nicht mehr mir gegenüber, sondern ist bei mir. Die Rose, die ich sehe, ist kein Objekt für mein Denken, so wie wir sagen: »Ich sehe eine Rose«, und damit nur feststellen, daß das Objekt, eine Rose, zu der Gattung »Rose« gehört, sondern in der Bedeutung: »Eine Rose ist eine Rose ist eine Rose.« Der Zustand der Produktivität ist gleichzeitig der Zustand der größten Objektivität; ich sehe das Objekt ohne Verzerrung durch meine Gier und Angst. Ich sehe es, wie es ist, nicht wie ich will, daß es ist oder nicht ist. Bei dieser Art der Wahrnehmung gibt es keine parataktischen Verzerrungen, sondern sie ist vollkommen lebendig, und es besteht eine Synthese zwischen Subjektivität und Objektivität. *Ich* erlebe intensiv – und doch bleibt das Objekt das, was es ist. Ich erwecke es zum Leben – und es erweckt mich zum Leben. Das Satori erscheint nur dem geheimnisvoll, der sich nicht bewußt ist, in welchem Ausmaß seine Wahrnehmung der Welt rein gedanklicher oder parataktischer Natur ist. Wenn man sich dessen bewußt ist, ist man sich auch eines anderen Bewußtseins bewußt, das man auch ein vollkommen realistisches Bewußtsein nennen kann. Vielleicht hat man nur Bruchstücke davon empfunden – und doch kann man sich vorstellen, was es ist. Ein kleiner Junge, der klavierspielen lernt, spielt nicht wie ein großer Künstler. Und doch ist das Spiel des Künstlers nichts Geheimnisvolles, sondern nur die Vervollkommnung des rudimentären Erlebnisses, das der Junge hat.

Daß die unverzerrte und ohne Gedankenarbeit gewonnene Wahrnehmung der Wirklichkeit ein wesentliches Element der Zen-Erfahrung ist, wird in zwei Zen-Geschichten deutlich zum Ausdruck gebracht. Die eine schildert das Gespräch eines Meisters mit einem Mönch:

»Bemühst du dich je, die Wahrheit zu lernen?«

»Ja.«

»Wie übst du dich?«

»Wenn ich hungrig bin, esse ich; wenn ich müde bin, schlafe ich.«

»Das tut doch jeder. Kann man von ihnen sagen, sie übten sich auf die gleiche Weise wie du?«

»Nein.«

»Warum nicht?«

»Wenn sie essen, so essen sie nicht, sondern denken an verschiedene andere Dinge und lassen sich hierdurch stören; wenn sie schlafen, so schlafen sie nicht, sondern träumen von tausenderlei Dingen. Deshalb sind sie nicht wie ich.« [45]

Die Geschichte bedarf kaum einer Erklärung. Der Durchschnittsmensch, der von Unsicherheit, Gier und Angst getrieben wird, ist unaufhörlich in eine Phantasiewelt verstrickt (ohne sich notwendigerweise dessen bewußt zu sein), in der er der Welt Eigenschaften verleiht, die er in sie hineinprojiziert, die aber nicht in ihr vorhanden sind. Das traf schon damals zu, als dieses Gespräch geführt wurde; um wieviel mehr trifft es heute zu, wo fast jeder mit seinen Gedanken sieht, hört, fühlt und schmeckt, anstatt mit jenen Kräften in ihm, die sehen, hören, fühlen und schmecken können.

Die andere, ebenso bezeichnende Feststellung ist die eines Zen-Meisters, der sagte: »Bevor ich erleuchtet wurde, waren die Flüsse Flüsse und die Berge Berge. Als ich den Weg zur Erleuchtung beschritt, waren die Flüsse keine Flüsse und die Berge keine Berge mehr. Jetzt, da ich erleuchtet bin, sind die Flüsse wieder Flüsse und die Berge wieder Berge.« Wieder sehen wir die neue Einstellung zur Wirklichkeit. Der Durchschnittsmensch ist wie der Mann in Platos Höhle, der nur die Schatten sieht und sie für die Wirklichkeit hält. Sobald er einmal diesen Irrtum erkannt hat, weiß er nur, daß die Schatten *nicht* die Wirklichkeit sind. Aber wenn er erleuchtet ist, hat er die Höhle und ihre Finsternis verlassen und ist ins Licht getreten: Hier sieht er die Substanz und nicht die Schatten. Er ist wach. Solange er im Dunkel ist, kann er das Licht nicht verstehen (wie die Bibel sagt: »Und das Licht scheint in der Finsternis, und die Finsternis hat es nicht begriffen«). Sobald er aus der Finsternis heraus ist, begreift er den Unterschied zwischen der Schattenwelt, die er sah, und der wirklichen Welt, die er jetzt sieht.

Das Ziel des Zen ist die Kenntnis des eigenen Wesens. Es strebt danach, »sich selbst zu kennen«. Aber dieses Wissen ist nicht das »wissenschaftliche« Wissen des modernen Psychologen, das Wissen des Verstandes des Wissenden, der sich als Objekt kennt; die Kenntnis des Ich im Zen ist ein Wissen, das nicht intellektuell und nicht entfremdet, sondern eine reiche Empfindung ist, in der der Wissende und das Gewußte eins werden. Wie es Suzuki ausgedrückt hat: »Die Grundidee des Zen besteht darin, mit dem inneren Wirken unseres Wesens in Berührung zu kommen, und zwar auf die unmittelbarste Weise, ohne auf etwas Äußerliches oder Überlagertes zurückzugreifen.« [46]

Diese Einsicht in das eigene Wesen ist keine intellektuelle und äußerliche, sondern eine erlebte und sozusagen innere Einsicht. Für das Zen ist dieser Unterschied zwischen intellektuellem und erlebtem Wissen von höchster Wichtigkeit und bildet gleichzeitig eine der Grundschwierigkeiten für den Menschen des Westens, wenn er versucht, das Zen zu verstehen. Der Westen (mit nur wenigen Ausnahmen, wie den Mystikern) glaubt seit zweitausend Jahren daran, daß sich eine endgültige Antwort auf das Problem der Existenz gedanklich geben läßt. In der Religion und in der Philosophie ist die »richtige Antwort« von überragender Bedeutung. Darauf zu bestehen bildet die Voraussetzung für die Blüte der Naturwissenschaften. In ihnen ist der richtige Gedanke, wenn er auch auf das Problem der Existenz keine endgültige Antwort gibt, ein Teil der Methode, und er ist für die Anwendung des Gedankens auf die Praxis, das heißt für die Technik, notwendig. Das Zen hingegen setzt voraus, daß sich die letzte Antwort auf das Leben nicht durch Denken geben läßt. »Die intellektuelle Schablone von ›Ja‹ und ›Nein‹ ist ganz bequem, wenn die Dinge normal laufen; sobald jedoch die letzte Frage des Lebens aufgeworfen wird, ist der Verstand nicht imstande, eine befriedigende Antwort zu geben.« [47] Aus diesem Grunde kann das Satori-Erlebnis niemals mit dem Verstand begreiflich gemacht werden. Es ist »ein Erlebnis, das durch keine Menge von Erklärungen und Argumenten anderen mitgeteilt werden kann, wenn es ihnen nicht bereits zuteil wurde. Wenn sich das Satori analysieren läßt, so daß es dadurch für einen anderen, der es niemals erlebt hat, vollkommen klar wird, so ist dieses Satori kein Satori. Denn ein Satori, das in einen Begriff verwandelt wird, ist nicht mehr es selbst; und es wird kein Zen-Erlebnis mehr geben.« [48]

Die letzte Antwort auf das Leben läßt sich also durch keine verstandesmäßige Formulierung geben; ja, um die Erleuchtung zu erlangen, muß man auch die vielen konstruierten Gebilde des Geistes fallenlassen, die eine wahre Einsicht behindern. »Das Zen will den Geist frei und unbehindert;

selbst die Idee der Einheit und Allheit ist ein Hindernis und ein Fallstrick, die die ursprüngliche Freiheit des Geistes bedrohen.« [49] Als weitere Folge ist der Begriff der Anteilnahme und des Einfühlungsvermögens, die von westlichen Psychologen so sehr betont werden, für das Denken des Zen unannehmbar. »Die Idee der Anteilnahme und des Einfühlungsvermögens ist eine verstandesmäßige Interpretation einer ursprünglichen Empfindung, während die Empfindung selbst keinen Platz für irgendeine Aufteilung läßt. Aber der Verstand drängt sich auf und zerbricht die Empfindung, damit sie verstandesmäßiger Verarbeitung zugänglich ist, was eine Unterscheidung oder Spaltung bedeutet. Das ursprüngliche Gefühl der Identität geht dann verloren, und der Verstand kann auf seine charakteristische Weise die Wirklichkeit in Stücke brechen. Die Anteilnahme oder das Einfühlungsvermögen ist das Ergebnis der Bearbeitung durch den Verstand. Der Philosoph, der keine ursprüngliche Empfindung hat, wird geneigt sein, sich damit zufriedenzugeben.« [50]

Nicht nur der Verstand, sondern alle autoritativen Begriffe oder Wendungen beschränken die Spontaneität des Empfindens, deshalb »mißt das Zen den heiligen Sutras oder ihrer Auslegung durch die Weisen und Gelehrten keine wesentliche Bedeutung bei. Das persönliche Empfinden wirkt der Autorität und objektiven Offenbarung stark entgegen . . .« [51] Das Zen besteht weder auf einem Gott, noch leugnet es ihn. »Das Zen will absolute Freiheit, selbst Freiheit von Gott.« [52] Sogar von Buddha will es gleichermaßen frei sein; deshalb der Ausspruch des Zen: »Reinige deinen Mund, wenn du das Wort Buddha aussprichst.«

Gemäß der Einstellung des Zen zur verstandesmäßigen Einsicht ist sein Lehrziel nicht wie im Westen eine immer größere Verfeinerung des logischen Denkens, sondern seine Methode »besteht darin, jemand in eine Zwangslage zu bringen, aus der er sich bemühen muß, nicht durch Logik, sondern durch einen Geist einer höheren Stufe zu entkommen.« [53] Demgemäß ist der Lehrer nicht ein Lehrer im westlichen Sinne. Er ist ein

Meister, weil er seinen eigenen Geist gemeistert hat und daher imstande ist, dem Schüler das einzige mitzuteilen, was sich mitteilen läßt: sein Sein. »Trotz allem, was der Meister tun kann, kann er doch den Schüler nicht das Ding erfassen lassen, wenn dieser dafür nicht vollkommen vorbereitet ist... Die höchste Wirklichkeit kann man nur selbst erfassen.« [54]

Die Einstellung des Zen-Meisters zu seinem Schüler ist für den modernen westlichen Leser verwirrend, der in der Alternative zwischen einer irrationalen Autorität, die die Freiheit beschränkt und ihr Objekt ausbeutet, und einem Laissez-faire, das jede Autorität vermissen läßt, gefangen ist. Das Zen stellt eine andere Form der Autorität dar, die »rationale Autorität«. Der Meister ruft den Schüler nicht; er will von ihm nichts, nicht einmal, daß er erleuchtet wird; der Schüler kommt freiwillig und geht freiwillig. Aber wenn er von dem Meister lernen will, muß er die Tatsache anerkennen, daß der Meister ein Meister ist, das heißt, daß der Meister weiß, was der Schüler wissen will und selbst noch nicht weiß. Für den Meister »gibt es nichts, was durch Worte zu erklären wäre, nichts von der Art einer heiligen Lehre. Dreißig Stockschläge, ob du zustimmst oder ablehnst. Steh nicht schweigend da noch ergehe dich in Reden.« [55] Der Zen-Meister wird gleichzeitig durch das völlige Fehlen jeglicher irrationalen Autorität und durch die gleichermaßen starke Bejahung jener nicht gebieterischen Autorität gekennzeichnet, deren Ursprung echtes Empfinden ist.

Das Zen läßt sich unmöglich verstehen, wenn man nicht die Idee in Betracht zieht, daß die Verwirklichung der wahren Einsicht unauflöslich mit einer Änderung des Charakters verbunden ist. Hier wurzelt das Zen im buddhistischen Denken, für das die Änderung des Charakters Voraussetzung einer Erlösung ist. Gier nach Besitz oder irgend etwas anderem, Eitelkeit und Selbstverherrlichung muß man hinter sich lassen. Gegen die Vergangenheit ist man dankbar, der Gegenwart dienstbereit und vor der Zukunft verantwortungsbewußt. Im Zen leben heißt »dich selbst und die Welt mit höchster Wertschätzung und Ehrerbietung behandeln«, eine Einstellung, die die Grundlage »geheimer Tugend ist, eines höchst charakteristischen Zuges der Lehre des Zen. Sie bedeutet, daß man natürliche Hilfsquellen nicht vergeudet und alles, dem man begegnet, wirtschaftlich und moralisch voll ausnützt.«

Das positive, ethische Ziel des Zen besteht darin, »vollkommene Sicherheit und Furchtlosigkeit« zu verwirklichen und von der Knechtschaft zur Freiheit zu gelangen. »Das Zen ist eine Sache des Charakters und nicht des Verstandes, was bedeutet, daß das Zen aus dem Willen als dem ersten Lebensprinzip erwächst.« [56]

VI Aufhebung der Verdrängung und Erleuchtung

Was ergibt nun unsere Erörterung im Hinblick auf die Beziehung zwischen der Psychoanalyse und dem Zen? (Wenn ich in diesem Kapitel von »Psychoanalyse« spreche, meine ich die humanistische Psychoanalyse, eine Weiterentwicklung der Freudschen Analyse, schließe jedoch diejenigen Aspekte der Freudschen Analyse mit ein, die die Grundlage dieser Weiterentwicklung gebildet haben.)

Der Leser wird jetzt davon überzeugt sein, daß die Annahme einer Unvereinbarkeit von Zen-Buddhismus und Psychoanalyse nur aus einer oberflächlichen Betrachtung beider herrühren kann. Im Gegenteil, ihre Verwandtschaft scheint viel auffallender zu sein. Dieses Kapitel soll diese Verwandtschaft im Detail behandeln.

Beginnen wir mit Dr. Suzukis bereits (S. 146) zitierten Feststellungen über das Ziel des Zen. »Zen ist seinem Wesen nach die Kunst, in die Natur seines Seins zu blicken, und es zeigt den Weg von der Knechtschaft zur Freiheit ... Wir können sagen, daß das Zen alle Energien freisetzt, die in jedem von uns richtig und natürlich aufgespeichert, aber unter normalen

Bedingungen verkrampft und verzerrt sind, so daß sie keinen angemessenen Kanal zur Betätigung finden ... Es ist deshalb das Ziel des Zen, uns davor zu bewahren, geisteskrank oder verkrüppelt zu werden. Das verstehe ich unter Freiheit, daß man allen schöpferischen und wohlwollenden Impulsen, die in unseren Herzen schlummern, freien Spielraum läßt. Im allgemeinen sind wir der Tatsache gegenüber blind, daß wir alle notwendigen Fähigkeiten besitzen, die uns glücklich und anderen gegenüber liebevoll machen.«

Diese Beschreibung der Ziele des Zen könnte ohne Änderung als Beschreibung dessen verwendet werden, was die Psychoanalyse sich bemüht zu erreichen: Einsicht in die eigene Natur, Verwirklichung von Freiheit, Glück und Liebe, Freisetzung von Energie und Erlösung von geistigem und körperlichem Siechtum.

Diese letzte Feststellung, daß wir vor der Alternative zwischen Erleuchtung oder Wahnsinn stehen, mag bestürzend wirken, wird jedoch meiner Ansicht nach durch beobachtbare Tatsachen bewiesen. Während sich die Psychiatrie mit der Frage befaßt, warum *einige* Menschen geisteskrank werden, lautet die eigentliche Frage, warum die *meisten* Menschen *nicht* geisteskrank werden. Wenn man die Stellung des Menschen in der Welt, seine Isoliertheit, seine Einsamkeit, seine Machtlosigkeit und sein Wissen darum bedenkt, sollte man annehmen, diese Last übersteige seine Kräfte und er müsse ganz wörtlich unter der Belastung »zusammenbrechen«. Die meisten vermeiden ein solches Resultat durch kompensierende Mechanismen wie übertönende Alltagsroutine, Übereinstimmung mit der Masse, Streben nach Macht, Prestige und Geld, Abhängigkeit von Idolen, die man mit andern in religiösen Kulten teilt, ein aufopferndes, masochistisches Leben, narzißtische Aufgeblasenheit – kurz, indem sie zum Krüppel werden. Alle diese kompensierenden Mechanismen können, wenn sie funktionieren, die geistige Gesundheit bis zu einem gewissen Grad sichern, aber die einzige grundlegende Lösung, die die potentielle Geisteskrankheit wirklich überwindet, ist das volle, produktive Ja zur Welt, das in seiner höchsten Form Erleuchtung ist.

Bevor wir zum Kernpunkt des Zusammenhangs zwischen Psychoanalyse und Zen kommen, möchte ich noch einige periphere Berührungen ins Auge fassen.

Als erstes ist die dem Zen und der Psychoanalyse gemeinsame ethische Orientierung zu erwähnen. Eine Voraussetzung für die Erreichung der Ziele des Zen ist Überwindung der Gier, sei es Gier nach Besitz oder Ruhm oder irgendeine andere (»Begehren« im Sinne des Alten Testaments). Genau das ist auch das Ziel der Psychoanalyse. Freud hat in seiner Theorie der Entwicklung der Libido von der oral-rezeptiven Phase über die oral-sadistische und anale Phase zur genitalen ausdrücklich betont, daß sich der gesunde Charakter von gieriger, grausamer, geiziger Orientierung zu einer aktiven, unabhängigen Orientierung entwickelt. In meiner eigenen Terminologie, die sich an Freuds klinische Beobachtungen anlehnt, hebe ich dieses Wertelement noch stärker hervor, indem ich über die Entwicklung von rezeptiver über ausbeutende, hamsternde und hortende zu produktiver Orientierung spreche [57]. Aber welche Terminologie man auch anwendet, das Wesentliche ist, daß in der psychoanalytischen Auffassung Gier eine pathologische Erscheinung ist; sie tritt dann auf, wenn ein Mensch seine aktiven, produktiven Fähigkeiten nicht entwickelt hat. Und doch sind weder Psychoanalyse noch Zen in erster Linie ethische Systeme. Das Ziel des Zen ist höher als das ethische Verhalten, und das gleiche gilt für die Psychoanalyse. Man könnte sagen, beide Systeme sehen in der Verwirklichung ihrer Ziele eine ethische Wandlung, die Überwindung von Gier und die Fähigkeit, Liebe und Mitgefühl zu empfinden. Sie wollen nicht erreichen, daß ein Mensch durch die Unterdrückung »böser« Begierden ein tugendhaftes Leben führt, sondern sie erwarten, daß die bösen Begierden unter dem Licht und der Wärme des erweiterten Bewußtseins schmelzen und verschwinden. Aber wie der kausale Zusammenhang zwischen Erleuchtung und ethischer Wandlung auch sein mag, es wäre ein grundlegender Irrtum, anzunehmen, das Ziel des Zen ließe sich von dem Ziel trennen, Gier, Selbstverherrlichung und Dummheit zu überwinden, oder Satori könne ohne Demut, Liebe und Mitgefühl erreicht werden. Ebenso falsch wäre es, das Ziel der Psychoanalyse erreicht zu glauben, wenn nicht im Charakter des Menschen eine ähnliche Wandlung stattgefunden hätte. Ein Mensch, der die produktive Ebene erreicht hat, ist nicht gierig und hat gleichzeitig seine Großartigkeit und die Fiktion seiner Allwissenheit und Allmacht überwunden; er ist bescheiden und sieht sich so, wie er ist. Sowohl Zen als auch Psychoanalyse streben nach etwas, das über die Ethik hinausgeht, und doch läßt sich ihr Ziel nicht verwirklichen, wenn nicht eine ethische Wandlung stattfindet.

Den beiden Systemen ist weiterhin gemeinsam, daß sie auf Unabhängigkeit von jeglicher Autorität bestehen. Dies ist der Hauptgrund, aus dem Freud die Religion kritisiert hat. Nach ihm ist das Wesentliche der Religion die Illusion, die ursprüngliche Abhängigkeit von einem helfenden und strafenden Vater durch eine Abhängigkeit von Gott zu ersetzen. Im Glauben an Gott behält der Mensch nach Freud seine infantile Abhängigkeit bei, anstatt zu reifen, das heißt, sich nur auf seine eigene Kraft zu verlassen. Was hätte Freud zu einer »Religion« gesagt, die verlangt: »Wenn du Buddhas Namen ausgesprochen hast, reinige deinen Mund!« Was hätte er zu einer Religion gesagt, in der es keinen Gott und keinerlei irrationale Autorität gibt und deren Hauptziel genau darin besteht, den Menschen von jeglicher Abhängigkeit zu befreien, ihn aktiv zu machen und ihm zu zeigen, daß er und kein anderer die Verantwortung für sein Schicksal trägt?

Man könnte allerdings fragen, ob diese antiautoritäre Einstellung nicht der Bedeutung des Meisters im Zen und des Analytikers in der Psychoanalyse widerspricht. Auch diese Frage berührt einen tiefen Zusammenhang zwischen Zen und Psychoanalyse. In beiden Systemen wird ein Führer benötigt, jemand, der selbst die Erfahrung gemacht hat, die dem

Patienten (Schüler) unter seiner Obhut zuteil werden soll. Bedeutet dies, daß der Schüler vom Meister (oder Psychoanalytiker) abhängig wird und für ihn deshalb die Worte des Meisters die Wahrheit bedeuten? Zweifellos befassen sich Psychoanalytiker mit der *Tatsache* einer solchen Abhängigkeit (Übertragung) und erkennen den mächtigen Einfluß, den sie gewinnen kann. Aber es ist das Ziel der Psychoanalyse, diese Bindung bewußt zu machen und mit der Zeit aufzulösen und statt dessen den Patienten soweit zu bringen, daß er vom Analytiker vollkommen frei ist, weil er das Unbewußte in seinem Inneren erkannt und es wieder in sein Bewußtsein aufgenommen hat. Der Zen-Meister – und das gleiche gilt für den Psychoanalytiker – weiß mehr und kann daher in sein Urteil Vertrauen haben, aber das bedeutet keineswegs, daß er dem Schüler sein Urteil aufzwingt. Er hat den Schüler nicht gerufen und hindert ihn nicht daran, ihn zu verlassen. Wenn der Schüler freiwillig zu ihm kommt und sich von ihm auf dem steilen Pfad zur Erleuchtung führen lassen will, ist der Meister bereit, ihn zu führen, aber nur unter einer Bedingung: Der Schüler muß einsehen, daß er sich um sich selbst kümmern muß, so gern ihm auch der Meister helfen will. Keiner von uns kann die Seele eines andern erlösen, man kann sich nur selbst erlösen. Alles, was der Meister tun kann, ist, die Rolle einer Hebamme oder eines Bergführers zu spielen. Wie es ein Meister ausdrückte: »Es gibt wirklich nichts, was ich dir mitteilen könnte, und wenn ich es versuchte, könntest du mich lächerlich finden. Außerdem ist alles, was ich dir sagen kann, mein Eigentum und kann niemals dir gehören.«

Ein sehr auffallendes und konkretes Beispiel für die Einstellung des Zen-Meisters findet man in Herrigels Buch über die Kunst des Bogenschießens [58]. Der Zen-Meister macht seine rationale Autorität geltend, das heißt, er weiß besser, wie man sich die Kunst des Bogenschießens aneignet, und muß daher auf einer bestimmten Methode, sie zu lernen, bestehen; aber er will keine irrationale Autorität, keine Macht über den Schüler, keine dauernde Abhängigkeit des Schülers vom

Meister. Im Gegenteil, sobald der Schüler selbst ein Meister geworden ist, geht er seine eigenen Wege, und das einzige, was der Meister von ihm erwartet, ist von Zeit zu Zeit ein Bild, das ihm zeigt, wie es dem Schüler geht. Man könnte sagen, der Zen-Meister liebe seine Schüler. Seine Liebe ist realistisch und reif und läßt ihn jede Anstrengung machen, um dem Schüler zu helfen, daß er sein Ziel erreicht, und doch weiß er, daß er durch kein Mittel das Problem *für* den Schüler lösen und das Ziel für ihn erreichen kann. Diese Liebe des Zen-Meisters ist realistisch und nicht sentimental; sie ist eine Liebe, die die Realität des menschlichen Schicksals hinnimmt: daß keiner von uns den andern erlösen kann und daß wir doch niemals aufhören dürfen, jede Anstrengung zu machen, um einem andern zu helfen, sich selbst zu erlösen. Jede Liebe, die diese Beschränkung nicht kennt und behauptet, sie könne die Seele eines anderen »erlösen«, ist eine Liebe, die sich von Großspurigkeit und Ehrgeiz nicht freigemacht hat.

Ein weiterer Beweis dafür, daß, was über den Zen-Meister gesagt wurde, im Prinzip auch für den Psychoanalytiker gilt (oder gelten sollte), ist kaum nötig. Freud dachte, die Unabhängigkeit des Patienten vom Analytiker könne am besten durch eine spiegelglatte, unpersönliche Haltung des Analytikers erreicht werden. Analytiker wie Ferenczi, Sullivan, ich und andere erachten allerdings eine Beziehung zwischen Analytiker und Patienten als notwendig für das Verstehen, stimmen darin jedoch völlig überein, daß diese Beziehung frei sein müsse von jeder Sentimentalität, von unrealistischen Verzerrungen und vor allem von jeglicher Einmischung des Analytikers in das Leben des Patienten, selbst der subtilsten und indirektesten. Sie dürfe nicht einmal in der Forderung bestehen, daß er gesund werde. Wenn der Patient gesund werden und sich ändern will, ist das gut, und der Analytiker ist bereit, ihm zu helfen. Wenn sein Widerstand gegen eine Änderung zu groß ist, ist nicht der Analytiker dafür verantwortlich. Dessen ganze Verantwortung besteht darin, auf der Suche nach dem Ziel, um dessentwillen der Patient ihn aufsucht, sein bestes

Wissen und alle seine Bemühungen einzusetzen und sich dem Patienten zu schenken.

Im Zusammenhang mit der Einstellung des Analytikers gibt es noch eine weitere Ähnlichkeit zwischen Zen-Buddhismus und Psychoanalyse. Die »Lehr«-Methode des Zen besteht darin, den Schüler sozusagen in die Ecke zu drängen. Das Koan macht es dem Schüler unmöglich, im intellektuellen Denken Zuflucht zu suchen; es wirkt wie eine Schranke, die eine weitere Flucht verhindert. Der Analytiker tut etwas Ähnliches – oder sollte etwas Ähnliches tun. Er muß den Fehler vermeiden, dem Patienten Interpretationen und Erklärungen zu bieten, die diesen nur daran hindern, den Sprung vom Denken zum Empfinden zu machen. Er muß ihm im Gegenteil eine Rationalisierung nach der andern, eine Krücke nach der andern wegnehmen, bis der Patient nicht mehr länger ausweichen kann und statt dessen die Fiktionen durchbricht, die seinen Geist erfüllen, und bis er Wirklichkeit erlebt – das heißt, sich dessen bewußt wird, wessen er sich zuvor nicht bewußt war. Dieser Vorgang ruft oft große Angst hervor, die manchmal den Durchbruch verhindern würde, wenn nicht die beruhigende Gegenwart des Analytikers wäre. Aber diese Beruhigung besteht darin, daß er »da ist«, und nicht in Worten, die den Patienten hindern können, zu empfinden, was nur er selbst empfinden kann.

Unsere Erörterung hat bis jetzt äußere Berührungspunkte zwischen Zen-Buddhismus und Psychoanalyse behandelt. Aber ein solcher Vergleich kann nicht befriedigen, wenn er nicht direkt das Hauptanliegen des Zen, die Erleuchtung, und das Hauptanliegen der Psychoanalyse, die Überwindung der Verdrängung und die Transformierung des Unbewußten ins Bewußtsein behandelt.

Fassen wir zusammen, was wir bisher über dieses Problem, soweit es die Psychoanalyse betrifft, gesagt haben. Das Ziel der Psychoanalyse besteht darin, das Unbewußte bewußt werden zu lassen. Wenn wir jedoch von »Bewußtsein« und von »Unbewußtem« sprechen, nehmen wir Worte für die

Wirklichkeit. Wir müssen an der Tatsache festhalten, daß Bewußt und Unbewußt Funktionen und nicht Orte oder Inhalte bezeichnen. Genau genommen können wir also nur von verschiedenen Graden der Verdrängung sprechen, einem Zustand, in dem nur diejenigen Empfindungen in das Bewußtsein dringen können, die den sozialen Filter von Sprache, Logik und Bedeutung passieren dürfen. In dem Ausmaß, in dem ich mich von diesem Filter befreien und mich als ganzen Menschen empfinden kann, das heißt, in dem Ausmaß, in dem die Verdrängung abnimmt, bin ich mit den tiefsten Quellen in meinem Innern, das heißt mit der ganzen Menschheit, in Berührung. Wenn jede Verdrängung aufgehoben wurde, gibt es kein Unbewußtes im Gegensatz zum Bewußten mehr, sondern ein direktes, unmittelbares Erleben; im gleichen Ausmaß, in dem ich mir selbst nicht fremd bin, ist mir niemand und nichts fremd. Und ferner, in dem Grad, in dem ein Teil von mir mir selbst entfremdet und mein »Unbewußtes« von meinem Bewußtsein getrennt ist (das heißt, daß ich, der ganze Mensch, von mir, dem sozialen Menschen, getrennt bin), wird die Art und Weise, wie ich die Welt erfasse, auf verschiedene Arten verfälscht. Erstens durch parataktische Verzerrungen (Übertragung): Ich erlebe den andern nicht mit meinem ganzen Ich, sondern mit meinem gespaltenen, infantilen Ich, und daher empfinde ich einen andern Menschen als wichtige Person meiner Kindheit und nicht als den Menschen, der er wirklich ist.

Zweitens erlebt der Mensch im Zustand der Verdrängung die Welt mit einem falschen Bewußtsein. Er sieht nicht das, was ist, sondern er projiziert sein Gedankenbild in die Dinge hinein und sieht sie im Licht seiner Gedankenbilder und Phantasien und nicht in ihrer Realität. Durch das Gedankenbild, den verzerrenden Schleier, entstehen seine Leidenschaften und Ängste. Schließlich erlebt der Mensch mit Verdrängungen keine Dinge und Menschen, sondern sein Erleben ist gedanklicher Natur. Er hat die Illusion, mit der *Welt* in Berührung zu sein, während er nur mit *Worten* in Berührung ist. Parataktische Verzerrung, falsches Bewußtsein und Intellektualisierung sind nicht streng getrennte Arten von Unwirklichkeit; sie sind vielmehr verschiedene und doch sich überschneidende Aspekte der gleichen Erscheinung von Unwirklichkeit, die so lange vorhanden ist, als der universale Mensch vom sozialen Menschen verschieden ist. Wir beschreiben nur dasselbe Phänomen auf andere Weise, wenn wir sagen, der Mensch, der in einem Zustand der Verdrängung lebt, sei der entfremdete Mensch. Er projiziert seine eigenen Gefühle und Ideen auf Objekte und empfindet dann nicht sich selbst als Subjekt seiner Gefühle, sondern wird von den Objekten beherrscht, die mit seinen Gefühlen beladen sind.

Das Gegenteil der entfremdeten, verzerrten, parataktischen, falschen und gedanklich gebildeten Empfindung ist das unmittelbare, direkte, vollkommene Erfassen der Welt, das wir am Kind beobachten, bevor die Macht der Erziehung diese Form des Empfindens verändert. Für das Neugeborene gibt es noch keine Trennung zwischen Ich und Nicht-ich. Diese Trennung vollzieht sich allmählich, und ihre Vollendung kommt dadurch zum Ausdruck, daß das Kind »ich« sagen kann. Aber immer noch erfaßt das Kind die Welt verhältnismäßig unmittelbar und direkt. Wenn das Kind mit einem Ball spielt, sieht es den Ball sich wirklich bewegen, es befindet sich vollkommen *in* diesem Erlebnis und kann es deshalb endlos und mit stets der gleichen Freude wiederholen. Der Erwachsene glaubt ebenfalls, daß er den Ball rollen sieht. Das stimmt natürlich insofern, als er sieht, daß das Objekt Ball über das Objekt Fußboden rollt. Aber er *sieht* das Rollen nicht wirklich. Er *denkt* den rollenden Ball auf dem Boden. Wenn er sagt: »Der Ball rollt«, bestätigt er in Wirklichkeit nur (a) sein Wissen, daß das runde Ding dort drüben Ball genannt wird, und (b) sein Wissen, daß runde Gegenstände über eine glatte Fläche rollen, wenn man ihnen einen Anstoß gibt. Seine Augen arbeiten mit dem Ziel, sein Wissen zu beweisen und ihn so seiner Welt sicher zu machen.

Wenn man keine Verdrängungen hat, lernt man wieder, die

Wirklichkeit unmittelbar und unverzerrt zu erfassen, und erwirbt wieder die Einfachheit und Spontaneität des Kindes. *Nachdem* man jedoch die Entfremdung und die Entwicklung des Verstandes durchgemacht hat, ist die Freiheit von Verdrängungen eine Rückkehr zur Unschuld auf einer höheren Ebene; diese Rückkehr zur Unschuld ist nur möglich, nachdem man seine Unschuld verloren hat.

Diese ganze Idee ist im Alten Testament in der Geschichte vom Sündenfall und in der prophetischen Auffassung vom Messias klar zum Ausdruck gebracht. In der biblischen Geschichte befindet sich der Mensch im Garten Eden in einem Zustand undifferenzierter Harmonie. Es gibt kein Bewußtsein, keine Differenzierung, keine Entscheidung, keine Freiheit, keine Sünde. Er ist ein Teil der Natur und ist sich keines Abstandes zwischen sich und der Natur bewußt. Dieser Zustand ursprünglicher und vor-individueller Harmonie wird durch seine erste Entscheidung zerrissen, die gleichzeitig seine erste Tat des Ungehorsams und der Freiheit ist. Diese Tat bringt das Entstehen des Bewußtseins mit sich. Der Mensch ist sich seiner selbst als Er, seiner Getrenntheit von Eva, der Frau, und von der Natur, den Tieren und der Erde bewußt. Wenn er dieses Getrenntsein empfindet, schämt er sich – so wie wir uns noch immer (wenn auch unbewußt) schämen, wenn wir unser Getrenntsein von unseren Mitmenschen empfinden. Er verläßt den Garten Eden, und das ist der Beginn der Geschichte der Menschheit. Er kann nicht in den ursprünglichen Zustand der Harmonie zurückkehren, aber er kann einen neuen Zustand der Harmonie anstreben, indem er seine Vernunft, seine Objektivität, sein Gewissen und seine Liebe vollkommen entwickelt, so daß, wie die Propheten es ausdrücken, »das Land voll Erkenntnis des Herrn ist, wie Wasser das Meer bedeckt«. Die Geschichte ist in der messianischen Auffassung der Ort, wo sich diese Entwicklung von der vor-individuellen, vor-bewußten Harmonie zu einer neuen Harmonie, die sich auf Vollendung und Vervollkommnung der Entwicklung der Vernunft gründet, vollziehen wird.

Dieser neue Zustand der Harmonie wird die messianische Zeit genannt, in der es zwischen Mensch und Natur, Mensch und Mensch, keinen Konflikt mehr geben wird, wo die Wüste zu einem fruchtbaren Tal wird und wo Wolf und Lamm Seite an Seite ruhen und die Schwerter zu Pflugscharen werden. Die messianische Zeit ist die Zeit des Gartens Eden und doch ihr Gegenteil. Sie ist die Einheit, Unmittelbarkeit und Ganzheit des vollentwickelten Menschen, der wieder zum Kind geworden und doch darüber hinausgewachsen ist.

Die gleiche Idee wird im Neuen Testament zum Ausdruck gebracht: »Wahrlich, ich sage euch: Wer nicht das Reich Gottes annimmt wie ein Kind, der wird nicht hineinkommen« (Lukas 18,17). Der Sinn ist klar: Wir müssen wieder zu Kindern werden, um die Welt unentfremdet und schöpferisch zu erfassen; aber während wir zu Kindern werden, sind wir gleichzeitig keine Kinder, sondern vollentwickelte Erwachsene. Dann haben wir wirklich das Erlebnis, das das Neue Testament folgendermaßen beschreibt: »Wir sehen jetzt durch einen Spiegel in einem dunkeln Wort; dann aber von Angesicht zu Angesicht. Jetzt erkenne ich's stückweise; dann aber werde ich erkennen, gleichwie ich erkannt bin« (1. Kor. 13,11).

»Sich des Unbewußten bewußt werden« heißt, die Verdrängungen und Entfremdung von mir, und damit von dem Fremden, zu überwinden. Es bedeutet aufzuwachen, Illusionen, Fiktionen und Lügen abzuschütteln und die Wirklichkeit so zu sehen, wie sie ist. Der Mensch, der erwacht, ist der befreite Mensch, der Mensch, dessen Freiheit weder von ihm noch von anderen eingeschränkt werden kann. Der Vorgang, daß man sich dessen bewußt wird, wessen man sich nicht bewußt war, bildet die innere Revolution des Menschen. Es ist das wahre Erwachen, das an der Wurzel sowohl des schöpferischen intellektuellen Denkens als auch des intuitiven, unmittelbaren Erfassens liegt. Lügen kann man allein im Zustand der Entfremdung, wo man die Wirklichkeit nur als Gedanken empfindet. Wenn man für die Wirklichkeit offen, das heißt, wenn man erwacht ist, ist Lügen unmöglich, weil die Lüge unter der Kraft des vollen Erlebens dahinschmelzen würde. Schließlich bedeutet das Unbewußte bewußt zu machen, daß man in der Wahrheit lebt. Die Wirklichkeit ist nicht mehr entfremdet, ich bin für sie offen, ich lasse sie existieren; daher sind meine Reaktionen auf sie »wahr«.

Dieses Ziel, daß man die Welt unmittelbar und voll erfaßt, ist auch das Ziel des Zen. Da Dr. Suzuki in diesem Buch ein Kapitel über das Unbewußte geschrieben hat, kann ich auf seinen Beitrag verweisen und hier versuchen, den Zusammenhang zwischen der Auffassung der Psychoanalyse und der des Zen noch weiter zu klären.

Zunächst möchte ich auf eine Schwierigkeit in der Terminologie hinweisen, die meiner Ansicht nach die Sache unnötig kompliziert, nämlich die Verwendung der Begriffe »Bewußtsein« und »das Unbewußte« anstatt des funktionellen Begriffes, daß sich der ganze Mensch der Empfindung mehr oder weniger stark bewußt ist. Ich glaube, wenn wir unsere Erörterung von diesen terminologischen Hindernissen befreien, können wir den Zusammenhang zwischen dem, was es wirklich bedeutet, das Unbewußte bewußt zu machen, und der Idee der Erleuchtung leichter erkennen.

»Die Methode des Zen besteht darin, in den Gegenstand selbst einzudringen und ihn sozusagen von innen zu sehen.« Dieses unmittelbare Erfassen der Wirklichkeit »kann man auch triebhaft oder schöpferisch nennen«. Suzuki spricht dann von dieser Quelle der Schöpferkraft als vom »Unbewußten des Zen« und fährt fort: »Das Unbewußte ist etwas, das man fühlt, und zwar nicht im gewöhnlichen Sinne, sondern was ich den elementarsten oder fundamentalsten Sinn nennen möchte.« Die Formulierung spricht hier vom Unbewußten als von einem Bereich innerhalb der Persönlichkeit, der gleichzeitig über sie hinausreicht, und wie Suzuki weiter sagt: »Das Gefühl des Unbewußten ist grundlegend und elementar.« Wenn ich das in funktionelle Begriffe übersetze, würde ich nicht sagen, man fühle »das Unbewußte«, sondern vielmehr, man sei sich eines tieferen und nicht konventionalisierten Bereichs des Empfindens bewußt, oder anders ausgedrückt, der Grad der Verdrängung und somit die parataktische Verzerrung, die projizierten Bilder und die gedankliche Verarbeitung der Wirklichkeit würden verringert. Wenn Dr. Suzuki sagt, der Zen-Anhänger stehe »in direkter Verbindung mit dem großen Unbewußten«, würde ich folgende Formulierung vorziehen: Er ist sich seiner eigenen Wirklichkeit und der Wirklichkeit der Welt in ihrer vollen Tiefe und ohne Schleier bewußt. Ein wenig später verwendet Suzuki die gleiche funktionelle Sprache, wenn er sagt: »Vielmehr ist es (das Unbewußte) im Gegenteil das uns Vertrauteste, und gerade wegen dieser Vertrautheit läßt es sich schwer greifen, so wie auch das Auge sich selbst nicht sehen kann. *Um sich daher des Unbewußten bewußt zu werden, muß das Bewußtsein besonders geübt werden.*« [59] Hier wählt Suzuki eine Formulierung, die man auch vom psychoanalytischen Standpunkt aus gewählt hätte: Das Ziel besteht darin, sich des Unbewußten bewußt zu werden, und um dieses Ziel zu erreichen, muß das Bewußtsein besonders geübt werden. Bedeutet dies, daß Zen und Psychoanalyse das gleiche Ziel haben und sich nur darin unterscheiden, welche Schulung des Bewußtseins sie entwickkelt haben?

Bevor wir auf diesen Punkt zurückkommen, möchte ich noch einige weitere Punkte besprechen, die der Klärung bedürfen.

In seinem Beitrag bezieht sich Dr. Suzuki auf das gleiche Problem, das ich weiter oben in meiner Besprechung der psychoanalytischen Auffassung erwähnt habe, nämlich auf das Problem des Gegensatzes zwischen dem Wissen und dem Zustand der Unschuld. Was man im biblischen Sinne Verlust der Unschuld durch Erwerb von Wissen nennt, heißt im Zen und im Buddhismus im allgemeinen »affektive Verseuchung« (Klesha) oder »Einmengung des bewußten Geistes, der vom Verstand beherrscht ist« (Vijnana). Der Begriff Verstandesarbeit wirft eine sehr wichtige Frage auf. Ist Verstandesarbeit dasselbe wie Bewußtsein? In diesem Fall würde die Bewußtmachung des Unbewußten die Förderung von Verstandesarbeit bedeuten und damit zu einem Ziel führen, das dem des Zen genau entgegengesetzt ist. Wenn dies der Fall wäre, dann wären wahrhaftig die Ziele der Psychoanalyse und des Zen diametral entgegengesetzt, weil das eine nach mehr Verstandesarbeit, das andere nach Überwindung der Verstandesarbeit strebte.

Man muß zugeben, daß Freud in den frühen Jahren seiner Arbeit, als er noch glaubte, es genüge zur Heilung, wenn der Psychoanalytiker dem Patienten die richtige Information gebe, die verstandesmäßige Verarbeitung als das Ziel der Psychoanalyse betrachtete; man muß ferner zugeben, daß sich viele Analytiker in der Praxis noch immer nicht von dieser Auffassung freigemacht haben und daß Freud niemals in voller Klarheit über den Unterschied zwischen verstandesmäßiger Verarbeitung und affektivem Gesamterlebnis gesprochen hat, das beim echten »Durchbrechen« auftritt. Und doch ist es genau diese empfindungsmäßige und nicht-intellektuelle Einsicht, die das Ziel der Psychoanalyse darstellt. Wie ich bereits sagte, ist es nicht das gleiche, ob ich mir bewußt bin, daß ich atme, oder ob ich über mein Atmen nachdenke. Wenn ich mir der Bewegung meiner Hand bewußt bin, heißt das nicht, daß ich daran denke. Im Gegenteil, sobald ich an mein Atmen oder an die Bewegung meiner Hand denke, bin ich mir des Atmens oder der Handbewegung nicht mehr bewußt. Das gleiche gilt, wenn ich mir einer Blume oder eines Menschen, meiner Empfindung der Freude, der Liebe oder des Friedens bewußt bin. Es ist in der Psychoanalyse für jede wahre Einsicht charakteristisch, daß man sie gedanklich nicht formulieren kann, während es für jede schlechte Analyse charakteristisch ist, daß die »Einsicht« in komplizierte Theorien gefaßt ist, die mit dem unmittelbaren Empfinden nichts zu tun haben. Die authentische psychoanalytische Einsicht kommt plötzlich; sie tritt nicht erzwungen oder vorsätzlich auf. Sie beginnt nicht in unserem Gehirn, sondern, um ein japanisches Bild zu verwenden, in unserem Bauch. Sie läßt sich nicht ausreichend in Worte fassen und weicht uns aus, wenn wir es versuchen; und doch ist sie wirklich und bewußt und läßt den Menschen, der sie empfindet, verändert zurück.

Das Kleinkind erfaßt die Welt unmittelbar, weil bei ihm das Bewußtsein, die Objektivität und der Sinn dafür, daß die Wirklichkeit vom Ich getrennt ist, noch nicht voll entwickelt sind. In diesem Stadium ist »das Unbewußte instinktiv und geht über das von Tieren oder kleinen Kindern nicht hinaus. Es kann nicht das Unbewußte des reifen Menschen sein«. Während der Wandlung vom primitiven Unbewußten zum Ich-Bewußtsein empfindet man infolge der Spaltung zwischen Subjekt und Objekt, der Trennung zwischen dem universalen Menschen und dem sozialen Menschen, zwischen dem Unbewußten und dem Bewußtsein, die Welt als entfremdete Welt. In dem Maße jedoch, in dem das Bewußtsein geübt wird, sich zu öffnen und den dreifachen Filter zu lockern, verschwindet die Diskrepanz zwischen dem Bewußtsein und dem Unbewußten. Wenn sie vollständig verschwunden ist, ist das Empfinden direkt, unreflektiert, bewußt und das gleiche, wie man es ohne Verstandesarbeit und ohne Nachdenken hat. Dieses Wissen ist das, was Spinoza die höchste Form des Wissens, *Intuition,* nannte; das Wissen, das Suzuki so beschreibt, daß man »direkt in das Objekt selbst eindringt und es sozusagen von innen sieht«; es ist die konative oder schöpferische Art, die Wirklichkeit zu sehen. Wenn der Mensch die Welt unmittelbar und ohne Nachdenken erfaßt, wird er durch dieses Erlebnis zum »schöpferischen Künstler des Lebens«, der wir alle sind und es doch vergessen haben. »Jede seiner (des schöpferischen Künstlers des Lebens) Handlungen ist Ausdruck seiner Originalität, Schöpferkraft und lebendigen Persönlichkeit. In ihm gibt es keine Konventionalität, keine Konformität, keine hemmende Motivierung . . . Sein Ich ist nicht in seiner fragmentarischen, begrenzten, gehemmten egozentrischen Existenz eingekerkert; er hat sein Gefängnis verlassen.« [60]

Wenn sich der »reife Mensch« von der »affektiven Verseuchung« und vom Dazwischentreten des Verstandes gereinigt
hat, kann er »ein Leben der Freiheit und Spontaneität führen, in
dem ihn solche beunruhigenden Gefühle wie Furcht, Angst oder
Unsicherheit nicht überfallen können.« [61] Was Suzuki hier
von der befreienden Funktion dieses Zieles sagt, ist das gleiche,
was man vom psychologischen Standpunkt aus über die erwar-
tete Wirkung der vollen Einsicht sagen würde.

Es bleibt noch eine Frage der Terminologie zu klären, die ich
nur kurz erwähnen will, da sie wie alle terminologischen
Fragen nicht sehr wichtig ist. Ich habe bereits erwähnt, daß
Suzuki davon spricht, das Bewußtsein zu üben; aber an
anderen Stellen spricht er vom »*trainierten Unbewußten*, in
das alle bewußten Erfahrungen, die er seit seiner Kindheit
gemacht hat, aufgenommen sind, weil sie zusammen sein ganzes Wesen ausmachen«. [62] Man könnte darin einen Widerspruch sehen, daß einmal von »trainiertem Bewußtsein« und
ein andermal von »trainiertem Unbewußten« gesprochen
wird. Aber in Wirklichkeit glaube ich nicht, daß wir es hier
überhaupt mit einem Widerspruch zu tun haben. Wenn das
Unbewußte bewußt gemacht wird und man zur vollen und
daher unreflektierten Realität des Empfindens gelangt, müssen sowohl das Bewußtsein als auch das Unbewußte geübt
werden. Das Bewußtsein muß geübt werden, daß es sich nicht
mehr auf den herkömmlichen Filter verläßt, und das Unbewußte, daß es aus seiner geheimen, getrennten Existenz ins
Licht tritt. Aber in Wirklichkeit verwenden wir nur Metaphern, wenn wir davon sprechen, das Bewußtsein und das
Unbewußte zu üben. Weder das Unbewußte noch das
Bewußtsein brauchen geübt zu werden (da es weder ein
Bewußtsein noch ein Unbewußtes gibt), sondern der *Mensch*
muß lernen, seine Verdrängungen fallenzulassen und die
Wirklichkeit voll, klar und bewußt und doch ohne intellektu-
elle Reflexion zu erleben, außer dort, wo sie notwendig oder
erwünscht ist, wie in der Wissenschaft und in praktischen
Beschäftigungen.

Suzuki schlägt vor, dieses Unbewußte das kosmische Unbewußte zu nennen. Gegen diesen Ausdruck gibt es natürlich kein stichhaltiges Argument, vorausgesetzt, er wird so klar erklärt wie in Suzukis Text. Trotzdem würde ich lieber den Ausdruck »kosmisches Bewußtsein« verwenden, den Bucke zur Bezeichnung einer neuen, im Entstehen begriffenen Form des Bewußtseins benutzte [63]. Ich möchte diesen Begriff vorziehen, denn in dem Maße, als das Unbewußte bewußt wird, hört es auf, unbewußt zu sein (wobei wir stets beachten, daß es nicht zur gedanklichen Überlegung wird). Das kosmische Unbewußte ist nur so lange unbewußt, als wir von ihm getrennt sind, das heißt, solange wir uns der Wirklichkeit nicht bewußt sind. In dem Grad, wie wir erwachen und mit der Wirklichkeit in Berührung kommen, gibt es nichts, dessen wir uns nicht bewußt sind. Mit dem Begriff »kosmisches Bewußtsein« soll jedoch die Funktion des Bewußtseins und nicht ein Ort innerhalb der Persönlichkeit bezeichnet werden.

Was ergibt diese ganze Diskussion in bezug auf die Beziehungen zwischen Zen-Buddhismus und Psychoanalyse?

Das Ziel des Zen ist die Erleuchtung: das unmittelbare, unreflektierte Erfassen der Wirklichkeit ohne affektive Verseuchung und Verstandesarbeit und die Erkenntnis der Beziehung zwischen mir und dem Universum. Diese neue Empfindung ist eine Wiederholung des vor-intellektuellen, unmittelbaren Erfassens des Kindes, aber auf einer neuen Ebene, auf der die Vernunft, Objektivität und Individualität des Menschen voll entwickelt sind. Während das Erlebnis des Kindes der Unmittelbarkeit und Einheit *vor* der Erfahrung der Entfremdung und der Spaltung in Subjekt und Objekt liegt, kommt das Erlebnis der Erleuchtung danach.

Das Ziel der Psychoanalyse, wie es von Freud formuliert wurde, besteht darin, das Unbewußte bewußt zu machen, Es durch Ich zu ersetzen. Sicherlich war der Inhalt des Unbewußten, der freigelegt werden sollte, auf einen kleinen Sektor der Persönlichkeit begrenzt, und zwar auf jene instinktiven

Bestrebungen, die in der frühen Kindheit wirksam waren, jedoch der Amnesie anheimfielen. Diese aus dem Zustand der Verdrängung zu befreien war das Ziel der psychoanalytischen Praxis. Ferner wurde, ganz abgesehen von Freuds theoretischen Voraussetzungen, der freizulegende Sektor durch die therapeutische Notwendigkeit bestimmt, ein bestimmtes Symptom zu heilen. Für die Freilegung des Unbewußten außerhalb des Sektors, der mit der Symptombildung in Zusammenhang stand, bestand wenig Interesse. Allmählich haben die Einführung der Begriffe des Todesinstinkts und des Eros und die Entwicklung der Ich-Aspekte in den letzten Jahren eine gewisse Erweiterung der Freudschen Auffassungen über den Inhalt des Unbewußten mit sich gebracht. Die von Freud unabhängigen Schulen haben den Sektor des Unbewußten, der freigelegt werden soll, stark vergrößert. Am radikalsten haben Jung, aber auch Adler, Rank und die andern jüngeren sogenannten Neo-Freudianer zu dieser Erweiterung beigetragen. Aber das Ausmaß des freizulegenden Sektors blieb (mit Ausnahme von Jung) trotz einer solchen Erweiterung durch das therapeutische Ziel der Heilung von diesem oder jenem Symptom oder neurotischen Charakterzug bestimmt und umfaßte nicht den ganzen Menschen.

Wenn man jedoch Freuds ursprüngliches Ziel, das Unbewußte bewußt zu machen, bis zur letzten Konsequenz verfolgt, muß man es von den Beschränkungen befreien, die ihm Freuds eigene Ausrichtung auf die Instinkte und die Aufgabe, Symptome zu heilen, auferlegt haben. Wenn man das Ziel verfolgt, das Unbewußte vollständig freizulegen, ist diese Aufgabe weder auf die Instinkte noch auf andere begrenzte Teile des Empfindens beschränkt, sondern umfaßt das gesamte Empfinden des ganzen Menschen; dann besteht das Ziel in der Überwindung der Entfremdung und der Gespaltenheit in Subjekt und Objekt bei der Wahrnehmung der Welt; dann bedeutet die Freilegung des Unbewußten die Überwindung der affektiven Verseuchung und der Gedankenarbeit; sie bedeutet die Befreiung des Verdrängten, die Aufhebung der

Spaltung in mir zwischen dem universalen Menschen und dem sozialen Menschen; sie bedeutet das Verschwinden der Polarität von Bewußtsein gegenüber Unbewußtem; sie bedeutet, daß man die Wirklichkeit unmittelbar, ohne Verzerrung und ohne Dazwischentreten der intellektuellen Reflexion erfaßt; sie bedeutet die Überwindung des Verlangens, am eigenen Ich festzuhalten und es anzubeten; sie bedeutet die Aufgabe der Illusion von einem unzerstörbaren, isolierten Ich, das vergrößert und bewahrt werden muß, wie die ägyptischen Pharaonen hofften, sich durch Mumifizierung für die Ewigkeit zu bewahren. Sich des Unbewußten bewußt zu sein bedeutet, offen und aufnahmebereit zu sein und nicht zu *haben,* sondern zu *sein.*

Dieses Ziel, das Unbewußte durch das Bewußtsein vollständig zu erobern, ist ganz eindeutig viel tiefgreifender als das allgemeine Ziel der Psychoanalyse. Die Gründe hierfür sind leicht einzusehen. Dieses Gesamtziel zu erreichen, erfordert eine Anstrengung, die weit größer ist, als die meisten Menschen des Westens bereit sind, auf sich zu nehmen. Aber ganz abgesehen von der Frage der Anstrengung ist es nur unter gewissen Bedingungen möglich, dieses Ziel auch nur ins Auge zu fassen. Erstens läßt sich dieses tiefgreifende Ziel nur vom Standpunkt einer gewissen philosophischen Einstellung heraus anstreben. Diese Einstellung braucht im einzelnen nicht beschrieben zu werden. Es mag genügen zu sagen, daß durch sie nicht das negative Ziel des Fehlens einer Krankheit, sondern das positive Ziel des Vorhandenseins der Gesundheit angestrebt wird und daß unter Gesundheit die volle Harmonie und das unmittelbare und unverseuchte Erfassen der Welt verstanden wird. Dieses Ziel könnte man nicht besser beschreiben, als es Suzuki mit dem Ausdruck »die Kunst des Lebens« getan hat. Man muß sich vor Augen halten, daß jede solche Auffassung, die dieser Kunst des Lebens entspricht, aus dem Boden einer geistig-humanistischen Orientierung erwächst, wie sie der Lehre Buddhas, der Propheten, Jesu, Meister Eckeharts oder der von Männern wie Blake, Walt

Whitman oder Bucke zugrunde liegt. Wenn man sie nicht in diesem Zusammenhang sieht, verliert die Auffassung von der »Kunst des Lebens« alles Spezifische und entartet zu einer Auffassung, die heutzutage unter dem Namen »Glück« verbreitet ist. Man darf ferner nicht vergessen, daß diese Orientierung ein ethisches Ziel enthält. Obwohl das Zen über die Ethik hinausgeht, enthält es doch die ethischen Grundziele des Buddhismus, die im wesentlichen die gleichen sind wie die aller humanistischen Lehren. Wie es Suzuki in seinen hier abgedruckten Vorträgen sehr klar ausgesprochen hat, bedeutet die Erreichung des Zieles des Zen die Überwindung von Gier in jeder Form, sei es Gier nach Besitz, nach Ruhm oder nach Zuneigung; sie bedeutet die Überwindung der narzißtischen Selbstverherrlichung und der Illusion der Allmacht. Sie bedeutet ferner die Überwindung des Bestrebens, sich einer Autorität zu unterwerfen, die das Problem der Existenz für uns löst. Wer das Unbewußte nur zur Heilung einer Krankheit freilegen will, wird natürlich nicht einmal versuchen, das tiefgreifende Ziel zu erreichen, das in der Überwindung der Verdrängungen besteht.

Es wäre jedoch falsch anzunehmen, daß das tiefgreifende Ziel der Befreiung des Verdrängten keinen Zusammenhang mit einem therapeutischen Ziel habe. Wie man erkannt hat, daß es ohne Analyse und Änderung des Charakters nicht möglich ist, ein Symptom zu heilen und zukünftige Symptombildungen zu verhindern, ebenso muß man erkennen, daß es nicht möglich ist, diesen oder jenen neurotischen Charakterzug zu ändern, ohne das radikalere Ziel einer vollkommenen Wandlung der Persönlichkeit zu verfolgen. Es ist sehr leicht möglich, daß die verhältnismäßig enttäuschenden Ergebnisse der Charakteranalyse (die von keinem ehrlicher eingestanden wurden als von Freud selbst, in der Schrift »Die endliche und die unendliche Analyse« [24]) gerade auf die Tatsache zurückzuführen sind, daß die Ziele bei einer Therapie des neurotischen Charakters nicht tiefgreifend genug waren; daß Gesundheit und Freiheit von Angst und Unsicherheit nur verwirklicht

werden können, wenn man über das begrenzte Ziel hinausgeht, das heißt, wenn man erkennt, daß sich das begrenzte
therapeutische Ziel nicht erreichen läßt, solange es begrenzt
bleibt und nicht Teil eines weiteren, humanistischen Systems
wird. Vielleicht läßt sich das begrenzte Ziel mit begrenzteren
und weniger zeitraubenden Methoden erreichen, während die
im langen analytischen Prozeß aufgewandte Zeit und Energie
nur für das grundlegende Ziel der »Wandlung« und nicht für
das begrenzte Ziel einer »Reform« fruchtbar eingesetzt werden. Diese Auffassung ließe sich vielleicht durch eine weiter
oben getroffene Feststellung stützen. Solange der Mensch
nicht die schöpferische Bezogenheit erreicht hat, deren höchste Leistung das Satori ist, kompensiert er bestenfalls eine
inhärente potentielle Depression durch Routine, Götzendienst, Zerstörungsdrang, Gier nach Besitz oder Ruhm usw.
Wenn eine dieser Kompensationen versagt, ist seine geistige
Gesundheit in Gefahr. Die Heilung der potentiellen Geisteskrankheit besteht nur darin, sich von Gespaltenheit und Entfremdung weg zum schöpferischen, unmittelbaren Erfassen
und Reagieren auf die Welt hinzuwenden. Wenn die Psychoanalyse auf diese Weise helfen kann, kann sie zur Erlangung
wahrer geistiger Gesundheit beitragen; wenn nicht, wird sie
nur helfen, kompensierende Mechanismen zu verbessern.
Noch anders ausgedrückt, man kann jemand von einem Symptom, aber nicht von einer charakterlichen Neurose »heilen«.
Der Mensch ist kein Ding [64], er ist kein »Fall«, und der
Analytiker heilt keinen, indem er ihn als Objekt behandelt.
Vielmehr kann der Analytiker dem »Patienten« nur helfen
aufzuwachen, wenn er sich mit ihm in einem Prozeß gegensei-
tigen Verstehens befindet, das heißt, wenn sie ihr Einssein
empfinden.
Wenn wir das alles feststellen, müssen wir jedoch darauf
gefaßt sein, einem Einwand zu begegnen. Wenn, wie ich oben
sagte, das Unbewußte vollkommen bewußt zu machen ein
ebenso tiefgreifendes und schwer erreichbares Ziel ist wie die
Erleuchtung, ist es dann sinnvoll, über dieses tiefgreifende

Ziel als über etwas zu sprechen, das sich allgemein anstreben läßt? Ist es nicht reine Spekulation, ernsthaft zu behaupten, daß nur dieses tiefgreifende Ziel die Hoffnungen der psychoanalytischen Therapie rechtfertigen kann?

Wenn es nur die Alternative zwischen der vollen Erleuchtung und nichts gäbe, wäre dieser Einwand wirklich gerechtfertigt. Aber das ist nicht der Fall. Im Zen gibt es viele Stufen der Erleuchtung, von denen Satori die höchste und entscheidende Stufe ist. Soweit ich es jedoch verstehe, wird Wert auf Empfindungen gelegt, die Schritte auf dem Wege zum Satori sind, wenn es vielleicht auch niemals erreicht wird. Dr. Suzuki erläuterte dies einmal folgendermaßen: Wenn man in einen vollkommen dunklen Raum eine Kerze bringt, verschwindet die Finsternis, und es gibt Licht. Wenn aber noch zehn oder hundert oder tausend Kerzen hinzugefügt werden, wird der Raum immer heller werden. Und doch wurde die entscheidende Änderung durch die erste Kerze bewirkt, die die Dunkelheit durchdrang [65].

Was geschieht im analytischen Prozeß? Ein Mensch empfindet zum ersten Mal, daß er eitel ist, daß er Angst hat, daß er haßt, während er in seinem Bewußtsein geglaubt hatte, bescheiden, mutig und liebevoll zu sein. Die neue Einsicht schmerzt ihn vielleicht, aber sie öffnet eine Tür; sie ermöglicht ihm, ein Ende damit zu machen, auf andere das zu projizieren, was er in sich selbst verdrängt. Er geht weiter; er erlebt den Säugling, das Kind, den Heranwachsenden, den Verbrecher, den Wahnsinnigen, den Heiligen, den Künstler, den Mann *und* die Frau in sich; er kommt mit der Menschheit, mit dem universalen Menschen enger in Berührung; er verdrängt weniger, ist freier, hat weniger Bedürfnis zu projizieren und gedanklich zu verarbeiten; dann erlebt er vielleicht zum ersten Mal, wie er Farben sieht, wie er einen Ball rollen sieht und wie sich seine Ohren plötzlich für die Musik auftun, während er bisher nur zugehört hat; wenn er sein Einssein mit den anderen fühlt, sieht er vielleicht zum ersten Mal, daß es eine Illusion ist, sein isoliertes, individuelles Ich für *etwas* zu halten, das er festhalten, kultivieren und bewahren soll; er wird empfinden, wie nutzlos es ist, die Antwort auf das Leben darin zu suchen, sich zu *haben,* anstatt er selbst zu sein und zu werden. Das alles sind plötzliche und unerwartete Erlebnisse ohne intellektuellen Inhalt; und doch fühlt sich der Mensch hernach freier, stärker und weniger ängstlich als je zuvor.

Bisher haben wir nur über *Ziele* gesprochen, und ich habe behauptet, wenn man Freuds Prinzip der Transformierung des Unbewußten ins Bewußtsein bis zur letzten Konsequenz durchführe, nähere man sich der Auffassung der Erleuchtung. Was jedoch die *Methoden* zur Erreichung dieses Zieles betrifft, sind die Psychoanalyse und das Zen wahrhaftig vollkommen verschieden. Man könnte sagen, die Methode des Zen besteht aus einem Frontalangriff auf die entfremdete Art der Wahrnehmung mit Hilfe des »Sitzens«, des Koan und der Autorität des Meisters. Natürlich ist das alles nicht eine »Technik«, die man von den Voraussetzungen der buddhistischen Denkweise und dem Verhalten und den ethischen Werten loslösen kann, die durch den Meister und die Atmosphäre des Klosters verkörpert werden. Man muß sich auch vor Augen halten, daß es keine Angelegenheit von »fünf Wochenstunden« ist und daß der Schüler schon allein durch die Tatsache, daß er Unterweisung im Zen sucht, eine überaus bedeutsame Entscheidung getroffen hat, die ein wichtiger Teil dessen ist, was folgt.

Die Methode der Psychoanalyse ist von der des Zen vollkommen verschieden. Sie lehrt das Bewußtsein, das Unbewußte auf eine andere Art und Weise zu packen. Sie lenkt die Aufmerksamkeit auf die verzerrte Wahrnehmung; sie führt zur Erkenntnis der Fiktion in unserem Inneren; sie erweitert den Bereich menschlichen Empfindens durch die Aufhebung der Verdrängung. Die analytische Methode ist psychologisch-empirisch. Sie untersucht die psychische Entwicklung eines Menschen von Kindheit an und versucht, frühere Erlebnisse aufzudecken, um dem Menschen zu helfen, das zu empfinden,

.was jetzt verdrängt ist. Sie fährt fort, indem sie unsere Illusionen über die Welt Schritt für Schritt aufdeckt, so daß parataktische Verzerrungen und entfremdete Intellektualisierungen allmählich verschwinden. Indem der Mensch, der diesen Prozeß mitmacht, sich selbst weniger fremd wird, wird er auch der Welt weniger entfremdet; weil er zum Universum in seinem Inneren Beziehungen angeknüpft hat, hat er auch Beziehungen zum äußeren Universum angeknüpft. Das falsche Bewußtsein verschwindet, und mit ihm die Polarität von Bewußt und Unbewußt. Ein neuer Realismus dämmert herauf, in dem »die Berge wieder Berge sind«. Die psychoanalytische Methode ist natürlich nur eine Methode, eine Vorbereitung; aber das gleiche gilt für die Methode des Zen. Allein durch die Tatsache, daß sie eine Methode ist, garantiert sie niemals, daß man das Ziel erreicht. Die Faktoren, die dieses Erreichen zulassen, wurzeln tief in der individuellen Persönlichkeit, und für alle praktischen Zwecke wissen wir sehr wenig von ihnen.

Ich habe gesagt, daß die Methode, das Unbewußte aufzudekken, wenn sie bis zur letzten Konsequenz durchgeführt wird, ein Schritt auf dem Wege zur Erleuchtung sein kann, vorausgesetzt, dieser Schritt wird in dem philosophischen Zusammenhang getan, der am tiefgreifendsten und realistischsten im Zen zum Ausdruck kommt. Aber nur sehr viele weitere Erfahrungen in der Anwendung dieser Methode werden zeigen, wie weit sie führen kann. Die Ansicht, die hier vertreten wurde, zeigt nur eine Möglichkeit und besitzt daher den Charakter einer Hypothese, die zu prüfen ist.

Was man jedoch mit einem größeren Grad von Gewißheit sagen kann, ist, daß die Kenntnis des Zen und das Interesse daran auf die Theorie und Praxis der Psychoanalyse überaus fruchtbar und klärend wirken können. So verschieden die Methode des Zen auch von der der Psychoanalyse ist, kann doch das Zen den Blick schärfen, neues Licht auf das Wesen der Einsicht werfen und das Gefühl dafür vertiefen, was es bedeutet, zu sehen, schöpferisch zu sein und die affektiven

Verseuchungen und falschen Intellektualisierungen zu überwinden, die die notwendigen Folgen des Empfindens auf der Grundlage der Spaltung in Subjekt und Objekt sind.

Gerade durch seinen Radikalismus in Beziehung auf verstandesmäßige Verarbeitung, Autorität und Verblendung des Ich sowie durch seine Betonung des Wohlbefindens als Ziel wird das Denken des Zen den Horizont des Psychoanalytikers erweitern und ihm helfen, zu einem gründlicheren Verständnis der Wirklichkeitserfassung als höchstem Ziel wacher Bewußtheit zu gelangen.

Wenn eine weitere Spekulation über das Verhältnis zwischen Zen und Psychoanalyse erlaubt sein mag, könnte man an die Möglichkeit denken, daß die Psychoanalyse für den Zen-Schüler Bedeutung gewänne. Ich kann sie mir als Hilfe vorstellen, um die Gefahr einer falschen Erleuchtung (die natürlich keine ist) zu vermeiden, einer Erleuchtung, die rein subjektiv ist und sich auf psychotische oder hysterische Phänomene oder auf einen selbstinduzierten Trancezustand gründet. Die analytische Klärung könnte dem Zen-Schüler helfen, Illusionen zu vermeiden, deren Fehlen gerade Vorbedingung für die Erleuchtung ist.

Welchen Nutzen das Zen vielleicht auch aus der Psychoanalyse ziehen könnte, vom Standpunkt eines westlichen Psychoanalytikers aus möchte ich meine Dankbarkeit für dieses kostbare Geschenk des Ostens zum Ausdruck bringen. Ich möchte besonders Dr. Suzuki danken, dem es gelungen ist, es auf eine solche Weise darzustellen, daß nichts Wesentliches in dem Versuch verlorengeht, östliches Denken in westliches zu übertragen, so daß der Mensch des Westens, wenn er sich die Mühe macht, zu einem Verständnis des Zen gelangen kann, soweit es sich überhaupt verstehen läßt, bevor das Ziel erreicht ist. Wie wäre ein solches Verstehen möglich, wenn nicht dadurch, daß »Buddha-Natur in uns allen liegt«, daß Mensch und Sein allgemeingültige Kategorien und unmittelbares Erfassen der Wirklichkeit, Erwachen und Erleuchtung universale Erlebnisse sind.

Richard de Martino
Die Situation des Menschen und
der Zen-Buddhismus

Es ist hier meine Aufgabe, einen Überblick über den Zen-Buddhismus im Hinblick auf die besonderen Anliegen dieser Konferenz, Tiefenpsychologie und Psychotherapie, zu geben. Zu diesem Zweck werde ich also im Rahmen meines eigenen unmaßgeblichen Verständnisses versuchen, eine allgemeine Betrachtung über den Zen-Buddhismus in seiner Beziehung zur Situation des Menschen anzustellen [66].

Die menschliche Existenz ist anfänglich eine selbstbewußte oder, in unserem Zusammenhang besser gesagt, ichbewußte Existenz. Der Mensch wird nicht einfach in menschliches Dasein hineingeboren. Das Kind ist noch nicht Mensch, der Idiot nie ganz Mensch, das »Wolfskind« nur Halbmensch, der hoffnungslose Psychopath vielleicht nicht mehr Mensch.

Das heißt jedoch nicht, daß das Kind, der Idiot, das »Wolfs-kind« oder der Psychopath nur das Dasein eines Tieres führen. Den vorichbewußten Zustand des Kindes, das ver-kümmerte Ichbewußtsein des Idioten, das verzögerte Ichbe-wußtsein des »Wolfskindes« und das entartete Ichbewußtsein des Psychopathen kennzeichnen wir aufgrund der Norm des ausgereiften und ungeschädigten Menschen. Diese Norm ist das gewöhnlich erstmals im Alter zwischen zwei und fünf Jahren in Erscheinung tretende Ichbewußtsein eines Kindes, das in einer Gesellschaft von Menschen aufgezogen wird. Wir wollen an dieser Stelle keine phänomenologische Darstellung seines Beginns und seiner Entwicklung geben, sondern gleich zu einer Analyse seiner Natur und einer Untersuchung seiner Bedeutung für die Situation des Menschen übergehen.

Ichbewußtsein bedeutet, daß das Ich von sich weiß, sich seiner selbst bewußt ist. Dieses Bewußtsein seiner selbst kommt als Bejahung des eigenen Selbst, des »Ich« oder des »Ego«, wie ich es weiterhin nennen werde, zum Ausdruck. Diese Selbstbejahung hat eine Individualisierung des Selbst zur Folge, nämlich die Differenzierung und Unterscheidung des Ego von dem, was es nicht selbst ist, dem »anderen«, oder einfach seiner eigenen Verneinung, dem »Nicht-Ich«, dem »Nicht-Ego«. Selbstbejahung hat jedoch auch eine Spaltung des Selbst zur Folge.

Selbstbejahung beinhaltet das Selbst sowohl als Bejaher wie auch als Bejahten. Als Bejaher vollzieht es die Handlung der Selbstbejahung. Als Bejahter ist es eine existentielle Tatsache, die es sich selbst mitteilt. Das Bewußtsein und die Bejahung des Selbst, wie es in Wirklichkeit auftritt oder erscheint, ist gleichzeitig sowohl eine vom Ego aufgeführte Handlung als auch eine Tatsache, die dem Ego mitgeteilt wird. Das Ego als bejahendes Subjekt kommt chronologisch nicht vor dem Ego als bejahtes Objekt, noch kommt seine Individualisierung vor seiner Spaltung. Sobald ein Ichbewußtsein vorhanden ist, ist das Ego vorhanden, und sobald das Ego vorhanden ist, ist es bereits Objekt und Subjekt, hat es in gleichem Maße Kenntnis seiner selbst, wie es der Katalysator seiner selbst ist. Es ist ein lebendiges, aktives Subjekt mit Freiheit und Verantwortung und gleichzeitig ein passives, vorgegebenes Objekt, das einem Schicksal unterworfen, vorbestimmt und ohne Verantwortung ist. Das ist die unabänderliche Beschaffenheit und Struktur des Ego im Ichbewußtsein.

Das ist die Ausgangssituation des Menschen in seiner Existenz, eine Situation, die man als abhängige oder bedingte Subjektivität charakterisieren könnte.

Bedingte Subjektivität ist, wenn bedingt, nichtsdestoweniger Subjektivität. Das Entstehen des Ichbewußtseins kennzeichnet das Entstehen der Subjektivität, die erst die Existenz zum menschlichen Dasein macht. Als Subjekt ist sich das Ego seiner selbst bewußt und besitzt sich selbst, und wenn es die Subjektivität anderer erfährt und anerkennt, die sich ebenfalls ihrer selbst bewußt sind und sich besitzen, kann es lernen, sich zu beherrschen, zu erziehen und zu üben, um so eine in sich geschlossene Persönlichkeit zu werden. Das Kind ist jedoch noch keine Persönlichkeit, der Idiot nie ganz Persönlichkeit, das »Wolfskind« nur eine Halb-Persönlichkeit und der Psychopath vielleicht keine Persönlichkeit mehr. Ferner ist sich das Ego als Subjekt einer Welt – seiner Welt – bewußt und besitzt sie und kann sich überdies als Subjekt durch die Freiheit, die ihm seine Subjektivität verschafft, jederzeit und in jeder Beziehung über sich selbst und seine Welt erheben und hinauswachsen. Um seine unverletzliche Integrität als Subjekt-Person – in bezug entweder auf seine Welt oder auf sich selbst – zum Ausdruck zu bringen, kann es immer am Ende widerstehen und Nein sagen.

Wiederum als Subjekt kann das Ego aus sich selbst herausgehen und an der Subjektivität des anderen in Freundschaft, Mitgefühl und Liebe teilnehmen. Auch kann es als Subjekt eine Sprache haben und sinnvoll denken, kann Fragen stellen, zweifeln und verstehen, kann überlegen, beurteilen und richten, kann Werkzeuge erfinden, herstellen und benutzen, kann Entscheidungen treffen und ausführen, kann arbeiten und schöpferisch tätig sein, indem es sich in einem Objekt oder mit Hilfe eines Objekts oder einer Handlung ausdrückt. Nur als Subjekt kann es ein Objekt besitzen.

So kann also das Ego als Subjekt sich selbst und seine Welt besitzen und darüber hinauswachsen, es kann lieben, verstehen, entscheiden, schöpferisch und produktiv sein. Das ist die Größe des Ego im Ichbewußtsein. Das ist die Würde des Menschen im menschlichen Dasein.

Jedoch gerade als Subjekt — und das ist ein Teil seiner Größe — ist sich das Ego dessen bewußt, daß seine Subjektivität abhängig bedingt ist. Während es als Subjekt frei ist, über jeden objektiven Aspekt seiner selbst oder seiner Welt hinauszuwachsen, hat es als Ego doch nicht die Freiheit, seine Subjekt-Objekt-Beschaffenheit als solche zu überschreiten. Selbst als Überschreitender ist es immer an das Überschrittene gekettet. Das Ego als Subjekt ist für immer als Objekt an sich selbst und seine Welt gefesselt. Als Subjekt aktiviert es sich selbst und besitzt seine Welt. Als Objekt ist es sich selbst in all seiner Besonderheit und Begrenztheit als Teil der Welt, in der es sich befindet, gegeben. Nur weil es ein Subjekt ist, ist es imstande, ein Objekt zu besitzen, und kann doch nur insofern ein Subjekt sein, als es auch ein Objekt ist oder hat.

Das Ego, das vom Objekt abhängig und bedingt ist, ist von ihm auch behindert. In der Subjektivität, in der es sich seiner selbst bewußt ist und sich besitzt, ist das Ego gleichzeitig von sich selbst getrennt und abgeschnitten. Es kann als Ego niemals als vollgültiges und echtes Individuum mit sich selbst in Verbindung treten, sich kennen oder besitzen. Ein jeder derartiger Versuch entfernt es als ständig zurückweichendes Subjekt aus seiner eigenen Reichweite, und zurück bleibt nur eine Objekterscheinung seiner selbst. Es besitzt sich selbst nur als Objekt, da es sich selbst ständig ausweicht. In seiner Konzentration auf einen Mittelpunkt ist es zerrissen und gespalten und befindet sich daher außerhalb der eigenen Reichweite, ist behindert und von sich selbst entfernt und entfremdet. Gerade indem es sich selbst besitzt, besitzt es sich nicht.

Wie mit dem Bewußtsein seiner selbst ist es auch mit dem Bewußtsein und dem Besitz seiner Welt – die ja in Wirklichkeit eine Dimension seines Ichbewußtseins ist –: gerade das Besitzen ist ein Nichtbesitzen. Im Bewußtsein und Weltbesitz des Ego ist die Welt stets Objekt. Reflektierend, in seiner Subjektivität, kann das Ego die Welt als die Gesamtheit begreifen, in der es selbst enthalten ist. Da jedoch die Vorstellung, selbst in jener Welt enthalten zu sein, ein Aspekt eines Objektes ist, so ist die derart begriffene Welt Objekt für das Ego als begreifendes Subjekt. Ob unmittelbar bewußt oder im Denken begriffen, die Welt ist Objekt, von dem das Ego als Subjekt weit entfernt, abgesondert und entfremdet bleibt.

Genau dies – die Spaltung seiner Subjekt-Objekt-Struktur – bildet den Doppelsinn, den Konflikt und geradezu den Widerspruch, der dem Ego im Ichbewußtsein wesentlich eigen ist. In seiner Einheit gespalten und getrennt, ist es durch sich selbst abgegrenzt, aber kann sich nicht selbst stützen und in sich Erfüllung finden. In seiner Bezogenheit ist es isoliert und ausgeschlossen und auf eine Welt, zu der und in die es gehört, beschränkt und doch von ihr ausgesperrt. Indem es sich und seine Welt besitzt und nicht besitzt, daran gebunden und davon bedingt ist und gleichzeitig davon getrennt und abgeschnitten ist, ist das Ego doppelt gespalten, und zwar sowohl innerlich als auch äußerlich. Niemals reines Subjekt in seiner Subjektivität, nie absolut frei in seiner Freiheit, ist es weder die Grundlage noch die Quelle seiner selbst oder seiner Welt, die es beide besitzt, jedoch niemals ganz besitzen wird. Das ist die gefährliche Lage des Ego im Ichbewußtsein. Das ist die Not des Menschen im menschlichen Dasein.

Der existentielle Ausdruck dieser gefährlichen Lage ist die zweifache Angst des Ego, die Angst vor dem Leben und die Angst vor dem Sterben. Diese beiden Ängste sind nichts weiter als zwei verschiedene Ausdrucksformen für die eine fundamentale Grundangst: die Angst, ob das Ego den quälenden inneren Riß und Widerspruch überwinden kann, der es daran hindert, voll und ganz es selbst zu sein. Die Angst vor dem Leben stammt aus der Notwendigkeit, sich mit diesem Widerspruch abzufinden und ihn zu lösen. Die Angst vor dem Tode kommt daher, daß das Leben möglicherweise enden kann, bevor eine Lösung erzielt wurde. Nur das Ego im Ichbewußtsein begegnet beim Auftrag, zu sein, der Notwendigkeit, sich selbst zu finden und zu erfüllen. Das ist ein ihm eigenes Gebot, das dem Kind noch nicht gegenwärtig, dem Idioten nie ganz gegenwärtig, dem »Wolfskind« kaum mehr als halbgegenwärtig und dem Psychopathen vielleicht nicht mehr völlig gegenwärtig ist. Dem Tier in seiner natürlichen Vollkommenheit fehlt es jedoch.

Es wäre sinnlos – wenn es die Möglichkeit gäbe und die gesprochene Sprache nicht selbst ein Ausdruck von Ichbewußtsein wäre –, ein junges Tier, z. B. ein Kätzchen, zu fragen, was es vorhabe oder gerne werden möchte, wenn es erwachsen sei. Das Menschenkind jedoch begegnet sowohl innerlich als auch äußerlich gerade dieser Frage, denn das einfache biologische, physiologische Heranwachsen oder Reifen als solches macht nicht das Wachsen, das Reifen, die Erfüllung des Menschen als Menschen aus. Es besteht kein Zweifel, daß die Mutterschaft für die Frau ein größeres Maß an Erfüllung bedeutet als die Vaterschaft für den Mann. Folglich wird die Antwort des kleinen Mädchens: »Ich möchte eine Mutter werden«, als ausreichend akzeptiert, während, wenn der kleine Junge antworten würde: »Ich möchte ein Vater werden«, dies als ungenügend angesehen würde und einiges Befremden hervorrufen könnte.

Die Mutterschaft bedeutet trotzdem keine endgültige Verwirklichung der Frau als Mensch, wenn wir auch einräumen, daß ihre Bedeutung weit über das rein Biologische hinausgeht. In Wirklichkeit kann keine Rolle, keine Funktion, kein Beruf jemals den Menschen – ob Mann oder Frau – als Menschen gänzlich befriedigen. Das Ego jedoch, das durch seinen inneren Widerspruch gezwungen ist, nach seiner Erfüllung zu suchen, wird gerade durch diesen Widerspruch zu diesem Trugschluß verleitet.

Selbst wenn das Ego seine eigene Subjektivität in Betracht zieht, ist es sich selbst nur in Form eines ihm nachgebildeten Objekts zugänglich und verwechselt daher natürlich das Erfülltsein mit »etwas sein«. In seinem Bemühen, als Subjekt mit seiner Aufgabe fertigzuwerden, sich selbst zu finden, stellt es sich irgendein ihm selbst nachgebildetes Objekt vor. Durch dieses Abbild hofft es in der Lage zu sein, zugleich sich selbst zu bestätigen und Anerkennung und Beifall der anderen, Herrschaft über sie oder zumindest Unabhängigkeit von ihnen zu erringen, wenn es nicht ihre Ergebenheit gewinnen kann. Das kommt daher, weil dem Ego in seiner doppelten Entfremdung die absolute Beschränkung, die ihm durch die Subjektivität des anderen auferlegt ist, als Herausforderung oder Bedrohung entgegentritt.

Wenn das Ego darauf vertraut, daß sein projiziertes Objekt-

Bild sich selbst behaupten und diese Drohung überwinden wird, kann es zu dem Glauben verleitet werden, dieser begrenzte, endliche Eindruck allein sei sein ganzes Selbst, seine Grundlage, seine Quelle und letzte Bedeutung, durch die es aufrechterhalten werden und seine Erfüllung finden soll. Der größte Teil oder vielleicht seine gesamte Subjektivität wird jetzt dem Inhalt oder den Inhalten, die zur Verwirklichung der Vision notwendig sind, gewidmet und ihnen tatsächlich untergeordnet – Reichtum, Macht, Prestige, Männlichkeit, Weiblichkeit, Wissen, sinnliche Vervollkommnung, künstlerische Schöpferkraft, körperliche Schönheit, Popularität, Individualität oder »Erfolg«. Das Ego identifiziert sich buchstäblich mit diesen Inhalten und konzentriert sich ausschließlich auf sie und auf die Vorstellung von sich selbst, die sie vermitteln. Durch diese Fixierung und Bindung wird es leicht ein Raub der Grundtäuschung, daß es selbst der Mittelpunkt der Welt sei. Das vom Objekt abhängige und behinderte Ego, das sich stets auf der Suche nach sich selbst befindet und sich doch stets ausweicht, wird schließlich vom Objekt beherrscht und getäuscht.

Ob das vorgestellte Objekt-Bild wirklich wird oder nur eingebildet und idealisiert bleibt, die damit verbundene grundlegende Täuschung ist die gleiche. Das Ego in seiner Gesamtheit ist niemals nur ein Objekt-Gebilde seiner selbst oder seine verwirklichte Subjektivität – sein Körper, sein Geist, seine Talente, seine Stellung, »Persönlichkeit«, Güte, sein Beruf, seine soziale oder biologische Funktion, seine Klasse, Kultur, Nation oder Rasse. Wie wahrhaft groß Gatte, Gattin, Vater, Mutter, Herrscher, Wissenschaftler, Denker, Künstler, Geistesarbeiter, Geschäftsmann oder Geschäftsfrau auch sein mögen, wieviel reicher ein solches Ego auch ist, in welch höherem Grade es sich auch selbst besitzen mag, es besitzt sich doch nicht selbst als Ego, noch hat es sich selbst letztlich als Mensch verwirklicht.

Während es aus sich herausgeht und sich in Liebe, Schöpferkraft, Hingabe an ein Ideal oder eine Aufgabe verschenkt und damit echte Subjektivität zum Ausdruck bringt, ist es weiterhin an das besondere Objekt-Element dieses Ausdrucks gebunden und davon abhängig – nämlich an den spezifischen geliebten Menschen, die künstlerische Tätigkeit, das Ideal, den Beruf oder die Arbeit. Da es beständig von der inhärenten Behinderung durch die bedingte Subjektivität gefesselt und nicht imstande ist, ein Subjekt ohne Objekt zu sein, wird es vom Objekt unmittelbar beschränkt. Daher die Ambivalenz in Liebe oder Freundschaft durch versteckte oder offene Feindseligkeit gegenüber dem, was man liebt. Diese Feindseligkeit sowie der Stolz und das spezielle Interesse des Ego als Subjekt an der Liebe (Schöpferkraft oder Sittlichkeit) verdirbt und beschmutzt diese Liebe (Schöpferkraft und Sittlichkeit) und erzeugt im Ego tiefwurzelnde Gewissensbisse wegen seiner eigenen Unreinheit, Schuld oder, wenn es religiös orientiert ist, Sünde. Das Ego, das ein Objekt benötigt, um ein Subjekt zu sein, kann in einem Objekt oder durch ein Objekt niemals volle Erfüllung finden. Obwohl eine solche Erfüllung authentisch ist, ist sie doch begrenzt, flüchtig und befleckt. Trotz des wahren Reichtums seiner schöpferischen Subjektivität, der wirklichen Fülle seines Lebensinhalts, der echten Größe seiner Leistungen und Erfolge bleibt das Ego als Ego unerfüllt. Es ist unfähig, sich in sich selbst zu bestätigen, wird vielleicht von Gefühlen eigener Unwürdigkeit, Schuld oder Sünde gequält und lernt auf diese Weise Melancholie und verzweifelte Augenblicke der Einsamkeit, Enttäuschung oder Hoffnungslosigkeit kennen. Es wird innerlich von Rastlosigkeit, Unsicherheit oder Verachtung und sogar Haß gegen sich selbst gequält und zeigt nach außen hin möglicherweise jede Menge von psychologischen oder psychosomatischen Störungen.

Trotzdem gelingt es dem Ego häufig, diese qualvolle Unruhe zu beherrschen und sein Leben in diesem Zustand zu beenden. Aber selbst dann ist es ständig davon bedroht, daß die schwelende Unruhe tief im Innern ausbrechen und in einer uneindämmbaren Qual und Angst hervorströmen könnte. Das könnte geschehen, wenn das Ego nicht mehr imstande wäre, sein Gefühl der Unwürdigkeit oder Schuld durch vernünftige Erklärungen aus der Welt zu schaffen, wenn es der göttlichen Vergebung seiner Sünde in krankhafter Weise ungewiß wäre oder wenn die zur Aufrechterhaltung seines Objekts-Bildes notwendigen Bestandteile auf andere Weise verloren, zerstört oder unerreichbar würden oder, wenn auch weiterbestehend, sich als desillusionierend erweisen, leer werden oder einfach aufhören würden, attraktiv zu sein. Schließlich kann auch irgendein gewöhnliches Ereignis im täglichen Leben die plötzliche, traumatische Erkenntnis mit sich bringen, daß nicht nur jeder mögliche Inhalt vergänglich und flüchtig ist, sondern auch das Ego selbst. Sowohl in der Jugend als auch im Alter ist es von körperlichen und geistigen Krankheiten und Schwächen gefährdet und muß sterben.

Mit dem Verstand weiß das Ego natürlich die ganze Zeit über, daß sein Tod unvermeidlich ist. Wenn es jedoch die Aussicht, daß es selbst nicht sein wird, als überwältigenden existentiellen Schock empfindet, verliert es dadurch vollkommen die Illusion, daß seine Vollendung als irgendein Objekt-Bild möglich ist. Die traumatische Angst, daß es sterben muß, ist ein schmerzliches Zeugnis dafür, daß letztlich kein Objekt-Aspekt oder Objekt-Inhalt den Menschen als Menschen befriedigen kann. Das Ego ist in der doppelten Angst, leben zu müssen und sterben zu müssen, vollständig und vorausahnend gefangen und erleidet dabei die empfindlichste Qual größter Ungewißheit: Sein oder Nichtsein.

Dieser bohrende Zweifel – die Ungewißheit des Ego, ob es sein Ringen um Erfüllung noch weiter ertragen soll – ist vielleicht der tiefgründigste Ausdruck seiner Lage: Nichts, was es tun kann, kann seinen Widerspruch auflösen. Solange das Ego nur Ego bleibt, bleibt auch der ihm innewohnende Widerspruch.

Wenn das Ego seine Zwangslage offen und ehrlich anerkennt, kann es den Mut und die Kraft besitzen, seine Nachteile auf sich zu nehmen und weiterhin danach zu streben, »zu sein«.

189

Obwohl das häufig eine heroische Anstrengung bedeutet, ist es noch immer keine positive Verwirklichung. Die angedeutete Erfüllung, die ein bejahender Ausdruck sinnvoller Subjektivität im Hinnehmen, Ertragen und Erdulden ist, ist bestenfalls mehr latent und erwartungsvoll als wirklich. Schlimmstenfalls wird sie wieder täuschend, verwirrend, vorübergehend und zu einer Subjekt-Täuschung.

Während das Ego erträgt und widersteht, glaubt es manchmal, es würde die ganze Verantwortung für sich und seine Existenz übernehmen und tragen. Es vergißt, daß es als Objekt eine vorgegebene, passive Tatsache ist und von seinen eigenen Handlungen oder Entscheidungen als Subjekt nicht berührt werden kann, und gibt sich der Täuschung der Selbstüberhebung hin. Von dieser Täuschung geblendet, wagt es selbst in den Geburtswehen der überwältigenden Katastrophen seines Lebens zu erklären, es sei »der Herr seines Schicksals«, der »Kapitän seiner Seele«.

Überdies wird diese Täuschung gewöhnlich nur dadurch aufrechterhalten, daß jedes Gefühl, jede Wärme, jedes Mitgefühl oder jede Liebe unterdrückt wird. Der gleiche Ego-Wille, der sich gegen seine negativen Eigenschaften in Zucht nimmt und stählt, wird häufig starr, spröde und unnachgiebig und hat Angst davor, in seiner Anspannung nachzulassen, um nicht vollkommen zusammenzubrechen. Und doch ist es gerade diese unablässige Anspannung, die ihn ständig der Gefahr aussetzt, zusammenzubrechen. Überanstrengt, mit zu großer Verantwortung belastet und zu sehr unterdrückt, kann es geschehen, daß er plötzlich in das genau entgegengesetzte Extrem verfällt.

Anstatt den Nachteil seines Schicksals auf sich zu nehmen und zu ertragen, versucht das Ego, diesem Nachteil aus dem Wege zu gehen oder ihn abzuleugnen. Er versucht, nicht trotz, sondern ungeachtet der Beschränkungen eines bedingten Subjekts »zu sein«. Vom Objekt abhängig und durch das Objekt eingeengt, bemüht es sich, dieser Knechtschaft zu entrinnen – anstatt sie zu ertragen –, indem es sich weigert, die

Ernsthaftigkeit des Objekt-Aspektes als solchen anzuerkennen, ihn zu vergessen versucht oder vorgibt, ihn völlig zu leugnen.

Das Ego ignoriert die Natur oder die Elemente seiner Handlungen und Entscheidungen und stürzt sich nun in eine Flut von Tätigkeiten, Handlungen und Entscheidungen – und zwar entweder auf der Suche nach Zerstreuung oder aber ausschließlich zum Zweck des Tuns, Handelns und Entscheidens. Im letzteren Fall unterliegt das Ego, das eine von allen Objekt-Behinderungen freie Subjektivität zu verwirklichen sucht, einer doppelten Täuschung. Während es annimmt, seine bloße Subjektivität werde den Objekt-Aspekt reduzieren, wenn es selbst aktives Subjekt ist, fürchtet es, selbst zum Objekt reduziert zu werden, wenn es nicht ununterbrochen als Subjekt aktiv bleibt.

Was die Motivierung aber auch sein mag, eine der Ernsthaftigkeit ihres Objektgehaltes entkleidete Subjektivität ist keine sinnvolle Subjektivität mehr. Sie entartet rasch zu einer ziellosen Betriebsamkeit, um »beschäftigt« zu bleiben, zu leerem Vergnügen, impulsiver Spontaneität, nachsichtiger Anmaßung, unverantwortlichem Nonkonformismus, ausgelassener Laune oder zügelloser Liederlichkeit und Ausschweifung. In jedem Fall ist eine solche Subjektivität nicht imstande, etwas anderes als ablenkende Interessen und Befriedigungen oder flüchtige und vorübergehende »Sensationen« zu schaffen, und selbst diese Befriedigungen verlieren an Stärke und werden im nächsten Augenblick schal und bitter. In rasender Verzweiflung wird das Ego getrieben, die Intensität dieser vergeblichen Subjektivität zu erhöhen – durch immer mehr Betriebsamkeit, immer mehr Vergnügungen, immer mehr Nonkonformismus, immer mehr »allem entrinnen«, immer mehr Narkotika, Alkohol und Sexualität mit ihren Perversionen.

Der Vorgang ist bedauernswert tragisch. Da der Objekt-Aspekt, der der Subjekt-Objekt-Struktur des Ego innewohnt, nicht ausgelöscht werden kann, wird er immer ärmer, hilfloser und nutzloser, während die Subjektivität des Ego, der wiederum jegliches bedeutsame Objekt-Element vorenthalten wird, immer sinnloser, leerer und liederlicher wird. das Ego, das die Tatsache außer acht läßt, daß es niemals ein Subjekt sein kann, wenn es nicht auch ein Objekt ist oder besitzt, erreicht mit seinem Versuch, den Objekt-Aspekt durch eine verantwortungslose Hingabe an die Subjektivität zu reduzieren, nur, daß es sich selbst als Ganzes reduziert. Es bleibt in der Sackgasse stecken, die es vermeiden wollte, und sieht vor sich noch immer den Abgrund und die Verzweiflung der gähnenden inneren Kluft, die es hindert und abhält, vollkommen es selbst zu sein.

Da das Ego in seinen wechselnden Bemühungen, »zu sein«, versagt hat und nicht imstande ist, die Angst oder die Last eines ständigen Ringens mit dieser anscheinend unmöglichen Aufgabe zu ertragen, kann es der Versuchung oder sogar dem Zwang erliegen, alle weiteren Bemühungen aufzugeben. In der Kraft seiner Subjektivität wählt es buchstäblich das »Nichtsein« und versucht, aus seiner Zwangslage herauszukommen, indem es diese Subjektivität aufgibt. Sei es nun durch religiösen oder weltlichen Götzendienst, durch zynische, negative Gleichgültigkeit, sklavische Unterwerfung unter den kollektiven Konformismus, Rückgang zur unerweckten Abhängigkeit seiner Kindheit oder durch direkte psychotische Disintegration – das Ego möchte seiner mißlichen Lage entgehen, indem es seine Freiheit und Verantwortung und damit sich selbst als authentisches Subjekt aufgibt.

Für den Menschen als Menschen, das heißt, für das ichbewußte Ego, bringt auch das eine zweifache Täuschung mit sich. Wenn auch das Aufgeben der Subjektivität noch immer ein Ausdruck der Subjektivität ist, so hört das Ego auf, ein wahres Ego zu sein, wenn es aufhört, ein wahres Subjekt zu sein. Wenn das Ego seine Subjektivität aufgibt, bedingt das notwendigerweise die Verringerung, Beeinträchtigung oder den Verlust seiner selbst als Ego. Im blinden Aberglauben oder der Unterwürfigkeit des Götzendienstes, im nihilistischen Leugnen des Sinnes und Wertes jeglicher Handlung oder Entscheidung, in kriecherischer Anpassung an die Masse, in versuchter Rückkehr in den Mutterschoß oder dem Rückzug in eine Psychose wird der Mensch als solcher verneint oder sogar zerstört. Die Aufgabe der Subjektivität ist ebenso eine Täuschung wie die Hingabe an die Subjektivität.

Wenn das Ego schließlich mit seinem Los nicht länger fertigwerden, es nicht länger ertragen oder ihm entrinnen kann, entscheidet es sich vielleicht aus einem quälenden Gefühl der Hilflosigkeit und des Zweifels heraus dazu, »nicht zu sein«, und zwar nicht, indem es seine Subjektivität aufgibt, sondern sich selbst. In der überwältigenden Qual und Verzweiflung, die ihm seine Lebensunfähigkeit und die offensichtliche Unlösbarkeit seines grundlegenden Widerspruchs zufügen – gleichgültig in welcher Form er sich offenbart –, vernichtet sich das Ego selbst durch Selbstmord.

Ob sich also das Ego bemüht, seinen inneren Widerspruch zu lösen, ihn zu akzeptieren, ihm aus dem Wege zu gehen oder ihn zu leugnen – seine Versuche, mit ihm fertigzuwerden, stehen bestenfalls unter der beständigen Drohung des Zusammenbruches, sind vergänglich, unvollständig, fragmentarisch, und sind schlimmstenfalls irregeleitet, nihilistisch oder destruktiv. Es ist nicht so, daß ausschließlich eine bestimmte Form angewendet wird. Im tatsächlichen Leben verbindet das Ego gewöhnlich mehrere Formen verschieden stark und mit wechselnder Betonung.

Alle jedoch seien sie nun positiv oder negativ, verantwortungsbewußt oder verantwortungslos, tiefgründig oder oberflächlich, stammen letztlich aus der einen fundamentalen Sehnsucht des in der inneren und äußeren Entfremdung durch seinen ihm innewohnenden Widerspruch gefangenen Ego, sich selbst in seiner Um- und Mitwelt zu finden und zu erfüllen, sich wirklich zu kennen, zu sich heimzukehren, vollkommen es selbst zu sein und sich zu besitzen.

Diese Sehnsucht und ihre Suche nach Erfüllung bilden das zentrale und höchste Anliegen des Ego im Ichbewußtsein.

Diese Suche und diese Erfüllung bilden den Beginn und das Ende des Zen-Buddhismus.

Nach der Überlieferung begann der Zen- oder Ch'an-Buddhismus [67] im sechsten Jahrhundert in China, als ein Chinese, Shenkuang, verwirrt und unbefriedigt von seinen gelehrten und gebildeten konfuzianischen und taotistischen Studien, hörte, daß sich in einem nahen buddhistischen Tempel ein Zen-Lehrer aus Indien aufhielt, und sich aufmachte, um ihn zu besuchen. Der indische Meister, Bodhidharma, der mit gekreuzten Beinen dasaß und das Gesicht zur Wand kehrte, blieb sitzen und empfing den Besucher nicht. Shenkuang, dessen Entschlossenheit aus einer tiefen Unruhe entsprang, kam immer wieder. Schließlich blieb er eines Nachts in einem heftigen Schneesturm stehen, bis ihm gegen Morgen der Schnee an die Knie reichte. Gerührt fragte ihn Bodhidharma nach dem Zweck dieser Handlung. Unter Tränen bat der Chinese den indischen Lehrer, er möge den Segen seiner Weisheit spenden, um unglücklichen Wesen zu helfen. Bodhidharma erwiderte, der Weg sei unerträglich schwierig und mit den größten Beschwernissen verbunden und niemand könne ihn zu Ende gehen, dem es an Ausdauer oder Entschlossenheit fehle. Als Shen-kuang das hörte, nahm er ein Schwert, das er bei sich trug, schlug sich den linken Arm ab und legte ihn vor den indischen Mönch. Erst in diesem Augenblick nahm ihn Bodhidharma als Schüler an und gab ihm den neuen Namen Hui-k'o [68].

Wenn man diesen – höchstwahrscheinlich legendären – Bericht hinsichtlich seiner symbolischen Bedeutung für ein Verständnis des Zen-Buddhismus interpretiert, sieht man als erstes, daß ein unentschlossenes und aufgewühltes Ego den Lehrer aufsucht. Der Zen-Meister wartet sozusagen, daß ein suchendes Ego zu ihm kommt. Selbst dann kann es geschehen, daß er von ihm zunächst keine Notiz nimmt. Oberflächlich sieht seine erste Antwort manchmal geringschätzig und entmutigend aus. Diese scheinbare Unaufmerksamkeit oder sogar Ablehnung ist jedoch nur ein Mittel, um zu prüfen, wie ernst die Suche ist. Wenn der

Meister von ihrer Ernsthaftigkeit überzeugt ist, wird der Suchende sofort anerkannt und aufgenommen.

Es war tatsächlich nur die zwingende und unerbittliche Not des Seins, die Hui-k'o an Bodhidharma herantreten und immer wieder zu ihm zurückkehren, sich einem Schneesturm aussetzen und seinen eigenen Arm abhacken ließ, die ihn symbolisch zum ersten Zen-Schüler machte. Hui-k'o war durch seinen inneren Widerspruch beunruhigt und unglücklich und von der klassischen Bildung unbefriedigt, und so suchte er bei Bodhidharma Erleichterung und Hilfe. Für dieses Ziel war er bereit, sein ganzes Sein aufs Spiel zu setzen.

Wie es mit der Geschichtstreue dieser Begebenheit auch beschaffen sein mag, der Zen-Buddhismus beginnt damit, daß der Mensch sich mit genau dieser fundamentalen Suche, die aus seiner ihm innewohnenden Zwangslage entsteht, zu einem Zen-Lehrer begibt. Ohne sie bleibt man nur dem Namen nach ein Zen-Schüler, wenn man auch jahrzehntelang in unzähligen Zen-Tempeln mit gekreuzten Beinen meditiert und ungezählte Unterredungen mit einer Myriade von Zen-Lehrern hat. Denn schließlich ist der Zen-Buddhismus an sich weder ein objektiver, substanzieller Inhalt, noch bietet er einen solchen, den man in psychologischer, religiöser, philosophischer, geschichtlicher, soziologischer oder kultureller Hinsicht studieren kann. Der einzige gültige Bestandteil des Zen-Buddhismus ist das eigene konkrete Leben und Sein, sein fundamentaler Widerspruch, seine Unvollkommenheit und – zum Unterschied zur bloßen Sehnsucht – die wirkliche Suche nach Harmonie und Erfüllung. Wenn sich etwas, das sich Zen-Buddhismus nennt, nicht mit der inneren existentiellen Zwangslage des Ego im Ichbewußtsein befaßt und sie zu lösen bemüht ist, ist es kein authentischer Zen-Buddhismus mehr, wie sehr es auch beanspruchen mag, »orthodox« zu sein.

Nachdem Hui-k'o als richtiger Zen-Schüler aufgenommen war, fragte er nach der Wahrheit.

Bodhidharma erklärte, sie lasse sich nicht außerhalb seiner selbst finden. Trotzdem klagte Hui-k'o sein Leid. Sein »Herz-

Geist« war beunruhigt, und er flehte den Meister an, ihm Ruhe zu schenken.

Hier ist ein weiterer Beweis, daß Hui-k'os quälende Unruhe aus seinem inneren Widerspruch entsprang. Der chinesische Ausdruck »Hsin«, der mit »Herz-Geist« übersetzt wurde, kann sowohl Herz als auch Geist bedeuten, aber sein Sinn umfaßt mehr als jedes der beiden allein. Das griechische »Psyche« oder das deutsche »Geist« kommen ihm schon recht nahe. In der Terminologie dieser Arbeit kann man ihn so auffassen, daß er das Ego als Subjekt bedeutet. Das Ego als Subjekt in seiner bedingten Subjektivität, das von Unruhe und Rastlosigkeit gequält wird, fleht darum, Ruhe zu finden.

Bodhidharma hatte vorausschauend mit seiner Führung und Unterweisung bereits dadurch begonnen, daß er erklärte, eine Lösung könne nicht von außen kommen. Hui-k'o verstand noch nicht, blieb vielleicht aus einem Gefühl der Hilflosigkeit oder sogar Verzweiflung heraus beharrlich und offenbarte seine Zwangslage, indem er Bodhidharma bat, sie zu erleichtern.

Was war Bodhidharmas Antwort? Forschte er in Hui-k'os Vergangenheit – nach seiner persönlichen Geschichte, seinen Eltern, seiner frühen Kindheit, wann er zum erstenmal begann, die Unruhe zu empfinden, nach ihrer Ursache, den Symptomen und Begleitumständen? Erforschte er Hui-k'os Gegenwart – seinen Beruf, seinen Personenstand, seine Träume, Neigungen und Interessen? Bodhidharmas Antwort lautete: »Bring deinen Herz-Geist, und ich werde ihn besänftigen!« [69]

Er ließ alle gegenwärtigen und vergangenen Besonderheiten von Hui-k'os Leben außer acht und stürzte sich unmittelbar und direkt in den lebendigen Kern der menschlichen Not selbst. Das Ego, das in den Krallen seiner eigenen inneren Unvereinbarkeit und Spaltung gefangen ist, die es weder aufheben noch ertragen kann, wird aufgefordert, nicht irgend etwas vorzubringen, das es für sein Problem hält, sondern sich

196

selbst als den, der unter dem Problem leidet. Bring das Ego-Subjekt, das Sorgen hat! Bodhidharma – und nach ihm der Zen-Buddhismus – erkennt, daß es letztlich und im Grunde nicht das Ego ist, das ein Problem hat, sondern daß das Ego selbst das Problem ist.

Zeige mir, wer es ist, der Sorgen hat, und du wirst beruhigt werden.

Was die besondere Methodologie des Zen-Buddhismus in Wort, Tat oder Geste auch sein mag – seit Bodhidharma besteht seine grundlegende, unbeirrte Einstellung darin, gerade einen solch direkten und konkreten Angriff auf die widersprüchliche dualistische Subjekt-Objekt-Struktur des Ego im Ichbewußtsein zu unternehmen. Stets blieb es sein einziges und ausschließliches Ziel, die innere und äußere Spaltung zu überwinden, die das Ego von sich selbst – und von seiner Welt – trennt und entfernt, damit es vollkommen sein und wirklich wissen kann, wer und was es ist.

Als Hui-neng (7. Jh.), nach Bodhidharma die zweitgrößte Gestalt in den Annalen des Zen, den Besuch eines Mönches empfing, fragte er einfach, aber scharf: »Was ist es, das so kommt?« Es wird berichtet, daß der Mönch, Nan-yo, acht Jahre brauchte, bevor er antworten konnte [70]. Bei anderer Gelegenheit fragte derselbe Hui-neng: »Was ist dein ursprüngliches Gesicht vor der Geburt von Vater und Mutter?« [71] Das heißt, was bist du jenseits der Subjekt-Objekt-Struktur deines Ego im Ichbewußtsein?

Lin-chi (9. Jh.), der Begründer einer der beiden größeren Schulen des Zen-Buddhismus, die noch in Japan, wo er als Rinzia bekannt ist, bestehen (die andere ist die Ts'ao-tung-Schule, in Japan: Soto-Schule), sagte:

»Es gibt einen wahren Menschen ohne Rang auf der Masse des rotgefärbten Fleisches; er kommt und geht durch eure Sinnestore. Wenn ihr bisher noch nicht für ihn Zeugnis abgelegt habt, seht, seht!«

Ein Mönch trat hervor und fragte: »Wer ist dieser wahre Mensch ohne Rang?«

Rinzia erhob sich von seinem Stuhl, packte ihn an der Brust und befahl: »Sprich, sprich!«

Der Mönch zögerte, worauf ihn Rinzai losließ und rief: »Welch schmutziger Fußabstreifer ist dieser wahre Mensch ohne Rang!« Darauf ging Rinzai in sein Zimmer zurück und überließ den Mönch dem Nachdenken [72].

Um dem Ego zu helfen, zu diesem »wahren Menschen ohne Rang« zu erwachen und ihn zu erkennen, das heißt, vollkommen es selbst zu sein und sich wirklich zu kennen, begannen gewisse Zen-Lehrer, vor allem die der Lin-chi-(Rinzai-)Schule, sich des Koan, wie es auf japanisch genannt wird, zu bedienen. (Der chinesiche Ausdruck ist »Kung-an«, wörtlich: »öffentliche Urkunde«). Es entwickelte sich vor allem im elften und zwölften Jahrhundert, als der Ch'an-(Zen-)-Buddhismus in ganz China große Anerkennung und weite Verbreitung gefunden hatte und viele Menschen anzog, die nicht mehr aus einem zwingenden existenziellen Bedürfnis kamen. Die früheren Meister hätten wahrscheinlich mit derselben Gleichgültigkeit und Mißachtung nach außen hin reagiert wie Bodhidharma. Die späteren Lehrer begannen jedoch jetzt in einem aufrichtigen und mitleidvollen Bestreben, allen Fragenden zu helfen, von sich aus eine Beziehung zum Besucher mit Hilfe eines Koan herzustellen.

Der chinesische Sung-Meister, der als erster das Koan einigermaßen systematisch anwendete, war Ta-hui (12. Jh.), der folgendes sagte:

»Woher werden wir geboren? Wohin gehen wir? Wer das Woher und Wohin kennt, kann wahrhaft Buddhist genannt werden. Aber wer ist dieser, der durch Geburt und Tod geht? Und wer ist derjenige, der nichts vom Woher und Wohin des Lebens weiß? Wer ist der, der sich plötzlich des Woher und Wohin des Lebens bewußt wird? Und wer ist derjenige, der seinen Blick nicht fest auf dieses Koan richten kann, und da er nicht imstande ist, es zu verstehen, fühlt, wie alle seine Eingeweide durcheinandergeraten, als hätte er eine feurige Kugel verschluckt und könnte sie nicht rasch genug von sich geben? Wollt ihr wissen, wer dieser eine ist, so begreift ihn, wo ihr ihn nicht in den Bereich der Vernunft bringen könnt. Wenn ihr ihn so begreift, werdet ihr wissen, daß er letztlich dem Wirken von Geburt und Tod entzogen ist.« [73]

Das höchste Ziel bleibt dasselbe: zu wissen und zu begreifen, wer man jenseits »des Bereichs der Vernunft«, das heißt, jenseits der Subjekt-Objekt-Struktur der Verstandestätigkeit ist. Zu diesem Zweck soll das Koan, eine Art Frage, Problem, Herausforderung oder Befehl, die der Meister von sich aus vorbringt, eine zweifache Funktion erfüllen. Erstens soll es in die Tiefen vordringen und die tief vergrabene oder täuschend verborgene Besorgnis, in dem Ego im Ichbewußtsein zugrunde liegt, an ihrer Quelle aufleben lassen. Zweitens soll es, während es diese fundamentale Sehnsucht und Suche aufleben läßt, dafür sorgen, daß sie den richtigen Weg und den richtigen Ankerplatz finden. Denn es genügt nicht, sie nur aufleben zu lassen. Um die vielen trügerischen und täuschenden Irrtümer zu vermeiden, die sie schwächen oder vom Weg abbringen könnten, müssen sie auch sorgsam geleitet und geradezu gehegt werden.

In der früheren Phase des Zen-Buddhismus, bevor das Koan angewendet wurde, war es die eigene Lebenserfahrung, die den Besucher zum Kommen bewegte, und er war bereits durch irgendeine bedrückende Not des Seins aufgewühlt. Normalerweise hatte er jedoch die »Frage« oder das Anliegen noch nicht bis ins letzte verstanden. Wenn sie auch auf natürliche Weise angefacht war, konnte sie doch leicht verschleiert oder verändert worden sein, weil sie weder ihrer Wurzel noch ihrer wahren Natur nach bekannt war und daher keine entsprechende Form besaß. Obwohl diese Sehnsucht und dieses Suchen wirklich intensiv und aufrichtig waren, waren sie gewöhnlich blind, gestaltlos und verworren und erforderten eine richtige Grundlage und Einstellung.

Wenn damals der Schüler während einer Unterredung mit dem Meister eine eindringliche Herausforderung oder einen Befehl erhielt – beispielsweise: »Bring deinen Herz-Geist!« »Was ist

es, das so kommt?« »Was ist dein ursprüngliches Gesicht vor
der Geburt deiner Eltern?« »Wenn du tot und verbrannt bist
und deine Asche verstreut ist, wo bist du dann?« [74], oder
einfach »Sprich! Sprich!«, wurde dadurch oft die erforderli-
che Orientierung und Führung bewirkt. Aber selbst dann
wurden solche Herausforderungen, Fragen oder Befehle nicht
Koan genannt, sondern diese spontanen, formlosen Wechsel-
reden zwischen Meister und Schüler heißen »Mondo« (chinesisch »Wen-ta«), was wörtlich Frage und Antwort bedeutet.
Da jedoch diese Mondo dem Ego sein grundlegendes und
höchstes Anliegen vermittelten, es in ihm verankerten und
seine Richtung bestimmten, wurden viele von ihnen später
entweder als Koan oder als Grundlage eines Koan verwendet.

Das Koan in seiner doppelten Funktion kann daher als
absichtlicher und berechneter Versuch betrachtet werden, ein
Ergebnis zu erreichen, das vordem natürlich und ohne Hilfsmittel erzielt wurde. Umgekehrt kann man vielleicht ohne
Rücksicht auf die technische Terminologie und die Unterscheidungen des Zen-Buddhismus selbst sagen, daß der frühere Schüler sein eigenes, natürliches Koan besaß – und zwar
natürlich hinsichtlich der brennenden Substanz, wenn ihm
auch erst eine geeignete Form oder Richtung gegeben werden
mußte –, während in der späteren Zeit, wo der Fragende seine
Frage weder entsprechend formuliert hatte, noch in seinem
Sein von ihrem alles verzehrenden Inhalt entflammt war, der
Meister selbst beides zu fördern suchte, indem er ihm eine
solche »Frage« sozusagen von außen eingab. In diesem Fall
ist das Koan nicht mehr wenigstens zum Teil natürlich,
sondern vollkommen vorgegeben.

Aber auch hier wieder müssen wir darauf hinweisen, daß alle
Mühe vergeblich ist und es letztlich keinen Zen-Buddhismus
gibt, solange die »Frage« oder das Koan »äußerlich« oder
»vorgegeben« bleibt. In seinem Charakter und seiner Struktur
sowie in seiner Anwendung und Verwendung ist das Koan
jedoch sorgfältig darauf abgestimmt, genau vor dieser Gefahr

zu bewahren. Denn schon seiner Natur nach paßt das Koan in kein dualistisches Subjekt-Objekt-Schema des Ego im Ich-bewußtsein. Es kann nicht einmal einen Sinn haben, viel weniger noch gelöst oder befriedigt werden und ein Objekt bleiben, das sich außerhalb des Ego als Subjekt befindet. Das sieht man sehr deutlich an einem der verbreitetsten »ersten« Koans, »*Mu*« (chinesisch »*Wu*«).

Die Grundlage dieses wie so vieler anderer Koans bildet ein früher aufgezeichnetes Mondo. Als im neunten Jahrhundert der chinesische Meister Chao-chou (japanisch Joshu) gefragt wurde, ob ein Hund die Buddha-Natur besitze, erwiderte er: »Mu!« (wörtlich: »Nein, er hat sie nicht!«). Als formales, vorgegebenes Koan wird jedoch diese eine Silbe ganz aus den engen Grenzen der ursprünglichen Frage herausgehoben und – ganz für sich allein – dem Schüler gegeben, damit er es »sieht« oder »wird«. Das Koan lautet: »Siehe Mu!« oder »Werde Mu!« Selbstverständlich kann das keinen Sinn haben und innerhalb des Rahmens irgendeines Dualismus von Subjekt und Objekt auf keine Weise gehandhabt, behandelt oder verwirklicht werden.

Ähnlich ist es, wenn das Koan aus einem der vorher genannten Mondo genommen wird: »Was ist dein ursprüngliches Gesicht vor der Geburt deiner Eltern?«, oder das Koan, das der japanische Meister des achtzehnten Jahrhunderts, Hakuin, später dem »Mu!« vorzog, weil es ein stärkeres noetisches Eelement enthält: »Hör den Klang einer einzelnen Hand!« Diese Probleme oder Herausforderungen lassen sich niemals beantworten oder annehmen und haben innerhalb der Subjekt-Objekt-Struktur des Ich-Bewußtseins, ihrer Gedankenarbeit, ihrer Logik keinerlei Sinn. Es ist gleichgültig, welches noetische Element das Koan vielleicht enthält, es ist unmöglich, es »aufzulösen« oder zu »verstehen«, wenn das Ego als Subjekt entweder verstehenwollend oder auch anders an dieses Koan als an eine Objekt-Frage oder ein Objekt-Problem herangeht.

Ob das natürliche oder vorgegebene Koan nun »Mu!«, »Der

Klang einer einzelnen Hand«, »Wo bist du, nachdem du verbrannt bist?« oder »dein ursprüngliches Gesicht« lautet, es bietet nichts Greifbares, nichts, was man erfassen oder als Objekt packen könnte. Sollte der Schüler versuchen, es zu objektivieren, wird der aufmerksame und wachsame Meister seinen Kunstgriff scharf zurückweisen und die vorgebliche »Lösung« kompromißlos verwerfen.

Manchmal kann jedoch – beispielsweise im Koansystem, wie es sich in Japan entwickelt hat – irgendein Objekt-Aspekt der Form oder des Inhalts des betreffenden Koan in der angenommenen Darstellung enthalten bleiben. Um diesen herauszufiltern und die noch begrenzte Einsicht zu verbreitern und zu vertiefen, erhält der Schüler ein anderes Koan, und dann wieder ein anderes und wieder ein anderes. Wenn man es nicht richtig anwendet, wird dieses Koan-System zu seinem eigenen Hindernis, und es erliegt schließlich gerade der Gefahr, vor der das Koan ursprünglich bewahren sollte.

Der einzige gültige Inhalt des Koan ist das ringende Ego selbst. Das echte Bestreben, das Koan zu »lösen«, ist das Bestreben des gespaltenen und zerrissenen Ego, mit sich selbst in Einklang zu kommen und Erfüllung zu finden. Von seinem Ursprung her betrachtet, ist das Koan selbst ein Ausdruck dieser Erfüllung. Der authentische Kampf mit dem Koan ist das Ringen des Schülers nach seiner Erfüllung, ob er es von vornherein erkennt oder nicht. In jedem Fall – ob das Koan natürlich oder vorgegeben ist – muß die Bemühung um das Koan enttäuschend oder vergeblich bleiben, wenn sie vom Ego als Subjekt aufgenommen wird, das sein Problem als Objekt behandeln möchte. Denn wie wir bereits gesehen haben, besteht das Problem des Ego gerade in dieser existenziellen Spaltung zwischen Subjekt und Objekt.

Der Zen-Buddhismus hat jedoch gewöhnlich (nicht wie ich jetzt) versucht, das Problem intellektuell, begrifflich oder analytisch zu erklären. Das Zen zieht es vielmehr vor – durch das natürliche Mondo oder das formale, vorgegebene Koan –, das Ego massiv und direkt zu treffen, und zwar mit Herausforderungen und Befehlen, denen das in Subjekt und Objekt gespaltene Ego niemals nachkommen kann. Durch die vollendete Erfüllung, die in Wort, Tat oder Geste zum Ausdruck gebracht wird, bilden diese Angriffe die dem Zen eigentümliche, besondere und einzigartige Weise, konkret zu erklären – und zu versuchen, das Ego erfassen zu lassen –, daß sich das Ego auf keine Weise in sich selbst vervollkommnen kann, daß es ihm nicht möglich ist – innerhalb seiner Subjekt-Objekt-Struktur – den Widerspruch zu lösen, der in dieser Subjekt-Objekt-Struktur selbst besteht.

Das vorläufige Ziel des Koan besteht daher darin, nicht nur noetisch, sondern auch affektiv und körperlich den »großen Zweifel« (»Ta-i«, japanisch »Daigi« oder »Taigi«), wie er in der Terminologie des Zen-Buddhismus heißt, zu erzwingen und zu erwecken – und zwar so, daß das Ego selbst vollkommen und existentiell zum »großen Block des Zweifels« (»Ta-i-t'uan«, japanisch »Daigidan« oder »Taigidan«) wird. Wird das Ego nicht zum »großen Block des Zweifels« selbst, so kann man nicht sagen, es sei »am großen Zweifel« angelangt.

Um dieses vorläufige Ziel und auch das endgültige Ziel zu erreichen, wurde das Koan mit dem – in der Zen-Methodologie – bereits bestehenden Verfahren kombiniert, in einer Art ununterbrochener »Konzentration« mit gekreuzten Beinen zu sitzen, was auf japanisch »*Zazen*« genannt wird (chinesisch »Tso-ch'an«, wörtlich »sitzendes Dhyana«, aber vielleicht besser wiedergegeben mit »sitzendes Zen«). Diese Disziplin, mit gekreuzten Beinen, jeden Fuß auf dem gegenüberliegenden Schenkel, mit gerader Wirbelsäule und vorn gefalteten oder übereinanderliegenden Händen in einer Art »Kontemplation« oder »Meditation« zu sitzen, war in Indien lange vor dem Buddhismus verbreitet. Es wird angenommen, daß Sakyamuni in dieser Stellung seine eigene Erfüllung gefunden hat, und auch Bodhidharma soll in dieser Stellung gesessen haben, als ihn Hui-k'o aufsuchte. Aber ein Jahrhundert später lehnte sich Hui-neng gegen diese Praxis auf, weil er erkannte, daß sie zu einer rein formalistischen und quietistischen Entartung der Methode geworden war. Deshalb wurde sie in der Zeit unmittelbar nach ihm nicht viel erwähnt. Trotzdem ist man sich allgemein darüber einig, daß sie die Zen-Mönche und Schüler jener Zeit alle irgendwann ausgeübt haben müssen.

Bei dem natürlichen Koan entspringt die innere Dynamik dieser »Konzentration« aus der eigenen inneren Verwirrung und Unruhe. Die Einstellung und Richtung wird wahrscheinlich vom Meister während einer Unterredung bestimmt worden sein, die kurz vorher stattfand. Nach einer solchen Unterredung wird der Schüler höchstwahrscheinlich unter ihrem Eindruck die »Meditationshalle« (»Ch'au-t'ang, japanisch »Zendo«, wörtlich »Zen-Halle«) aufsuchen und damit im Zazen sitzen.

Bei dem formalen, vorgegebenen Koan fehlt jedoch häufig dem Ego, das noch nicht zur gleichen zwingenden Intensität seiner Lage aufgerüttelt ist, noch immer die nötige »Konzentrations«-Kraft, um das Koan »anzugreifen«. Deshalb entstanden in der Lin-chi-(Rinzai-)Schule, vor allem in Japan, neben Koan und Zazen die sogenannten Sesshin (chinesisch »She-hsin«, gelegentlich »Chieh-hsin«, »Konzentralisation des Herz-Geistes« oder »Herz-Geist-Konzentralisation«) und Sanzen (chinesisch »Ts'an-ch'an«, »Die Zen-Frage verfolgen«).

Je nach dem Kloster widmet der Mönch oder Schüler sechs- oder achtmal im Jahr eine Woche des Monats dem Zazen – und seinem Koan. Während sieben aufeinanderfolgenden Tagen erhebt er sich gewöhnlich um drei Uhr früh und bleibt bis zehn Uhr abends oder noch später bei diesem Zazen – das nur durch leichte Arbeiten, den Sutra-Gesang, die Mahlzeiten, einen Vortrag, Unterredungen mit dem Meister und kurzen Ruhepausen, die auch entfallen können, unterbrochen wird. Diese Zeit wird Sesshin genannt, und die täglichen freiwilligen und pflichtgemäßen Besuche beim Meister – von zwei bis fünf Uhr – Sanzen [75].

Unter der Anregung, die eine solche Lebensordnung mit ihrer gespannten und ernsten Atmosphäre bietet, beginnt vielleicht das vorgegebene Koan zu wirken. Der Schüler, den der Obermönch mit seinem Stock stößt, wenn er schläfrig wird, in seiner Anstrengung nachläßt, oder wenn er steif und müde wird, und den der Meister anspornt, anregt oder sogar antreibt, findet sich immer mehr von seinem Koan gefesselt. Da jede Antwort, die er vorbringt, zurückgewiesen wird, wird er immer stärker aus seiner früheren Sicherheit und Selbstgefälligkeit losgerissen, aufgerüttelt und unsicher gemacht. Während der Schüler immer weniger vorzubringen hat und dennoch mit der gleichen unnachgiebigen Forderung nach einer »Antwort« bedrängt wird, während er mit dem Koan ringt und doch nicht imstande ist, als Person mit seinem Problem als mit einem Ding fertigzuwerden, empfindet er allmählich die gleiche Verwirrung und Verzweiflung, die das Ego in seinem natürlichen Streben nach Selbsterfüllung empfindet.

Das Ego als Subjekt ist ebenso unfähig, das Koan als Objekt zu lösen, wie es als in Subjekt und Objekt gespaltenes Ego unfähig ist, den existentiellen Widerspruch zu lösen, der in dieser Spaltung besteht. Für den Schüler ist jetzt das vorgegebene Koan genau wie das natürliche Koan ein Modus oder Ausdruck der wirklichen »Frage« oder Schwierigkeit des Ego selbst, und das Ringen um seine »Lösung« ein ebenso quälender Kampf auf Leben und Tod. Das Koan wird so für den Schüler zu einer Lebenskrise und zum zentralen und ausschließlichen Interesse seines ganzen Seins. Wenn er sich ihm stellt, stellt er sich damit seiner eigenen Zwangslage in ihrer ganzen unmittelbaren und brennenden Dringlichkeit. Da er damit nicht fertigwerden kann, fühlt er wirklich, »wie alle seine Eingeweide in Unordnung geraten, als hätte er eine feurige Kugel verschluckt und könnte sie nicht schnell genug von sich geben.«

Das ist ein Grund, warum sich der Mönch oder Schüler, der noch keine »Lösung« erzielt hat, häufig weigert, den Lehrer aufzusuchen, und warum er manchmal zu den Pflichtunterredungen geprügelt, gezerrt, geschleift oder, wie einmal tatsächlich beobachtet wurde, mit Gewalt von vier anderen Mönchen aus der Meditationshalle getragen werden muß.

Der Meister besteht keineswegs aus einer äußerlichen, fremden, heteronomen Autorität heraus auf einer Antwort auf das Koan. Ganz im Gegenteil. Ein wahrer Lehrer ist eine Verkörperung der höchsten Erfüllung des gequälten Ego selbst. Seine Forderung nach einer Lösung des natürlichen oder vorgegebenen Koan ist in Wirklichkeit die sehnende und suchende kritische Forderung des Ego nach seiner eigenen Lösung. Das Ego weigert sich, den Meister zu sehen, weil es nicht fähig ist, sich selbst in seiner akuten Mangelhaftigkeit und Unzulänglichkeit gegenüberzutreten – durch seine eigene vollendete Vervollkommnung in der Person des Lehrers sozusagen verräterisch gespiegelt. Das Fernbleiben gewährt wenigstens einen zeitweiligen Aufschub der Notwendigkeit, in voller und unbedinger Aufrichtigkeit dem Drang nach Linderung und Erleichterung seines eigenen inneren Konfliktes nachzugeben. Nachdem in vielen vorhergehenden Unterredungen seine einseitigen, fragmentarischen, täuschenden oder irreführenden Bemühungen und Versuche beschnitten und verworfen wurden, kämpft das Ego darum, in Deckung zu bleiben und nicht nur der Verlegenheit einer Enthüllung seiner bereits teilweisen Nacktheit, sondern auch der Qual einer weiteren oder vollständigen Bloßstellung in vollkommener Nacktheit zu entgehen. Denn die Drohung, daß das Ego in seinem freigelegten eigentlichen Widerspruch in vollkommener Nacktheit bloßgestellt werden könnte, könnte ihm als Bedrohung seiner Existenz selbst erscheinen, die von dem Schrecken des möglichen Wahnsinns oder Todes begleitet ist. In Metaphern, die dem Zen besser entsprechen, heißt dies, daß sich das Ego, dem die Funktion jedes anderen Aspektes und Teils seiner selbst vorenthalten und genommen wird, mit den Zähnen an einen Zweig klammert, der über einem Abgrund hängt. Während es an diesem letzten Rest seiner selbst festhält, fühlt es, daß es sich wenigstens für den Augenblick noch halten kann, wenn auch in einer fast unerträglichen Lage. Wenn es in diesem kritischen Augenblick gezwungen wird, wahrhaftig und authentisch sich selbst in der Person des Lehrers entgegenzutreten, und wenn es den zwingenden Befehl: »Sprich!« und »Sprich schnell!« erhält, kann das für das Ego wahrhaftig eine große Qual bedeuten. Und das um so mehr, wenn es erkennt, daß es vielleicht nicht einmal mehr seine Zähne verwenden kann, sollte es vor dem Meister festbleiben und nicht antworten. Irgendwie fühlt es, daß dies letztlich eine absolute Notwendigkeit ist, der es sich tatsächlich unterwerfen muß, der es sich aber im Augenblick nicht unterwerfen kann.

Diese Ablehnung oder Verurteilung durch den Meister ist jedoch niemals eine gewöhnliche nihilistische Verneinung. Was der Meister dem Schüler methodisch und rigoros entreißt, ist das, was das Ego als Subjekt als ein Objekt festhalten und behandeln kann. Dazu gehören auch jene Inhalte, die eine begrenzte, bedingte Erfüllung bieten könnten oder bieten. Denn solange das Ego als Subjekt weiterhin ein Objekt bleibt oder sich an ein Objekt klammert, bleiben sein innerer Widerspruch und seine Not als Ego bestehen. Das Ziel besteht daher darin, alle verfügbaren Objekt-Bestandteile — einschließlich des Körpers selbst — fortzunehmen, um die Subjekt-Objekt-Struktur des Ego als solchen in ihrem nackten Widerspruch aufzudecken und bloßzustellen. Ohne Objekt wird das Ego, das kein Subjekt sein kann, selbst unhaltbar. Doch gerade auf diesen tiefgreifenden und fundamentalen Moment will es das Zen hintreiben und dann in den Worten eines modernen Lehrers auffordern: »Drücke dich aus, ohne deinen Mund, deinen Geist, deinen Körper zu benutzen!«

Wenn der Schüler nun bis zum äußersten getrieben ist, beginnt sich das Wesen seines Suchens und Ringens zu wandeln. Sein Zazen, in dem er bisher zweifellos mit dem natürlichen oder vorgegebenen Koan als mit einem Objekt gerungen und sich darauf konzentriert hat, wird nun, da es des objektivierten Koan sowie jedes anderen Inhaltes entblößt ist, selbst objektlos. Das ist nur der Höhepunkt des Prozesses, der damit begann, daß das Koan wirksam wurde und in die Eingeweide des Schülers eindrang, bis es schließlich sein ganzes Wesen durchsetzte. Während es immer weniger äußerlich wurde, wurde es der gewöhnlichen Betrachtung oder Meditation immer weniger zugänglich. Zuletzt ist es jedes vorstellbaren Objekt-Aspektes vollkommen entkleidet. Trotzdem bleibt es hartnäckig, ungelöst und unaufgelöst, und mit ihm bleibt die unablässige Ermahnung des Meisters sowie das Ego selbst, mit ihm fertigzuwerden und es zu lösen.

Wie mit dem Koan ist es mit ihm selbst. Das Ego, das sich in einer existenziellen Schwierigkeit befindet, die es nicht beilegen, ertragen, abschütteln oder fliehen kann, ist unfähig, vorwärtszugehen, zurückzuweichen oder stillzustehen. Trotzdem bleibt die zwingende Aufforderung, sich zu bewegen und zu entscheiden. Es ist gründlich und systematisch entblößt, des Gebrauches all seiner Kräfte, Inhalte, Hilfsquellen, Fähigkeiten und schließlich sogar seines Körpers beraubt und steht trotzdem unter dem zwingenden Befehl des Lehrers, sich darzustellen und auszudrücken. In dieser offensichtlichen Sackgasse fühlt es die Qual äußerster Nutzlosigkeit und Hilflosigkeit, die normalerweise zum Selbstmord führen könnte. In der Situation des Zen geht jedoch diese Angst und Verzweiflung niemals in einer solch vollkommen negativen Hoffnungslosigkeit unter.

Anders als das Ego im Stadium vor dem Selbstmord hat der Schüler mit einem richtigen Lehrer die lebendige Versicherung vor sich, daß eine Lösung seines Problems möglich ist. Der Lehrer, der die wahre Liebe und das wahre Mitgefühl der höchsten Harmonie zum Ausdruck bringt, stützt und trägt ihn nicht nur durch diese Liebe, sondern ermutigt und beruhigt ihn in seinem Sein einfach dadurch, daß er da ist. Der Schüler fühlt irgendwie, daß der Meister noch mehr Schüler ist als er selbst und daß der Lehrer von der Prüfung mit ihren Leiden und ihrer Not ebensosehr betroffen ist wie er. So ist der Meister für den Schüler die Autorität, Bejahung und Liebe der vollkommenen Erfüllung des eigenen Seins des Schülers. Andererseits ist der Schüler für den Lehrer gleichzeitig der Lehrer selbst, wenn auch ein anderer, den der Lehrer aus seiner Liebe und seinem Mitgefühl heraus in die Qual des gänzlich rohen und entblößten inneren Widerspruchs hineinstoßen muß. Er, der Meister, ist gezwungen, die Wunde aufzureißen und bis in ihr Innerstes einzudringen, denn nur, wenn sie vollkommen bloßgelegt und in ihrem Sein erkannt ist, kann sie heilen.

Noch stammen Schmerz und Angst des Ego in seiner scheinbaren Demütigung nicht direkt von der Wunde oder dem Widerspruch, sondern vom Ego als Träger der Wunde. Obzwar dem Ego von außen jeder Objekt-Gehalt versagt ist, hält es sich noch fest, da es innerlich noch immer nicht ohne Subjekt und daher noch immer nicht wirklich ohne Objekt ist. Sobald es jedoch selbst zum rohen eigentlichen Widerspruch werden kann, stützt und trägt sich dieser Widerspruch selbst, und die äußere oder nur gefühlte Negativität des Ego bleibt zurück.

Das vorläufige Ziel des Ego besteht daher sowohl in körperlicher als auch in geistiger Hinsicht darin, zu diesem grundlegenden Widerspruch oder dem »großen Block des Zweifels« zu werden. Der »große Zweifel« oder der »große Block des Zweifels« ist nichts anderes als die innere Not des Ego im Ichbewußtsein, die sich aufs Äußerste verschlimmert hat. Der ursprüngliche Zweck des Koan – und der damit verbundenen Methode des Zazen, Sesshin und Sanzen – besteht darin, das Ego dazu zu bringen, den lebendigen Widerspruch, der es als Ego tatsächlich ist, aufzurütteln, zu kristallisieren, ganz zum Vorschein zu bringen und dann, anstatt ihn zu ertragen, wirklich und vollkommen selbst dazu zu werden.

Damit so das Ego sich selbst als Ego treu ist, muß es sich bis aufs letzte verausgaben und verwirklichen, und zwar nicht durch seine äußeren Versager oder Unmöglichkeiten, sondern durch seinen inneren, strukturellen Widerspruch. Um sich dieser Verwirklichung zu nähern, ist es für das Ego als stets objektiv orientiertes Subjekt zumeist notwendig, daß jeder mögliche Inhalt für seine Objekt-Orientierung erschöpft oder vorenthalten wird. Da es als Subjekt keine weitere Anstrengung machen kann, um von sich selbst weg nach außen zu gelangen, macht es nun vielleicht eine innere Wandlung durch, und zwar nicht, indem es selbst Subjekt bleibt und nur einfach in seiner Schau nach innen seine Orientierung auf sich selbst als Objekt umkehrt, sondern indem es statt dessen von Grund auf und vollendet zu seinem ihm innewohnenden eigentlichen Widerspruch wird. Nur wenn es ganz zu diesem Widerspruch geworden ist, wird es endlich ohne Subjekt und Objekt sein, denn als dieser innerste Widerspruch wird das Ichbewußtsein selbst zum Stillstand gebracht. Es ist jetzt keine fließende, bedingte Subjektivität mehr, sondern ohne Subjektivität oder Objektivität ein ganzer, fester Block des Seins.

Das ist jedoch weder das Vor-Ichbewußtsein des Kleinkindes noch das verkümmerte Ichbewußtsein des Idioten, das zurückgebliebene Ichbewußtsein des »Wolfskindes«, das entartete Ichbewußtsein des Psychopathen, das empfindungslose Ichbewußtsein des Narkotisierten, das lethargische Ichbewußtsein der Betäubung, das schlummernde Ichbewußtsein des traumlosen Schlafes, das aufgehobene Ichbewußtsein der Trance oder das stumpfe Ichbewußtsein des Koma. Es ist vielmehr das Ichbewußtsein selbst als sein eigener fundamentaler Widerspruch, in dem es gleichzeitig festgehalten und eingekeilt ist. Es ist weder öde noch leer, hebt sich nicht auf und verschwindet nicht. Wenn es auch behindert und eingeengt ist und ihm die aktive Unterscheidung zwischen Subjekt und Objekt, zwischen sich selbst und dem anderen fehlt, ist es doch keineswegs stumpf oder leblos, sondern vielmehr überaus sensibel. Da es überdies bis jetzt noch unentschieden ist, dauert sein Ringen an, wenn es auch nicht mehr ein Ringen des Ego als solchen ist. Das Ego ist endlich zum Koan geworden, und beide sind zum Kampf und zur »Konzentration«, zum »großen Block des Zweifels« und zum fundamentalen

Widerspruch selbst geworden und besitzen weder Subjekt noch Objekt.

Das ist das Ego, das sich als Ego vollkommen erschöpft hat. Da es weder Subjekt noch Objekt mehr ist, kann es nicht mehr streben oder sich bemühen. Im Gegensatz zu der nur scheinbaren Hilflosigkeit des Zustandes vor dem Selbstmord ist das die vollendete existenzielle Hilflosigkeit selbst, in der sogar der Selbstmord unmöglich ist. Solange das Ego als Subjekt eine Handlung vollbringen kann, sei es auch seine eigene Vernichtung, ist es nicht wahrhaft hilflos.

Ebenso ist es das Ego, das wirklich und wahrhaftig zu seinem fundamentalen Widerspruch geworden ist, das das wahre Dilemma, die wirkliche Sackgasse, den echten Nihilismus der Wertlosigkeit und Sinnlosigkeit, den wahren »ausweglosen« Zweifel bildet. Das ist die Not und die Zwangslage des Ego, das vollkommen und für immer entkleidet und aller Schleier und Hüllen beraubt ist. Das ist die höchste Negativität selbst. Obwohl diese höchste Negativität eine notwendige Voraussetzung und nicht nur negativ ist, ist sie trotzdem nur eine Vorbedingung und noch keine Lösung, keine Erfüllung. Daß man zum »großen Block des Zweifels«, das heißt, zum fundamentalen Widerspruch in seiner Grundlage wird, ist noch nicht das letzte Ziel.

Das Ego, das sich nicht mehr im Widerspruch zwischen Subjekt und Objekt befindet, sondern dieser Widerspruch selbst ist, ist völlig niedergehalten, unfähig und unbeweglich. Daß ihm Objekt und Subjekt fehlen, ist ein negativer Zustand vollkommener Abhängigkeit und Behinderung, in dem Subjekt und Objekt in ihrer widersprüchlichen Polarität einander ganz und gar behindern und in einem zusammengepreßten, hilflosen Klumpen zusammenschnüren. Es genügt nicht, auf diese negative Weise ohne Subjekt und Objekt zu sein und weder Geist noch Körper zu besitzen. Man muß sich ohne Körper, ohne Mund und ohne Geist ausdrücken. Der fundamentale Widerspruch muß noch von der Wurzel her und grundlegend aufgebrochen und aufgelöst werden.

Jedoch nur wenn dieser kritische Zustand des »großen Blocks des Zweifels« voll wirksam wurde, kann er getilgt werden. Gerade im Zustand der intensivsten und empfindlichsten Spannung kann irgendein zufälliges Ereignis des täglichen Lebens oder vielleicht irgendein Wort, eine Handlung oder Geste des Meisters plötzlich den grundlegenden und umwälzenden Umbruch veranlassen, in dem der fundamentale Widerspruch, der »große Block des Zweifels«, blitzartig zum Ausbruch und gleichzeitig zum Durchbruch kommt.

Wie das Ego im Ichbewußtsein zunächst sowohl Handlung als auch Tatsache ist, hat auch seine Eruption und seine Lösung sowohl die Eigenschaft der Handlung als auch die der Tatsache, aber jetzt nicht mehr im relativen Sinne oder nur als Eigenschaft des Ego als solchen. Denn selbst als fundamentaler Widerspruch, als »großer Block des Zweifels«, ist das gewöhnliche Ichbewußtsein bereits überschritten. Wenn ihm auch noch im negativen Sinne die Unterscheidung zwischen Subjekt und Objekt, zwischen Ich und Nicht-ich fehlt, umfaßt es als »großer Block des Zweifels« den gesamten Bereich des Seins einschließlich der Unterscheidung zwischen Sein und Nichtsein selbst. Als fundamentaler Widerspruch in seiner Wurzel ist es der Abgrund des Seins oder, richtiger, der Abgrund des Widerspruchs zwischen Sein und Nichtsein, Existenz und Nichtexistenz. Während derselbe fundamentale Kern jedoch im negativen Sinne Widerspruch und Abgrund ist, ist er im positiven Sinne Grundlage und Ursprung.

Vom Ego aus gesehen, ist dieser Kern die äußerste Grenze, der höchste Gipfel und das innerste Zentrum des Widerspruchs, der das Ichbewußtsein ist. Wird das Ego als dieses Zentrum verwirklicht, ist es verausgabt, aber noch nicht vollkommen verbraucht. Solange es als – wenn auch erschöpftes – Ego selbst dieser eigentliche Kern bleibt, bleibt es das in negativer Hinsicht – als Grenze, Schranke und Hindernis des Eigentlichen. Als solches ist das Ego nur »wie tot«. Wenn jedoch dieser negative Kern des Eigentlichen aufbricht und dabei sich selbst bekämpft und vernichtet, stirbt das Ego wirklich den »großen Tod« (»Ta-ssu«, japanisch »Taishi«), der gleichzeitig die große Geburt oder das »große Erwachen« (»Ta-wu«, japanisch »Daigo« oder »Taigo«) ist.

Der »große Tod« ist das Sterben des Ego für sich selbst in seiner tiefgreifend negativen Beschaffenheit. Er ist keineswegs eine relative, nihilistische Zerstörung oder ein Verlöschen zu einem leeren Nichts, sondern diese abrupte Vernichtung und Umkehr ist vielmehr das Zerbrechen und Zerstreuen des Widerspruchs, des Abgrunds und des Zweifels. Als Aufhebung und Verneinung der äußersten negativen Beschaffenheit ist es selbst positiv. Die negative Auflösung ist gleichzeitig eine positive Lösung. Das als Ego im zentralen Widerspruch seines Ichbewußtseins verneinte Ego erlangt durch diese Verneinung positiv und bejahend seine Lösung und Erfüllung. Indem es für sich als Ego stirbt, wird es für sein Selbst als Selbst geboren und erweckt.

Es muß nochmals nachdrücklich ausgesprochen werden, daß der fundamentale Widerspruch hier kein metaphysisches oder ontologisches Postulat bedeutet, sondern eine überaus dringende und brennende Aktualität ist. Daß er aufbricht und sich gegen sich selbst wendet, das ist eine ganz konkrete Realität. Wenn das Ego zerbricht und sich als eigentlicher Widerspruch auflöst, gewinnt es direkt und unmittelbar die innere Harmonie und Vollendung. Die zusammengeschnürte und behinderte äußerste Grenze ist jetzt der unbehindert fließende Urquell und die letzte Grundlage. Das Ego ist nicht mehr auf den fundamentalen Widerspruch des anfänglichen Ichbewußtseins, sondern auf die Grundlage und Quelle seines Selbst konzentriert. Die Grenze des Eigentlichen, das sich umkehrt und gegen sich selbst wendet, wird zur Quelle und Grundlage des Eigentlichen. Dieses radikale, kataklysmische Vernichten, Bekämpfen und Umkehren des Kernes, durch den Kern und am Kern nennt das Zen auf japanisch Satori (chinesisch »Wu«, wörtlich: »Erwachen« oder »Begreifen«).

Wenn das verausgabte und festgehaltene Ego an der Grundlage seines fundamentalen Widerspruchs durch das Satori aufbricht und sich auflöst, erwacht es oder das Eigentliche damit zu seiner Grundlage und Quelle in seinem Selbst. Dieses Erwachen zu seinem Selbst ist gleichzeitig das Erwachen seines Selbst. Vom Gesichtspunkt des Ichbewußtseins in seinem eigentlichen Widerspruch, dem »großen Block des Zweifels«, ist alles Aufbrechen, Auflösen und Sterben ein Erwachen und Durchbrechen zu seinem Selbst. Aber vom entgegengesetzten Gesichtspunkt ist das Erwachen und Durchbrechen zu seinem Selbst gleichzeitig das Erwachen und Sichöffnen seines Selbst. Das ist wirkliches Selbst-Erwachen: Das Erwachende ist das, was erweckt wird, wodurch es erweckt wird und wozu es erweckt wird. Es ist sowohl Handlung als auch Tatsache und gleichzeitig sein Selbst, sowie Grundlage, Quelle und Vorbedingung von Handlung und Tatsache.

Als Grundlage und Quelle ist es weder dynamisch noch statisch, aber auch keine tote Identität oder leere, abstrakte Universalität oder Einheit. Auch ist es keine einfache Nicht-Dualität oder »falsche Identität« (»O-p'ing-teng«, japanisch »Akubyodo«). Obwohl sein Selbst Grundlage, Quelle und Voraussetzung des Statischen und Dynamischen ist, bleibt es niemals innerhalb seines Selbst, sondern veranlaßt stets sein Selbst, sich auszudrücken. Ja, wenn es zu seinem Selbst erweckt ist, erkennt es, daß gerade die Subjektivität des Ego als Subjekt sogar in seiner widersprüchlichen Dualität letztlich von seinem Selbst abstammt. Ebenso ist die tiefste Quelle des Sehnens und Suchens des Ego, das seine Entfremdung überwinden und sich vollenden und erfüllen will, ebenfalls genau sein Selbst. Von seinem Selbst abgerissen, sehnt es sich und sucht zu ihm zurückzukehren. Das Ego in seinem doppelten Widerspruch, daß es sich selbst und seine Welt besitzt und doch nicht besitzt, befindet sich tatsächlich in der schlimmen Lage, daß es sein Selbst besitzt und doch nicht besitzt.

Außer daß das Ego als Subjekt von sich selbst, den anderen und seiner Welt als Objekt getrennt und entfernt ist, ist es

214

überdies als Ego im ursprünglichen Ichbewußtsein von seiner eigenen Grundlage und Quelle abgeschnitten und abgeschirmt. Seine Individualität, von innen zersplittert und von außen isoliert, entbehrt der Grundlage und ist daher unerträglich. Eine solche Individualität, die innerlich gespalten, äußerlich dissoziiert und ihrer eigenen Quelle fremd ist, kann niemals wirklich sich selbst kennen oder bejahen, weil sie niemals sie selbst ist oder sich wahrhaft besitzt. Nur wenn das Ego für sich als Ego stirbt und für sein Selbst als Selbst erwacht, wird diese authentische, autonome In-dividualität zum ersten Mal verwirklicht. Es hört auf, nur Ego zu sein, und ist von nun an das, was man als Selbst-Ego oder Ego-Selbst bezeichnen oder charakterisieren könnte.

Die Not, die der existenziell widersprüchlichen dualistischen Subjekt-Objekt-Struktur des Ego im Ichbewußtsein innewohnt, vergeht letztlich nur, wenn dieser lebendige, fundamentale Widerspruch zerbricht, für sich an seiner Grundlage stirbt und als Selbst-Ego in seinem Selbst und als sein Selbst erlöst und erfüllt erwacht. Wenn es als Selbst sein Selbst und als Ego die Grundlage seiner selbst ist, ist es endlich frei von der Spaltung und Zerrissenheit jeder inneren oder äußeren dualistischen Dualität. Es kämpft nicht mehr aus dem Schlund und Abgrund eines ungelösten, gespaltenen Kerns heraus, »zu sein«, sondern ist jetzt sein Selbst und geht aus ihm als Quelle und Ursprung seiner selbst als Subjekt und Objekt hervor.

Im Gegensatz zur bedingten Subjektivität des ursprünglichen Ichbewußtseins wird das Subjekt nicht mehr vom Objekt gebunden, behindert, umschrieben oder beschnitten. Auch machen Subjekt und Objekt – wie im Zustand des »großen Blocks des Zweifels« – einander in der Tiefe ihrer widersprüchlichen Dualität nicht mehr unbeweglich. Da sie in und an diesem widersprüchlichen Kern entwurzelt und umgestürzt sind, sind sie von nun an in ihrer tiefsten Quelle verwurzelt und konzentriert. Verpflanzt und mit verschobenem Mittelpunkt hören sie auf, einander zu widersprechen und zu behindern und werden statt dessen zur frei fließenden Offenbarung jener Quelle.

Betrachtet man den Urquell seines Selbst und in seinem Selbst, so ist gerade dieses freie und kontinuierliche Fließen aus seinem subjektiven und objektiven Selbst heraus seine zeitliche und doch ewig ungehinderte und unbehinderte Rückkehr zu seinem Selbst. Und das ist die Selbst-Offenbarung: Das Offenbarende ist das, was offenbart wird, wodurch es offenbart wird und wovon es offenbart wird.

Betrachtet man das erwachte Subjekt, das als Entfaltung seiner letzten Grundlage vollkommen verwirklicht ist, so ist es reines oder nicht bedingtes Selbst-Subjekt, wie sein Objekt reines oder nicht bedingtes Selbst-Objekt ist. Wie das Subjekt Ausdruck und Funktion seines Selbst ist, ist auch das Objekt Ausdruck und Funktion seines Selbst. Da Subjekt und Objekt rein und nicht bedingt sind, ist wahrhaftig das Subjekt Objekt, wie das Objekt Subjekt ist. Ihre Dualität ist nicht länger widersprüchlich oder dualistisch, sondern von nun an eine in Einklang stehende, nicht widersprüchliche, nicht dualistische Dualität. Das Subjekt bewegt sich unbehindert und ungehindert in der absoluten Freiheit nicht bedinger Subjektivität. Es reflektiert das Objekt und wird vom Objekt reflektiert, wie das Objekt das Subjekt reflektiert und vom Subjekt reflektiert wird. Das Reflektierende ist das, was reflektiert wird, wovon es reflektiert wird und worin es reflektiert wird. Ego, Ichbewußtsein und seine Subjekt-Objekt-Dualität, die verpflanzt und verwandelt werden und deren Mittelpunkt sich verschiebt, sind nun die nicht-widersprüchliche, nicht-dualistische Dualität von Ego-Selbst oder Selbst-Ego.

Als Selbst ist es die Quelle seiner selbst als Ego, und so ist das Selbst-Ego gleichzeitig gestaltet und gestaltlos. Es ist gestaltlose Gestalt (»Wu-hsiang«, japanisch »Muso«). Als unerschöpfliche Grundlage ist es ohne bestimmte, festgelegte Gestalt, und diese Gestaltlosigkeit ist ebenfalls keine festgelegte Gestalt. Weder theoretisch noch abstrakt ist diese Gestaltlosigkeit sein Selbst, der Urquell der Gestalt. Weil es gestaltlos ist, kann es im wirklichen Dasein alle Gestalten entstehen lassen, sein Selbst in ihnen ausdrücken und selbst alle Gestalten sein.

In seinem erwachten Ichbewußtsein und seiner Erfüllung als Selbst-Ego ist es und hat es die Gestalt seiner selbst als Selbst-Ego. Als Urquell ist es jedoch niemals einfach die Gestalt seiner selbst als Selbst-Ego. Im Raum ist es als Gestalt es selbst und nicht es selbst, in der Zeit ist es als Existenz sein eigenes Sein und Nichtsein. Es ist wahrhaftig jenseits seines Selbst und seines Nichtselbst, jenseits seines Seins und seines Nichtseins die verwirklichte Ekstase. Es kann in bedingungsloser Bejahung erklären: »Ich bin« und »Ich bin nicht«, »Ich bin ich« und »Ich bin nicht ich«, »Ich bin ich, weil ich nicht ich bin«, »Ich bin nicht ich, deshalb bin ich ich«. Eine bedingungslose Selbstbejahung ist tatsächlich eine bedingungslos dynamische Selbst-Bejahung-Verneinung oder Selbst-Verneinung-Bejahung. (Das kann man auch als Natur − oder Logos − der Liebe betrachten.)

Ferner ist es als Selbst-Ego mit seinem Selbst in Einklang und darin vervollkommnet und ist daher ebenso das andere, wie das andere sein Selbst ist. Da es und das andere nur ein Aspekt der Dualität von Subjekt und Objekt sind, wie es selbst nur eine Entfaltung seines Selbst ist, ist auch das andere ebenfalls nur eine Entfaltung seines Selbst: »Ich bin ich«, »Du bist du«, »Ich bin du«, »Du bist ich«.

Wie mit Subjekt und Objekt, mit ihm selbst und dem anderen, so ist es auch mit ihm selbst und seiner Welt. »Wenn ich die Blume sehe, sehe ich mein Selbst; die Blume sieht mein Selbst; die Blume sieht die Blume; die Blume sieht ihr Selbst; mein Selbst sieht sein Selbst; ihr Selbst sieht ihr Selbst.«

Hier ist lebendige, schöpferische Liebe in vollendeter Verwirklichung und Erfüllung, die ewig ihr Selbst zum Ausdruck bringt und selbst zum Ausdruck kommt. Das zum Ausdruck Bringende ist das, was zum Ausdruck kommt, womit es zum Ausdruck kommt und wofür es zum Ausdruck kommt. Hier allein gibt es eine totale und bedingungslose Bejahung von Subjekt und Objekt, von sich und dem anderen, der Welt und dem Sein, denn hier allein gibt es eine totale und bindungslose Bejahung seines Selbst, durch sein Selbst und über sein Selbst als Selbst-Ego.

Jetzt ist und kennt es sein »ursprüngliches Gesicht« vor der Geburt seiner Eltern. Jetzt sieht es »Mu«, hört »den Klang einer Hand« und kann sein Selbst darstellen, »ohne Körper, Mund oder Geist zu verwenden«. Jetzt begreift es, wer und wo es ist, »nachdem seine Asche verstreut wurde«.

Das ist endlich das menschliche Dasein, das über den existentiellen Widerspruch seines ursprünglichen Ichbewußtseins hinaus vollendet und erfüllt ist. Das ist endlich der Mensch, der sich zuletzt als Mensch verwirklicht hat, der vollkommen er selbst ist und sich und seine Welt besitzt, der imstande ist, »Berge, Flüsse und die große Erde zu versetzen und auf sein Selbst zu reduzieren« und »sein Selbst zu verwandeln und es zu Bergen, Flüssen und der großen Erde zu machen.« [76]

Das ist nach meinem begrenzten Verständnis die Beziehung des Zen-Buddhismus zur Situation des Menschen.

Anmerkungen

[1] An der Konferenz nahmen ungefähr fünfzig Psychiater und Psychologen aus Mexiko und den Vereinigten Staaten teil (die meisten davon Psychoanalytiker). Neben den hier veröffentlichten Arbeiten wurden noch eine Anzahl weiterer Vorträge gehalten und diskutiert:
Dr. M. Green, »The Roots of Sullivan's Concept of Self«;
Dr. J. Kirsch, »The Role of the Analyst in Jung's Psychotherapy«;
Dr. I. Progoff, »The Psychological Dynamism of Zen«;
»The Concept of Neurosis and Cure in Jung«;
Miss C. Selver, »Sensory Awareness and Body Functioning«;
Dr. A. Stunkard, »Motivation for Treatment«;
Dr. E. Tauber, »Sullivan's Concept of Cure«;
Dr. P. Weisz, »The Contribution of Georg W. Groddeck«.
In diesem Buch werden nur die Arbeiten veröffentlicht, die mit dem Zen-Buddhismus in engstem Zusammenhang stehen, und zwar teils aus Platzmangel und teils, weil die anderen Arbeiten, ohne die darüber geführten Diskussionen, keine ausreichende Einheit bilden würden.

[2] Die Christen betrachten die Kirche als Mittel zur Erlösung, weil sie Christus, den Erlöser, symbolisiert. Die Christen stehen nicht unmittelbar, sondern durch Christus mit Gott in Verbindung, und Christus ist die Kirche, und die Kirche ist der Ort, wo sie sich versammeln, um Gott anzubeten und ihn durch Christus um Erlösung zu bitten. In dieser Hinsicht sind die Christen kollektivistisch, während sie in gesellschaftlicher Hinsicht für den Individualismus eintreten.

[3] Siehe S. 64 und auch *Essays in Zen Buddhism*, erste Serie, S. 227 ff.

[4] »Sakki« bedeutet wörtlich »Mordluft«. Der Schwertkämpfer spricht häufig von einem derartigen Vorkommnis. Es läßt sich nicht beschreiben, sondern man fühlt nur im Innern, daß es von einer Person oder einem Gegenstand ausgeht. Man spricht oft davon, daß einige Schwerter von dieser »Mordluft« erfüllt seien, wogegen andere ein Gefühl der Ehrfurcht, der Ehrerbietung oder sogar der Güte vermitteln. Das wird im allgemeinen dem Charakter oder Temperament des Künstlers zugeschrieben, der das Schwert geschmiedet hat, denn Kunstwerke spiegeln den Geist der Künstler wider, und in Japan ist das Schwert nicht nur eine Waffe, sondern ein Kunstwerk. Das

Sakki geht auch von einem Menschen aus, der heimlich oder offen den Gedanken, jemand zu töten, in sich trägt. Diese »Luft« soll auch über einer Gruppe von Soldaten liegen, die die Absicht haben, den Feind anzugreifen.

[4a] *L'aventure occidentale de l'homme,* deutsch: *Das Wagnis Abendland,* München, Langen-Müller 1959.

[5] Wörtlich »ein vertrockneter Stock aus Unrat«, japanisch »kanshiketsu«, chinesisch »kan-shih-chueh«. Kan: trocken, shi: Unrat, ketsu: Stock.

[6] »Muye« (j.) und »wu-i« (ch.) bedeuten sowohl »unabhängig« als auch »unbekleidet«. »Ye« (»i«) bedeutet im ersten Fall »abhängig« und im zweiten »Kleider«.

[7] Die folgenden Übersetzungen stammen aus Rinzais Aussprüchen, die als *Rinzai Roku* bekannt sind.

[8] Während dieser ganzen Predigt steht »ich« für den »Menschen« (jen) oder »absolute Subjektivität«, um meine Terminologie zu gebrauchen.

[9] »Er« wird hier eingefügt, weil das chinesische Original wie üblich das Subjekt wegläßt. »Er« steht für Realität, Mensch, Person oder Ich.

[10] »Du« wird hier sowie anderswo im Sinne von »Geist« gebraucht, der sich im »Menschen« offenbart. »Du« und »Mensch« sind hier vertauschbar.

[11] »Avidya« in Sanskrit.

[12] Unbeweglichkeit, Reinheit, Erhabenheit oder Ruhe – sie alle beziehen sich auf einen Zustand des Bewußtseins, in dem alle Gedankenwellen jeglicher Art gleichmäßig abflauen. Man nennt ihn auch den dunklen Abgrund der Unwissenheit oder des Unbewußten, und die Anhänger des Zen werden aufgefordert, ihn mit allen Mitteln zu vermeiden und ihn nicht für das höchste Ziel der Zen-Disziplin zu halten.

[13] Im allgemeinen werden drei Klassen von Menschen – obere, mittlere und untere – in bezug auf ihre natürliche Begabung oder angeborene Fähigkeit, die buddhistischen Wahrheiten zu verstehen, genannt.

[14] Das chinesische Original für »ich« und seine Biegeformen lautet »shan-seng« (»san-zo« auf japanisch), und bedeutet »Bergmönch«, womit Rinzai sich selbst bezeichnet. Dieser bescheidene Titel soll so verstanden werden, daß er sich nicht nur auf Rinzai als Individuum bezieht, der zu dieser in jeder Weise beschränkten Welt gehört, sondern auf Rinzai als Erleuchteten, der im transzendenten Bereich absoluter Subjektivität oder Leere lebt. Ein Mensch in diesem Bereich bewegt oder benimmt sich nicht als partitiv individualisiertes

Wesen, als psychologisch definiertes Ich oder als abstrakte Idee, sondern mit seinem ganzen Wesen oder seiner ganzen Persönlichkeit. Das wird im Folgenden klarer werden.

[15] »Es« ist vom Übersetzer aus dem Chinesischen eingesetzt und bezieht sich auf Dharma, Wirklichkeit, Person, Mensch oder Tao (Weg).

[16] Der Bettelsack ist ein Sack, der eine Bettelschale enthält und den der Wandermönch mit sich trägt. Der mit Unrat erfüllte Leib ist ein verächtlicher Name für einen Mönch, dessen Blick noch nicht für das Dharma geöffnet und dessen Geist von leeren Namen und müßigen Gedanken erfüllt ist. Diese werden mit den Exkrementen verglichen, die man nicht im Leib behalten sollte. Ein Mönch, der sich jemals bemüht, Ideen zu sammeln, die nicht für die Erkenntnis unumgänglich notwendig sind, wird auch »Reissack« oder »stinkender Hautsack« genannt.

[17] Das ist ein Stab aus Holz oder manchmal Bambus, ungefähr 1,80 m lang, der benutzt wird, um Gegenstände über der Schulter zu tragen. Wenn die Last zu schwer ist, biegt sich der Stab. Rinzai vergleicht sarkastisch den geschlossenen Mund des Mönches mit dem gebogenen Stab.

[18] Siehe oben und mein *Living by Zen,* London, Rider 1950, (*Leben aus Zen,* München-Planegg, Barth 1955, S. 29).

[19] Siehe meine *Studies in Zen,* London, Rider 1955, S. 80 ff.

[20] Siehe mein *Manual of Zen Buddhism,* London, Rider 1950, Tafel 11, wo der ideale Anhänger des Zen auf den Markt, d. h. auf die Welt kommt, um alle Wesen zu retten.

[21] Siehe *The Lankavatara Sutra,* London, Routledge 1932, S. 38, 40, 49 usw., und meine *Essays in Zen Buddhism,* Serie 3, London, Rider 1951, S. 314.

[22] Siehe meine *Essays in Zen Buddhism,* Serie 1, London, Rider 1949, S. 253 ff. und 252.

[23] Rinzais Sprüche *(Rinzai Roku),* die von seinen Schülern gesammelt wurden, enthalten ungefähr 13 380 Zeichen und werden als eine der besten Sammlungen von Zen-Aussprüchen, *Goroku* genannt, betrachtet. Die Sung-Ausgabe des Textes, die 1120 erschien, soll eine zweite Ausgabe sein und sich auf eine viel frühere Ausgabe stützen, die jedoch verlorenging. Siehe meine *Studies in Zen,* S. 25 ff. Über Bankei siehe mein *Leben aus Zen,* S. 128 ff. Er war ein heftiger Gegner der zu seiner Zeit vorherrschenden Methode, das Zen mit Hilfe des Koans zu studieren. Er war ein älterer Zeitgenosse Hakuins, der jedoch, soviel uns bekannt ist, nicht von ihm wußte.

[23a] Der Wortlaut wurde zum Teil modernisiert.

[24] Vgl. C. G. Jungs Geleitwort zu D. T. Suzukis *Die große Befreiung,* Leipzig, Weller 1939, 4. Auflage Zürich, Rascher 1958, und die Arbeiten des französischen Psychiaters Benoit über den Zen-Buddhismus, *The Supreme Doctrine,* New York, Pantheon Books 1955. Die verstorbene Karen Horney interessierte sich in ihren letzten Lebensjahren sehr stark für den Zen-Buddhismus. Die in Cuernavaca, Mexiko, abgehaltene Konferenz, bei der die hier veröffentlichten Arbeiten vorgetragen wurden, ist ein weiteres Symptom für das Interesse der Psychoanalytiker am Zen-Buddhismus. In Japan besteht ebenfalls beträchtliches Interesse für die Beziehungen zwischen Psychotherapie und dem Zen-Buddhismus. Vgl. Koji Satos Arbeit »Psychotherapeutic Implications of Zen« in *Psychologia, An International Journal of Psychology in the Orient,* Bd. I, Nr. 4, 1958, sowie andere Beiträge in der gleichen Ausgabe.

[25] Vgl. die Arbeiten von Kierkegaard, Marx und Nietzsche und in der Gegenwart von existentialistischen Philosophen sowie von Lewis Mumford, Paul Tillich, Erich Kahler, David Riesman u. a.

[26] Näheres über den halbreligiösen Charakter der psychoanalytischen Bewegung, die Freud ins Leben rief, finden Sie in meiner Arbeit *Sigmund Freuds Mission,* New York, Harper, 1959, deutsch: *Sigmund Freuds Sendung,* Frankfurt, Ullstein 1961.

[27] »Die endliche und die unendliche Analyse« in *Gesammelte Werke* Bd. 16, S. 59 und 94.

[28] Die Entwicklung des Menschen von der Fixierung an Mutter und Vater bis zur vollen Unabhängigkeit und Erleuchtung wurde von Meister Eckehart im Traktat »Vom edlen Menschen« überaus schön beschrieben:

»Die erste Stufe des inneren und des neuen Menschen, spricht Sankt Augustinus, ist es, wenn der Mensch nach dem Vorbilde guter und heiliger Leute lebt, dabei aber noch an den Stühlen geht und sich nahe bei den Wänden hält, sich noch mit Milch labt. Die zweite Stufe ist es, wenn er jetzt nicht nur auf die äußeren Vorbilder, (darunter) auch auf gute Menschen, schaut, sondern läuft und eilt zur Lehre und zum Rate Gottes und göttlicher Weisheit, kehrt den Rücken der Menschheit und das Antlitz Gott zu, kriecht der Mutter aus dem Schoß und lacht den himmlischen Vater an.
Die dritte Stufe ist es, wenn der Mensch mehr und mehr sich der Mutter entzieht und er ihrem Schoß ferner und ferner kommt, der Sorge entflieht, die Furcht abwirft, so daß, wenn

er gleich ohne Ärgernis aller Leute (zu erregen) übel und unrecht tun könnte, es ihn doch nicht danach gelüsten würde; denn er ist in Liebe so mit Gott verbunden in eifriger Beflissenheit, bis der ihn setzt und führt in Freude und in Süßigkeit und Seligkeit, wo ihm alles das zuwider ist, was ihm (= Gott) ungleich und fremd ist.

Die vierte Stufe ist es, wenn er mehr und mehr zunimmt und verwurzelt wird in der Liebe und in Gott, so daß er bereit ist, auf sich zu nehmen alle Anfechtung, Versuchung, Widerwärtigkeit und Leid-Erduldung willig und gern, begierig und freudig.

Die fünfte Stufe ist es, wenn er allenthalben in sich selbst befriedet lebt, still ruhend im Reichtum und Überfluß der höchsten unaussprechlichen Weisheit.

Die sechste Stufe ist es, wenn der Mensch entbildet ist und überbildet von Gottes Ewigkeit und gelangt ist zu gänzlich vollkommenem Vergessen vergänglichen und zeitlichen Lebens und gezogen und hinüberverwandelt ist in ein göttliches Bild, wenn er Gottes Kind geworden ist. Darüber hinaus noch höher gibt es keine Stufe, und dort ist ewige Ruhe und Seligkeit, denn das Endziel des inneren Menschen und des neuen Menschen ist: ewiges Leben.« Zitiert nach der Übersetzung von Josef Quint in *Deutsche Predigten und Traktate,* München, Hanser 1955.

[29] Mircea Eliade, *Das Mysterium der Wiedergeburt,* Zürich, Rascher 1961, S. 119 f.

[30] Vgl. Laurette Séjournées *Burning Waters,* London 1957.

[31] Anregungen zu diesen Gedanken gaben persönliche Mitteilungen von Dr. William Wolf über die neurologische Grundlage des Bewußtseins.

[32] Die gleiche Idee wurde von E. Schachtel (in einer aufschlußreichen Arbeit über »Memory and Childhood Amnesia« in *Psychiatry,* Bd. X, Nr. 1, 1947) im Zusammenhang mit der Amnesie von Kindheitserinnerungen zum Ausdruck gebracht. Wie schon der Titel andeutet, befaßt er sich hier mit dem spezielleren Problem der kindlichen Amnesie und mit dem Unterschied zwischen den Kategorien (»Schematas«) des Kindes und des Erwachsenen. Er folgert, daß »die Unvereinbarkeit des Erlebens in der frühen Kindheit mit den Kategorien und der Organisation des Gedächtnisses des Erwachsenen zum großen Teil auf ... die Konventionalisierung des Gedächtnisses des Erwachsenen zurückzuführen ist«. Nach meiner Ansicht stimmt das, was er über das Gedächtnis des Kindes und des Erwachsenen sagt, aber wir finden die Unter-

schiede nicht nur zwischen den Kategorien des Kindes und des Erwachsenen, sondern auch zwischen denen verschiedener Kulturen, und ferner betrifft das Problem nicht nur das Gedächtnis, sondern das Bewußtsein im allgemeinen.

[33] Vgl. den bahnbrechenden Beitrag von Benjamin Whorf in seinen *Collected Papers on Metalinguistics,* Washington, D. C. Foreign Service Institute, 1952.

[34] Die Bedeutung dieser Verschiedenheit wird in den englischen und deutschen Übersetzungen des Alten Testamentes offenkundig; wenn der hebräische Text für eine emotionelle Empfindung wie »lieben« die Vergangenheit verwendet, was bedeutet: »Ich empfinde tiefe Liebe«, mißversteht dies der Übersetzer und schreibt: »Ich liebte.«

[35] Vgl. meine eingehendere Erörterung dieses Problems in *The Art of Loving,* New York, Harper 1956, S. 72 ff., deutsch: *Die Kunst des Liebens,* Frankfurt, Ullstein 1959, S. 100 ff.

[36] Vgl. meine Beschreibungen dieser Auffassung in *Escape from Freedom,* New York, Rinehart 1941, deutsch: *Flucht vor der Freiheit,* 1952, und *The Sane Society,* New York, Rinehart 1955, deutsch: *Der moderne Mensch und seine Zukunft,* Frankfurt, Europäische Verlagsanstalt 1960.

[37] Diese Analyse des Bewußtseins führt uns zu dem gleichen Schluß, zu dem Karl Marx kam, als er das Problem des Bewußtseins folgendermaßen formulierte: »Es ist nicht das Bewußtsein der Menschen, das ihr Sein, sondern umgekehrt ihr gesellschaftliches Sein, das ihr Bewußtsein bestimmt« (*Zur Kritik der Politischen Ökonomie,* Vorwort).

[38] Wir haben kein Wort, das diese Transformierung bezeichnet. Wir können »Reversion der Verdrängung« oder konkreter »Erwachen« sagen; ich möchte den Ausdruck »de-repression« vorschlagen. (In dieser Übersetzung durch »Aufhebung der Verdrängung« wiedergegeben.)

[39] Vgl. S. Ferenczi, *Collected Papers,* herausgegeben von Clara Thompson (Basic Books, Inc.), und die ausgezeichnete Untersuchung der Ideen Ferenczis in Izette de Forests *The Leaven of Love,* New York, Harper 1954.

[40] Vgl. meine Arbeit über »The Limitations and Dangers of Psychology« in *Religion and Culture,* herausgegeben von W. Leibrecht, New York, Harper 1959.

[41] Geleitwort zu Suzuki, *Die große Befreiung* [24].

[42] Suzuki, *Zen-Buddhism,* New York, Doubleday 1956, S. 3.

[43] Suzuki, *Die große Befreiung,* 1. Aufl., S. 136.

[44] Geleitwort zu Suzuki, *Die große Befreiung.*

[45] Suzuki, *Die große Befreiung,* 1 Aufl., S. 120.

[46] Ebda, S. 60.
[47] Ebda, S. 93.
[48] Ebda, S. 128 f.
[49] Ebda, S. 56.
[50] D. T. Suzuki, *Mysticism, Christian and Buddhist,* New York, Harper 1957, S. 105.
[51] Suzuki, *Die große Befreiung,* 1. Aufl., S. 45.
[52] Ebda, S. 135.
[53] Ebda, S. 96.
[54] Suzuki, *Zen Buddhism* [42], S. 96.
[55] Suzuki, *Die große Befreiung,* 1. Aufl., S. 68.
[56] D. T. Suzuki, *Introduction to Zen Buddhism,* London, Rider 1949, S. 131.
[57] *Man for Himself,* deutsch: *Psychoanalyse und Ethik,* Stuttgart, Diana 1954, Kapitel III.
[58] Eugen Herrigel, *Zen in der Kunst des Bogenschießens,* München-Planegg, O. W. Barth, 9. Aufl., 1960.
[59] Alle Zitate dieses Abschnitts aus D. T. Suzukis Beitrag in diesem Buch, S. 22–31, Hervorhebung im Druck von mir – E. F.
[60] Suzuki, S. 31 und 27.
[61] S. 32 dieses Buches.
[62] S. 31 f. dieses Buches, Hervorhebung von mir – E. F.
[63] Richard R. Bucke, *Cosmic Consciousness, A Study in the Evolution of the Human Mind,* Innes & Sons, 1901; New York, Dutton, 1923, 17. Aufl., 1954. Ich möchte nebenbei erwähnen, daß Buckes Buch mit dem Gegenstand dieses Beitrages aufs engste verwandt ist. Bucke, ein Psychiater von großem Wissen und großer Erfahrung, ein Sozialist mit einem tiefen Glauben an die Notwendigkeit und Möglichkeit einer sozialistischen Gesellschaft, die »das persönliche Eigentum abschaffen und die Erde gleichzeitig von zwei ungeheuren Übeln – Reichtum und Armut – befreien wird«, entwickelt in diesem Buch eine Hypothese der Entwicklung des menschlichen Bewußtseins. Nach seiner Hypothese hat sich der Mensch vom animalischen »einfachen Bewußtsein« zum menschlichen »Ichbewußtsein« entwickelt und befindet sich nun an der Schwelle zur Bildung des kosmischen Bewußtseins, einem revolutionären Ereignis, das bereits bei einer Anzahl außergewöhnlicher Persönlichkeiten in den letzten zweitausend Jahren stattgefunden hat. Was Bucke als kosmisches Bewußtsein bezeichnet, ist meiner Ansicht nach genau die Empfindung, die im Zen-Buddhismus Satori genannt wird.
[64] Vgl. meine Arbeit »The Limitations and Dangers of Psycholo-

gy« in *Religion and Culture,* herausgegeben von W. Leibrecht, New York, Harper 1959, S. 31 ff.

[65] In einer persönlichen Mitteilung, wie ich mich entsinne.

[66] Obwohl der Verfasser allein die Verantwortung für die darge-legte Auffassung trägt, möchte er doch den Professoren Rein-hold Niebuhr und Paul Tillich, Dr. Shinichi Hisamatsu und vor allem Dr. Daisetz T. Suzuki seine tiefste Dankbarkeit aus-sprechen.

[67] Ch'an ist die erste Silbe des chinesischen ch'an-na (das auf japanisch zenna ausgesprochen wird), einer Transkription aus dem Sanskrit dhyana: eine Art Konzentration oder Kontem-plation.

[68] Diese Erzählung stammt aus *Ching-te Ch'uan-teng Lu* (Be-richt von der Überbringung der Lampe), Bd. 3.

[69] *Ching-te Ch'uan-teng Lu,* Bd. 3.

[70] *Wu-teng Hui-yüan* (Eine Synthese der fünf Lampen), Bd. 3.

[71] *Shumon Katto Shu* (Sammlung von »Zen-Komplikationen«).

[72] Suzuki, *Leben aus Zen,* S. 32.

[73] Suzuki, *Leben aus Zen,* S. 153 f.

[74] Suzuki, *Leben aus Zen,* S. 209, Anm. 32.

[75] Dieser Bericht ist sehr allgemein gehalten und enthält keine der feineren methodischen Unterschiede.

[76] Siehe Suzuki, *Leben aus Zen,* S. 35.

Schriften zu *Psychologie und Gesellschaft*
im Suhrkamp Verlag

Borneman, Ernest, Psychoanalyse des Geldes. Eine kritische Untersuchung psychoanalytischer Geldtheorien. Die englischen und amerikanischen Beiträge dieses Buches sind von Eva Borneman, die französischen Beiträge von Eva Moldenhauer ins Deutsche übertragen worden. 1977. *edition suhrkamp* 902

Cooper, David G., Psychiatrie und Anti-Psychiatrie. 1971. *edition suhrkamp* 497

Dahmer, Helmut, Libido und Gesellschaft. Studien über Freud und die Freudsche Linke. 1973. *Literatur der Psychoanalyse*

Deleuze, Gilles / Félix Guattari, Anti-Ödipus. Kapitalismus und Schizophrenie I. Aus dem Französischen von Bernd Schwibs. 1974

Foucault, Michel, Wahnsinn und Gesellschaft. Eine Geschichte des Wahns im Zeitalter der Vernunft. Aus dem Französischen von Ulrich Köppen. 1973. *suhrkamp taschenbuch wissenschaft* 39

Fromm, Erich, Analytische Sozialpsychologie und Gesellschaftstheorie. 1970. *edition suhrkamp* 425

Guattari, Félix, Psychotherapie, Politik und die Aufgaben der institutionellen Analyse. Vorwort von Gilles Deleuze. Aus dem Französischen übersetzt von Grete Osterwald. 1976. *edition suhrkamp* Band 768

Jacobson, Edith, Depression. Eine vergleichende Untersuchung normaler, neurotischer und psychotisch-depressiver Zustände. Übersetzt von Heinrich Deserno. 1977. *Literatur der Psychoanalyse*

Jones, Ernest. Zur Psychoanalyse der christlichen Religion. Mit einem Nachwort von Helmut Dahmer. 1970. *Literatur der Psychoanalyse*

Kohut, Heinz, Introspektion, Empathie und Psychoanalyse. Aufsätze zur psychoanalytischen Theorie, zu Pädagogik und Forschung und zur Psychologie der Kunst. 1977. *suhrkamp taschenbücher wissenschaft* Band 207

Lacan, Jacques, Schriften I. Ausgewählt und herausgegeben von Norbert Haas. Aus dem Französischen von Norbert Haas, Klaus Laermann, Rodolphe Gasché und Peter Stehling. 1975. *suhrkamp taschenbücher wissenschaft* 137

Laing, Ronald D., Phänomenologie der Erfahrung. Aus dem Englischen von Klaus Figge und Waltraud Stein. 1969. *edition suhrkamp* 314

Laing, Ronald D. / David G. Cooper, Vernunft und Gewalt. Aus dem Englischen von H. D. Teichmann. 1973. *edition suhrkamp* 574

Lang, Hermann, Die Sprache und das Unbewußte. Jacques Lacans Grundlegung der Psychoanalyse. 1973

Leclaire, Serge, Der psychoanalytische Prozeß. Versuch über das Unbewußte und den Aufbau einer buchstäblichen Ordnung. Aus dem Französischen von Norbert Haas. 1975. *suhrkamp taschenbücher wissenschaft* 119

Lorenzer, Alfred, Kritik des psychonalytischen Symbolbegriffs. 1970. *edition suhrkamp* 393

– Sprachzerstörung und Rekonstruktion. Vorarbeiten zu einer Metatheorie der Psychoanalyse. 1973. *suhrkamp taschenbücher wissenschaft* 31

– Die Wahrheit der psychoanalytischen Erkenntnis. Ein historisch-materialistischer Entwurf. 1974

Mitscherlich, Alexander, Massenpsychologie ohne Ressentiment. Sozialpsychologische Betrachtungen. 1972. *suhrkamp taschenbücher* 76

– Toleranz. Überprüfung eines Begriffs. 1974. *suhrkamp taschenbücher* 213

– (Hrsg.) Bis hierher und nicht weiter. Ist die menschliche Aggression unbefriedbar? 12 Beiträge. 1974. *suhrkamp taschenbücher* 239

Neyraut, Michel, Die Übertragung. Eine psychoanalytische Studie. Übersetzt von Eva Moldenhauer. 1976. *Literatur der Psychoanalyse*

Piaget, Jean, Einführung in die genetische Erkenntnistheorie. Vier Vorlesungen. Aus dem Amerikanischen von Friedhelm Herborth. 1973. *suhrkamp taschenbücher wissenschaft* 6

Psychoanalyse. Information über die Psychoanalyse. Theoretische, therapeutische und interdisziplinäre Aspekte. Beiträge von Mario Muck, Klaus Schröter, Rolf Klüwer, Udo Eberenz, Klaus Kennel und Klaus Horn. 1974. *edition suhrkamp* 648

Psychoanalyse als Sozialwissenschaft. Mit Beiträgen von Karola Brede, Klaus Horn, Alfred Lorenzer, Helmut Dahmer und Enno Schwanenberg. 1971. *edition suhrkamp* 454

Psychoanalyse im Wandel. Beiträge von Wolfgang Loch/ Ursula Pohlmann, Otto F. Kernberg, Helm Stierlin, Paul Parin, Horst-Eberhard Richter, Peter Fürstenau. Herausgegeben und eingeleitet von Peter Kutter. 1977. *edition suhrkamp* Band 881

Psychoanalyse und Marxismus. Dokumentation einer Kontroverse. Einleitung von Jörg Sandkühöer. 1970 *Theorie*

Psycho-Pathographien I. Schriftsteller und Psychoanalyse. Herausgegeben von Alexander Mitscherlich. 1972. *Literatur der Psychoanalyse*

Reik, Theodor, Der eigene und der fremde Gott. Mit einem Vorwort von Alexander Mitscherlich. 1975 *suhrkamp taschenbücher* 221

Róheim, Géza, Psychoanalyse und Anthropologie. Drei Studien über die Kultur und das Unbewußte. Aus dem Englischen übersetzt von Max Looser. 1977. *edition suhrkamp* Band 839

Starobinski, Jean, Psychoanalyse und Literatur. Aus dem Französischen von Eckhart Rohloff. 1974. *Literatur der Psychoanalyse* suhrkamp taschenbücher

In diesem Roman ist die Insel ein Archipel mit Gefängnisanstalten (die Teufels- oder Salutinseln). Der Briefschreiber, der dorthin strafversetzte Leutnant Nevers, soll dem Gouverneur Castel zur Hand gehen. Tage verstreichen, ehe er Castel, über den sonderbare Gerüchte im Umlauf sind, kennenlernt. Eine der Inseln wird Nevers verboten. Er versucht, das Geheimnis zu lüften. Seine Briefe nach Hause, seine Tagebucheintragungen melden seine Erkundungen und Schlüsse, Ergebnisse, die er immer wieder berichtigen muß.

st 379 Christiane Rochefort, Das Ruhekissen. Roman
Aus dem Französischen von Ernst Sander
304 Seiten
Erzählt wird die Geschichte von Liebe und Hörigkeit einer Frau. Sie verfällt einem jungen, süchtigen Intellektuellen, der seine ganze Intelligenz nutzt, um diese Frau immer tiefer zu erniedrigen. Wie dann in der tiefsten Krise, in der beide zugrunde gehen müßten, die Idee des Lebens triumphiert, das gehört zu den erstaunlichen Wendungen dieses erstaunlichen Buches.

st 380 Hermann Hesse, Briefe an Freunde.
Rundbriefe 1946–1962
Zusammengestellt von Volker Michels
272 Seiten
Seit 1946, seit der Verleihung des Nobelpreises an Hermann Hesse, nahm der tägliche Posteingang an Leserbriefen solche Dimensionen an, daß Hesse einen Ausweg finden mußte, der es ihm ermöglichte, seinem Grundsatz treu zu bleiben und den Fragen nicht auszuweichen, ohne ihm doch die schriftstellerische Produktion zu opfern. So half er sich von 1946 bis zu seinem Lebensende mit einer neuen literarischen Gattung, seinen »Rundbriefen«, die es ihm erlaubten, sowohl auf die am häufigsten wiederkehrenden Leserfragen zu reagieren, zeitgenössische Bücher zu empfehlen als auch seine neuen Erlebnisse und Erfahrungen festzuhalten und zu gestalten.

st 381 Hermann Hesse, Die Gedichte. 2 Bände
Neu eingerichtet und um Gedichte aus dem Nachlaß erweitert von Volker Michels
zus. 842 Seiten

Mit mehr als 680 Gedichten ist dies die bisher vollständigste Ausgabe der Lyrik Hesses. Die Gedichte sind in zeitlicher Folge angeordnet. Beginnend mit dem frühesten Gedicht aus dem Jahre 1892 (Nachlese) und ergänzt um die späten Gedichte, sowie erstmals um die wichtigsten humoristischen und zeitkritischen Gedichte aus dem Nachlaß, ergeben diese Bände eine Art lyrischer Autobiographie.

st 382 Hermann Hesse, Von Wesen und Herkunft des Glasperlenspiels
Die vier Fassungen der Einleitung zum Glasperlenspiel
Herausgegeben und mit einem Essay versehen von
Volker Michels
134 Seiten
Wie sehr Hesses *Glasperlenspiel* eine Auseinandersetzung und zeitkritische Antwort auf den immer hoffnungsloseren Irrweg Deutschlands in den Nationalsozialismus ist, das wird am deutlichsten in den vier 1932–34 entstandenen und immer wieder revidierten Versionen der Einführung in sein großes Alterswerk. Bereits der Text von 1932 ist nicht nur eine der dezidiertesten Kritiken des Rassismus und aller »Blut und Boden«-Schwärmerei, sondern darüber hinaus eine unerbittliche Persiflage auf das beamtete und nicht selten lohnabhängige konjunkturorientierte Hochschulsystem.

st 383 Hermann Hesse, Kurgast. Aufzeichnungen von einer Badener Kur
112 Seiten
»Eine Badereise mit ihren tragikomischen Alltäglichkeiten wird dem Dichter zum Anlaß, das Zusammenleben der Menschen in einer Folge von gutgelaunten, idyllischen philosophisch beschaulichen Szenen zu durchleuchten. Mit Entzücken sieht der Leser durch den lebenschaffenden Blick des Dichters in diesem Mikrokosmos die Formenfülle und Merkwürdigkeit der Welt.«

Oskar Loerke

st 384 Hermann Hesse, Der Europäer.
Gesammelte Erzählungen. Band 3 1909–1918
Zusammengestellt von Volker Michels
372 Seiten

Der dritte Band dieser auf vier Bände angelegten Taschenbuchausgabe enthält Erzählungen aus Hesses letzten beiden Jahren am Bodensee, die mit der Indienreise ihren Abschluß fanden, sowie Erzählungen aus den Jahren bis 1918, der Zeitspanne vor und während des Ersten Weltkriegs, als er in Bern lebte. Die Jahre des Ersten Weltkriegs waren Hesses politische Lehrzeit. Damals sammelte er die Erfahrungen, ohne die sein unbestechlicher Vorausblick für die künftigen politischen Entwicklungen nicht möglich gewesen wäre.

st 385 Hugo Ball, Hermann Hesse. Sein Leben und sein Werk
186 Seiten
»Aus dem Konflikt von Zeit und Kultur gelingt Hugo Ball die Deutung manches großartigen Widerspruchs, den wohl der eine oder andere Leser der Hesseschen Bücher festzustellen meint: ›Wohl kaum hat Hesse ein Erlebnis bis zum Rest erschöpft und gedeutet, so wird ihm gerade dieses Erschöpfen zur Gefahr und wirft ihn in das andere Extrem.‹ Wie diese Deutung durchgeführt wird, das macht die Lektüre dieses eigenwilligen, klugen und lebensnahen Buches zu einem heute seltenen Genuß.«   *Hermann Kasack*

st 386 Hermann Hesses weltweite Wirkung.
Internationale Rezeptionsgeschichte
Herausgegeben von Martin Pfeifer
364 Seiten
Zum ersten Mal wird hier die Wirkung des Werkes dieses Autors in ihrem weltweiten Ausmaß untersucht und dargestellt. Es werden Entwicklungen und gegenwärtiger Stand der Hesserezeption unter ihrem verlegerischen und publizistischen Aspekt, die Qualität der Übersetzungen und die wissenschaftliche Auseinandersetzung mit Hesses Werk gezeigt und Antwort zu geben versucht auf die Frage nach den Leserschichten und deren Zusammensetzung, nach der Art des Literaturkonsums und nach den Auswirkungen der Hesselektüre.

st 387 Marie Luise Kaschnitz, Der alte Garten
Ein Märchen
190 Seiten

»Ein Buch, das nie aufhört Märchen zu sein, und das sich doch auch ganz anders lesen läßt. Dem Menschen wird eindringlich klargemacht, daß die Welt, in der er lebt, ihm nicht einfach zur Verfügung stehen kann, daß sie nicht nach seinem Gutdünken manipulierbar ist.«

Stuttgarter Zeitung

st 388 Robert Walser, Poetenleben
122 Seiten
Poetenleben ist eine Sammlung von 25 Kurzgeschichten, entlarvenden, doch mit schalkhafter Arglosigkeit vorgetragenen Episoden aus dem abenteuerlich unzeitgemäßen Alltag eines »Poeten«. Walser selbst hat das Buch als eines seiner geglücktesten und poesiereichsten bezeichnet und es seinem Verleger listig als eine »romantische Geschichte« empfohlen.

st 389 Bertrand Russell, Eroberung des Glücks
Neue Wege zu einer besseren Lebensgestaltung
Autorisierte Übersetzung von Magda Kahn
174 Seiten
Russell versammelt hier seine praktischen Überlegungen zu Glück und Unglück, Konkurrenz und Neid, Familie und Arbeit, u. a. Er wagt »zu hoffen, daß einige von den unzähligen Menschen, die ihr Unglück über sich ergehen lassen, ohne ihm etwas Gutes abgewinnen zu können, in den folgenden Blättern eine Diagnose ihres Zustandes finden werden und zugleich eine Anregung, wie sie ihm entrinnen können«.

st 390 Gore Vidal, Messias. Roman
Deutsch von Helga und Peter von Tramin
Phantastische Bibliothek Band 5
298 Seiten
Der Roman *Messias* schildert ganz unter Verzicht auf futuristische Requisiten eine abstoßende Zukunftswelt, in der die Menschen so manipuliert werden, daß sie einem lebensfeindlichen Glauben, zu dessen Opfern sie auserkoren sind, freiwillig ihre Zustimmung geben. Gemanagt von skrupellosen Werbeleuten, die die Entwicklung der neuen Religion so planen wie eine Werbekampagne für ein Waschmittel, wird der Todeskult zum Fanal, das die Welt verändert.

st 391 H. P. Lovecraft, Der Fall Charles Dexter Ward
Zwei Horrorgeschichten
Deutsch von Rudolf Hermstein
Mit einem Nachwort von Marek Wydmuch
Phantastische Bibliothek Band 8
246 Seiten
Die beiden Horrorgeschichten dieses Bandes gehören zum
Geschichtenzyklus des Cthulhu-Mythos und haben Neu-
england zum Schauplatz. Beide Geschichten haben einen
gemeinsamen Zug, der jeweilige Held ist – ohne es zunächst zu wissen – Nachkomme von Leuten, die sich mit
vormenschlichen lebensbedrohenden Mächten eingelassen
haben.
»Die vordergründige Erzählung des mit knapper Mühe
gebannten absoluten Grauens liest sich zugleich wie eine
Allegorie ..., die besagt, daß die Welt vielleicht auf nicht
ganz geheuren Fundamenten ruht, daß die Angst, das
Böse könnte einmal überhandnehmen, gar nicht so unbe-
gründet ist.«   *Jörg Drews*

st 392 Wolfgang Koeppen, Eine unglückliche Liebe
Roman
198 Seiten
»Der Roman eines Schriftstellers, der sich durch die Originalität seiner Sprache, die Konsequenz seiner Psychologie und die großartige dichterische Einseitigkeit seiner
Leidenschaft als Werk einer Persönlichkeit über zahllose
Neuerscheinungen hinaushebt; das ist Wolfgang Koep-
pens hinreißendes Buch ›Eine unglückliche Liebe‹.«
                                    Kölnische Zeitung

st 395 Hans Magnus Enzensberger, Der kurze Sommer
der Anarchie
Buenaventura Durrutis Leben und Tod. Roman
Mit Abbildungen
336 Seiten
Die zwölf Kapitel des Romans handeln vom Leben und
vom Sterben des spanischen Metallarbeiters Durruti, der
nach einer militanten und abenteuerlichen Jugend zur
Schlüsselfigur der spanischen Revolution 1936 geworden
ist. Die Darstellung beruht auf zeitgenössischen Broschü-
ren, Flugblättern und Reportagen, auf Reden und Memoi-
ren und auf Interviews mit Augenzeugen, die Durruti
gekannt haben.

st 396 Erich Heller, Die Wiederkehr der Unschuld und andere Essays
280 Seiten

Der titelgebende Essay kreist das Motiv ein, dem Hellers Denken in der Analyse der »drei Verwandlungen Zarathustras« nachgeht: das literarische Motiv der Anmut, der Grazie, der schwerelosen kindlichen Unschuld. Außerdem enthält der Band: »Modernität und Tradition: T. S. Eliot«, »Betrachtungen über ein Gedicht, über Heidegger und Hölderlin«, »Karl Kraus«, »Thomas Mann in Venedig«, »Psychoanalyse und Literatur«, »Vom Menschen, der sich schämt«, u. a.

st 413 Hermann Hesse, Innen und Außen.
Gesammelte Erzählungen. Band 4 1919–1955
Zusammengestellt von Volker Michels
432 Seiten

Der vierte und letzte Band der Erzählungen Hesses setzt ein nach dem ersten Weltkrieg und enthält alle seitdem parallel zu den großen erzählerischen Werken, »Siddhartha«, »Der Steppenwolf«, »Narziß und Goldmund«, »Die Morgenlandfahrt« und »Das Glasperlenspiel« entstandenen kürzeren Erzählungen.

st 415 Hermann Hesse, Die Welt der Bücher
Betrachtungen und Aufsätze zur Literatur
Zusammengestellt von Volker Michels
382 Seiten

Dieser Band versammelt erstmals sämtliche grundsätzlicheren Schriften Hesses zur Literatur, ergänzt um zahlreiche Stücke, die er selbst nicht in die Ausgabe seiner *Gesammelten Schriften* von 1957 aufgenommen hat und die folglich größtenteils auch in der Hesse-Werkausgabe von 1970 fehlen.

»Bücher sind nicht dazu da, lebensunfähigen Menschen ein wohlfeiles Trug- und Ersatzleben zu liefern. Im Gegenteil, Bücher haben nur einen Wert, wenn sie zum Leben führen und dem Leben dienen und nützen, und jede Lesestunde ist vergeudet, aus der nicht ein Funken von Kraft, eine Ahnung von Verjüngung, ein Hauch neuer Frische sich für den Leser ergibt.«

Hermann Hesse

Alphabetisches Gesamtverzeichnis der suhrkamp taschenbücher